Das vorliegende Buch ist sorgfältig erarbeitet worden.
Dennoch erfolgen alle Angaben ohne Gewähr. Weder Autorin
noch Verlag können für eventuelle Nachteile oder Schäden,
die aus den im Buch gemachten praktischen Hinweisen resultieren,
eine Haftung übernehmen.

Ansata Verlag
Ansata ist ein Verlag der Verlagsgruppe Random House GmbH

ISBN 978-3-7787-7342-0

Vierte Auflage

Redaktion: Dr. Juliane Molitor
Herstellung: Helga Schörnig
Einbandgestaltung: HildenDesign, München, unter Verwendung einer
Illustration von Maximilian Meinzold/hilden_design
Gesetzt aus der 11,2/13,8 Punkt ACaslon Regular
bei C. Schaber Datentechnik, Wels
Druck und Bindung: CPI books GmbH, Leck

Eva-Maria Mora

Quantum Engel Kinder

Rat und Heilung für Lichtkinder,
für ihre Eltern und Lehrer

Ansata

Für meinen Sohn, seinen Papa und meine zukünftigen Enkelkinder.

Für alle Lichtkinder und das himmlische Lichtkinder-Komitee.

In Liebe und Dankbarkeit.

Inhalt

Teil 2
Eltern fragen – Engel antworten

Teil 3
Rat und Hilfe aus der Engelpraxis

Vorwort und Dank

Dieses Buch wurde auf Wunsch der Lichtkinder und ihrer Engelbegleiter, dem Lichtkinder-Komitee (LKK) geschrieben. Sie haben mich oft auf geistigem Wege kontaktiert und immer wieder neu inspiriert. Ein großer Teil des Manuskripts ist im telepathischen Austausch, sozusagen »online« in einer Art kosmischem Chatroom entstanden, und zwar in dem Bewusstsein, mit allem und jedem verbunden zu sein – eins zu sein mit Gott und allem, was ist. Die vielen wunderbaren Lichtkinder der neuen Zeit freuten sich über die Möglichkeit, auf diesem Weg endlich zu Wort kommen zu können. Einigen von ihnen bin ich auch persönlich begegnet und konnte wunderschöne Gespräche mit ihnen führen. Die Engel, Erzengel, Meister und geistigen Lehrer diktierten mir direkt, welche Antworten ich zu den Fragen der Eltern aufzuschreiben hatte. Indirekt sorgten sie dafür, dass ich viele wichtige Informationen mithilfe von Erdenengeln sammeln konnte, die nun den Lesern dieses Buches zur Verfügung gestellt werden.

Zu den vielen Erdenengeln, die mich inspiriert haben, zählen zum Beispiel meine Freunde Sue und Dr. Rob

Ellsworth, die sich seit dreißig Jahren für Kinder mit der Diagnose ADS/ADHS und andere »besondere« Kinder einsetzen. Durch die Leidensgeschichte ihres eigenen kleinen Sohnes motiviert, suchten sie nach Antworten, die sie über viele Umwege schließlich auch gefunden haben. Mittlerweile konnten sie schon Tausenden von Kindern helfen. Meine Freunde haben viele ihrer wertvollen Erfahrungen und medizinischen Kenntnisse mit mir geteilt und so dazu beigetragen, dass auch die Leser dieses Buches Antworten und Lösungen finden können.

Danken möchte ich auch meiner Freundin Gisela. Sie ist in Quantum-Engel-Heilung ausgebildet und hat sich auf die Heilung des Herzens spezialisiert. Als wahrer Erdenengel hilft sie vielen Menschen allein dadurch, dass sie stets reine Liebe ausstrahlt. Gisela hat besonders viel Verständnis und ein großes Herz für Kinder, die sie ehrenamtlich betreut. In ihrer Bäckerei werden nach ihrem eigenen Rezept die himmlischsten Plätzchen gebacken und in alle Welt versandt. Sie heißen »Angel Wings« (Engelflügel). Immer wenn ich von anstrengenden Flugreisen in die USA zurückkomme, ist Gisela der liebevolle Kanal, durch den die Engel an mir arbeiten.

Als ich 2006 von einer langen Europareise nach Arizona zurückkam, um gemeinsam mit meinem Mann, Michael, das Buch *Quantum-Engel-Liebe* zu schreiben, gab Gisela mir eine wundervolle Energiebehandlung von Kopf bis Fuß. Als sie an meinem linken Knie angekommen war, gab sie die Botschaft der Engel durch: »Und das nächste

Buch schreibst du über Kinder.« Diese Information war also schon lange in meinem Energiefeld gespeichert gewesen. Als sie nun ausgesprochen wurde, war ich dennoch völlig überrascht, denn ich hatte noch keinen bewussten Gedanken in ein weiteres Buch investiert, sondern mich ganz auf das aktuelle Projekt konzentriert. Auch wäre ich nie auf die Idee gekommen, so etwas wie eine Kinderexpertin zu sein.

Ich maße mir übrigens nach wie vor nicht an, eine solche zu sein. In Zusammenhang mit dem Thema »Lichtkinder« spreche ich eher als eines von ihnen. Auch ich habe als medial begabtes Kind oft die Erfahrung gemacht, »anders« zu sein als andere Menschen. Das Kinderspiel »Ich sehe was, was du nicht siehst« hatte für mich immer eine völlig andere Bedeutung. Die meisten Kinder sahen nämlich nicht, was ich sehen konnte. Die Energien, die ich sah und fühlte, waren für andere einfach nicht vorhanden. Ich weiß auch, wie schmerzhaft es ist, deshalb oft nicht verstanden zu werden. Energien intensiv zu fühlen, mit geistigen Welten zu kommunizieren und sehr sensibel zu sein, ist für die Ausübung meines heutigen Berufes – meiner Berufung – sicher wichtig, macht das Leben in der »normalen«, materiellen Welt aber nicht gerade einfach. Auf dieses Thema werde ich in einem anderen Buch noch ausführlich eingehen.

Wie sehr dieses Buch Eltern, Lehrern und vor allem Kindern helfen kann, ist mir erst so richtig bewusst geworden, während ich es schrieb. In meiner eigenen Kindheit und Jugend gab es in unserer modernen westlichen Welt so gut wie keine Informationen über die Besonderheiten der »neuen Kinder«. Das hat sich Gott sei Dank mittlerweile geändert. Wie gesagt, noch vor einigen Jahren konnte ich mir nicht vorstellen, jemals ein Buch wie dieses zu schreiben. Ich hatte jedoch bereits gelernt, völlig auf die Führung Gottes und die Botschaften der Engel zu vertrauen. Und von diesen Botschaften bekam ich viele, immer wieder. Im Nachhinein weiß ich, dass ich schon lange auf diese Aufgabe vorbereitet worden war. Mein Verlag war erfreut über das neue Projekt und schenkte mir ebenfalls viel Vertrauen, wofür ich dankbar bin. Alles Weitere fügte sich. Meine Vorträge und Seminare wurden immer häufiger von Eltern besucht, die mir von ihren Kindern erzählten – Kinder, die so anders waren als andere und die keiner verstand. Es gab auch sehr traurige Geschichten, in denen Eltern von Lehrern praktisch gezwungen wurden, ihren Kindern Medikamente zu geben, weil sie sonst von der Schule verwiesen worden wären. Doch Gott sei Dank gibt es andere Lösungswege! »Zufällig« kamen auch immer mehr höchst engagierte Lehrer in unsere Ausbildungen und Seminare, und viele von ihnen setzen neue Hilfsmittel für die Schulen der Zukunft zwar noch inoffiziell, aber bereits mit großem Erfolg ein. Einige ihrer Erfahrungen und Ideen wurden mir freundlicherweise zur Verfügung gestellt. Sie werden im dritten Teil dieses Buches geschildert.

Erfreulich und faszinierend waren auch die vielen Erlebnisse mit den Kindern selbst. Ich bin so dankbar für ihre Wortbeiträge, ihre selbst gemalten Bilder und vor allem für ihr Vertrauen. Nach und nach begriff ich, wie wichtig es ist, dass sie ein Sprachrohr bekommen und gehört werden, denn das ist ihr größtes Problem. Die Freunde meines eigenen Sohnes, deren Eltern und seine Lehrer waren ebenfalls eine wichtige Inspiration. Ich sammelte viele Fragen, die immer wieder auftauchen, wenn sich Menschen mit dem Thema Lichtkinder, Indigo-Kinder, Kristallkinder etc., beschäftigen. Die »neuen Kinder« haben eine andere Wahrnehmung und sind wesentlich sensibler, als viele Erwachsene es gewohnt sind. »Warum ist mein Kind so anders? Wie kann ich ihm helfen?« Das waren nur zwei der vielen Fragen, die mir sehr häufig gestellt wurden und von denen ich einige mithilfe der Engel in diesem Buch beantworten werde.

Die Menschen, die dafür bereit waren, waren schon vorher zu meinen Quantum-Engel-Heilbehandlungen gekommen, und vielen Kindern konnte durch meine Vermittlung oder die anderer Quantum-Engel-Heiler geholfen werden. Kleine Veränderungen in ihrem Leben bewirkten, dass sie besser schlafen, besser lernen und vor allem besser verstehen konnten, warum sie anders sind.

»Mama, sag der Frau, sie soll meine Albträume wegmachen«, war die Bitte eines traurigen, vierjährigen Jungen, die seine Mutter in einer Behandlung an mich weiterleitete. Mithilfe der Engel, die – in diesem Fall über die Mutter – eine energetische Reinigung des Kinderzimmers durchführten, hörten die Albträume noch am selben Tag auf. Dem Kind ist die bereits geplante medikamentöse Therapie erspart geblieben. Dafür bin ich sehr dankbar.

Mein besonderer Dank gilt meinem Sohn und seinem Papa. Ihre große Liebe zu mir gab mir die nötige Kraft, meinen Weg zu gehen. Ich weiß, dass sich unser Sohn auf der Seelenebene uns als Eltern ausgesucht hat. Als kleines Kind war er sehr hellsichtig und ich habe mit seiner Hilfe viel erlebt, wieder erinnert und neu gelernt. Als er noch keine zwei Jahre alt war, hat er uns im Auto erzählt, warum er auf diese Erde gekommen ist. Er war sich dessen voll bewusst. Wir haben ein sehr tiefes, enges und liebevolles Verhältnis. Mein Sohn ist das größte Geschenk, das ich jemals erhalten habe.

Eva-Maria Mora
Phoenix, Arizona 2007

Die drei wichtigsten Botschaften dieses Buches

In den Kindern kommen die Götter auf die Erde.
Nepalesisches Sprichwort

Es ist möglich, dass einiges, was Sie in diesem Buch lesen werden, auf Unverständnis oder Widerstand bei Ihnen stößt. Vielleicht ist es aber auch genau das, was Sie schon immer tief im Innern gewusst und gefühlt haben. Für manche Menschen klingen die Botschaften der Lichtkinder und der Engel jedoch wie eine völlig fremde Sprache. Es ist eine Sprache, die der Verstand nicht verstehen kann, weil er zu begrenzt ist. Die wahre Tiefe der Konzepte und die Energien, die mit dem Gesagten in Verbindung stehen, können nur mit dem Herzen verstanden werden.

Es ist bedauerlich, aber wahr: Alles, was der Intellekt nicht verstehen kann, wird automatisch beurteilt oder sogar verurteilt. Daher fühlen sich viele Lichtkinder häufig persönlich angegriffen, und das verunsichert sie. Für die Kinder von heute ist es wichtig, dass sie an sich glauben, sich selbst treu bleiben und alle Selbstzweifel loslassen.

Meine wichtigste Botschaft an die Kinder ist: Mit euch ist alles in Ordnung.

Nina (21), eine wunderschöne junge Frau, die ich für dieses Buch interviewt habe, bezeichnet sich selbst als »Kristallkind«. Ich fragte sie, warum, und ihre Antwort war:

Eigentlich sind diese ganzen Begriffe und Kategorien für uns überflüssig. Doch es hilft den anderen, mich zu verstehen. Wenn Sie mich in diese geistige Schublade einordnen können, akzeptieren sie leichter, dass ich anders bin. Sie haben dann nicht mehr so viel Angst vor mir.

Das erinnert mich daran, dass auch die Engel aus Liebe zu uns verschiedene Namen und Formen annehmen, damit wir sie leichter akzeptieren können. Nach meiner Erfahrung ist es für Menschen häufig sehr wichtig, den Namen ihrer Schutzengel zu kennen. Es hilft ihnen, ihre eigenen Ängste zu überwinden und zu vertrauen. Für den Verstand ist es schwer zu akzeptieren, dass Engel Energien der reinen Liebe sind und – genau wie wir alle – eins mit Gott.

Nina erzählte mir etwas sehr Profundes, das ich gern mit Ihnen teilen möchte:

Leute fühlen sich leicht angegriffen, wenn ich nur einen Raum betrete. Ich bin wie ein helles Licht oder eine Straßenlaterne, die Licht ins Dunkel bringt. Durch mein Licht erkennen die Menschen plötzlich, was in ihrem Leben nicht in Ordnung ist. Die Unordnung, der »Schmutz« und der verdrängte Schmerz kommen zum Vorschein. Sie denken, dass es an mir liegt und ich ihnen das gebracht habe. Sie geben mir die Schuld und greifen mich an. Doch sie kämpfen gegen ihren eigenen Schatten, sie kämpfen gegen sich selbst. Mein Licht ist nur ein Angebot, ihnen zu helfen. Wenn sie sehen, was wirklich da ist, können sie es begreifen. Sie können anfangen, aufzuräumen und heil zu werden.

Viele Lichtkinder kennen dieses Gefühl, angegriffen zu werden, und verstehen sofort, was hier gemeint ist. Das gilt auch für mich. Ich habe gute Erfahrungen damit gemacht, Angriffe nicht mit Gegenangriffen zu beantworten, sondern mit Liebe. Wenn wir nicht auf ihre Weise kämpfen und ebenfalls angreifen, verwandelt sich der dunkle Schatten in goldenes Licht. Dieses Prinzip hat auch der von mir sehr geschätzte Mahatma Gandhi angewandt. Mit seiner Satyagraha-Strategie hat er ganz Indien von der Unterdrückung durch die Briten befreit. Die Satyagraha-Strategie basiert auf der Idee, dass der Appell an das Herz eines Gegners effektiver ist, als auf Gewalt mit Gegengewalt zu antworten. Das führt nämlich nur zu weiterer Gewalt. Es ist sinnvoller und für alle heilsamer, diese Gewaltspirale zu durchbrechen.

Lichtkinder sind wie Gandhi und Jesus Christus bereit, Schmerz und Leiden auf sich zu nehmen. Doch ist es nicht Zeit, dass Schmerz und Leiden endlich aufhören?

Meine wichtigste Botschaft an die Eltern und Lehrer ist: Öffnet eure Herzen, und helft den Kindern durch eure tiefe Liebe für sie.

Es liegt nun einmal in der Natur der Lichtkinder, die Wahrheit ans Licht zu bringen. Auch wenn es eine unbequeme Wahrheit ist, sollten sie nicht dafür bestraft werden. Nicht sie sind für den Zustand der Menschheit verantwortlich und für das, was auf diesem Planeten geschehen ist. Aber ich will hier nicht die Missstände beklagen, denn auch sie machen Sinn im großen göttlichen Plan, den unser Verstand beim besten Willen nicht nachvollziehen kann.

Meine wichtigste Botschaft an alle ist: Die Lichtkinder sind nicht nur anders und sensibel. Sie sind auch unglaublich stark. Sie werden die ganze Welt verändern.

Teil 1

Boten des Lichts

KAPITEL 1

Der Wandel auf der Erde und das »Spiel des Vergessens«

Wir sind von Gott beauftragt, einen Wandel auf der Erde einzuleiten.

Wir haben fest versprochen, dies zu tun und uns gegenseitigimmer an unser Versprechen zu erinnern.

Alice, 10

Erinnern Sie sich an das Versprechen, das Sie Gott gegeben haben, bevor Sie sich in das Abenteuer Erde stürzten? Vielleicht wundern Sie sich über diese Frage und antworten ganz spontan: »Nein, ich erinnere mich an nichts dergleichen.«

Alice und viele andere spirituelle Kinder haben dieses tiefe innere Wissen aber noch. Sie sind sich sehr klar darüber, welche Mission sie auf dieser Erde erfüllen werden, und sie lassen sich in der Regel auch durch nichts davon abbringen. Eine ihrer Hauptaufgaben besteht darin, die Menschen daran zu erinnern, dass sie »von Gott kommen« und einen bestimmten Seelenauftrag haben, damit sie sich nicht – wie schon so oft geschehen – im »Spiel des Vergessens« verzetteln. Das Leben auf der Erde ist aus Sicht der Seele mit einem Videospiel vergleichbar. Die Menschen identifizieren sich mit ihren Rollen. Sie lernen, kämpfen, überwinden Hindernisse, sind gestresst, wollen Punkte sammeln, Erfolg haben, und schließlich wollen sie siegen in diesem Spiel des Lebens. Wenn das Spiel zu Ende ist, beginnt ein neues. Doch worin besteht der Sinn des Ganzen?

Die neuen Kinder sind hierher gekommen, um das Spiel, sprich, das Leben auf dieser Erde, zu verändern. Ihre Aufgabe ist auch, den in verschiedenen Rollen gefangenen Spielern den Weg auf die nächste, höhere Bewusstseinsebene zu zeigen. Das schaffen sie natürlich nur, wenn sie nicht immer wieder die alten Spiele mitspielen. Die Erde befindet sich in einer Umbruchphase. Einige der neuen Kinder haben diesen Umbruch vorbereitet, andere überwachen seine Durchführung, wieder andere sind für die Implementierung einzelner Veränderungen zuständig. Es ist ein riesiges Projekt, das von der ganzen geistigen Welt begleitet und unterstützt wird.

»Wer sind denn nun die neuen Kinder?«, werde ich oft gefragt. Diese Frage kann und sollte nicht pauschal beantwortet werden. Es gibt nämlich keineswegs nur die bekannten Kategorien: Indigokinder, Kristallkinder, etc. Auch wenn die vorhandene Literatur über solche Kinder sehr hilfreich sein kann, ist jedes dieser Bücher nur so etwas wie eine Momentaufnahme – ein Foto, das einen kleinen Ausschnitt des ganzen Bildes wiedergibt, und zwar aus dem Blickwinkel des jeweiligen Fotografen, um bei unserer Analogie zu bleiben. Was zurzeit auf der Erde geschieht, ist viel umfangreicher, großartiger und komplizierter als alles, was wir davon wahrnehmen können.

Auch ich erhebe nicht den Anspruch, sämtliche Aspekte der neuen Kinder, sprich, der Evolution auf diesem Planeten, in diesem Buch erklären zu können. Die Seelen der neuen Kinder kommen von überallher, aus dem ganzen Universum, aber auch aus anderen Dimensionen, das heißt, von höheren Schwingungsebenen.

Zum Teil handelt es sich bei diesen »neuen« Kindern um sehr alte Seelen, die schon in Atlantis oder in anderen alten Hochkulturen inkarniert waren. Atlantis war eine technisch sehr weit entwickelte Zivilisation, in der Kristalle als Informationsträger benutzt wurden, ähnlich wie heute Computerchips. Einige der »alten Atlanter« sind jetzt wieder inkarniert, um sich den gleichen Prüfungen (Machtmissbrauch), die einst zum Untergang von Atlantis geführt haben, erneut zu stellen, und sie dieses Mal hoffentlich zu meistern. Andere, schon damals hochspirituelle Seelen sind wiedergekommen, um den Untergang dieser Zivilisation zumindest zum Teil zu verhindern. Und dann gibt es noch die neuen Seelen, die ich »Engelkinder« nenne. Sie waren noch nie zuvor auf dieser Erde inkarniert und sind in erster Linie hier, um Licht und Liebe auf diesen Planeten zu bringen. Die hohe Energie aller neuen Kinder wird vielfältige Veränderungen auslösen – Veränderungen, die auch von äußeren Einflüssen unterstützt werden. Dazu gehören beispielsweise die Frequenzerhöhung der Erde durch Annäherung an die Urzentralsonne sowie Sonnenfleckenaktivitäten und planetare Konstellationen. Altes wird zerstört, damit etwas Neues entstehen kann.

Die neuen Kinder sind unglaublich stark, so stark, dass die Menschen, die derzeit noch die Machtstrukturen auf diesem Planeten kontrollieren, Angst vor ihnen haben. Die meisten neuen Kinder werden sich nicht anpassen, auch wenn ihre Eltern oder Lehrer sie vielleicht dazu zwingen wollten. Sie benutzen ihre ausgeprägten medialen Fähigkeiten und entwickeln immer mehr neue Technologien, die unser aller Leben schon beeinflusst haben und noch mehr verändern werden.

In unserer schnelllebigen Zeit kann es leicht passieren, dass man vergisst, worum es in diesem irdischen Leben wirklich geht. Vielleicht fragen Sie sich selbst manchmal: »Was ist der Sinn meines Lebens?« Der tiefe Sinn eines jeden Lebens ist, dafür zu sorgen, dass sich durch das eigene Wirken Licht und Liebe ausdehnen können. Und damit wir uns an alle Details unseres Seelen-Versprechens erinnern können, müssen wir zunächst aufwachen – aus dem Tiefschlaf und der Illusion, dass das, was wir so Alltag nennen, tatsächlich unser Leben ist. Was uns alle so sehr beschäftigt, ist in Wirklichkeit nur ein Spiel. Ich nenne es *Das Spiel des Vergessens.*

Viele Kinder sind gekommen, um ihre Eltern an das Versprechen zu erinnern, das sie Gott gegeben haben. »Wisst ihr denn nicht mehr, wer ihr wirklich seid und warum ihr hier seid?« Das ist die stumme Frage, die sie uns ständig stellen. Doch was machen die Erwachsenen? Weil sie verlernt haben, die Sprache des Herzens zu sprechen, hören sie auch nicht mit dem Herzen zu. »Was hat er nur, der Kleine? Warum schreit er denn so?« Aus vollem Hals und voller Verzweiflung wollen Kinder ihre

Eltern darauf aufmerksam machen, dass sie das Wichtigste vergessen haben: Sie und alle anderen Menschen kommen von Gott. »Warum hört denn bloß keiner diese Botschaft?«, fragen sich die Neuankömmlinge auf dieser Erde – und lassen nichts unversucht, um gehört, verstanden und geliebt zu werden.

Wissen Sie noch, wie das Spiel des Lebens auf der Erde gespielt wird?

Kennen Sie die Spielregeln? Zum Beispiel: Zunächst bespricht man mit Gott seinen Seelenauftrag und sucht sich dann mithilfe der Engel das dafür am besten geeignete Umfeld aus: Eltern, Geburtsort und Geburtsdatum etc. Alles scheint klar und relativ einfach aus der Perspektive des Himmels. Das liegt daran, dass wir zu diesem Zeitpunkt auf einer anderen Bewusstseinsebene sind. Als Seele wissen wir noch, dass wir göttliche Wesen sind und über großartige Fähigkeiten verfügen. Wir sind uns auch bewusst, dass wir nur als »Spieler Mensch« inkarnieren. Womit wir als Seelen allerdings nicht gerechnet haben, ist: Sobald wir auf der Erde ankommen, vergessen wir, wer wir wirklich sind und warum wir gekommen sind. Einige vergessen sogar, dass es Gott gibt. So wird aus dem Spiel des Lebens das Spiel des Vergessens, und das für den »Spieler Mensch« typische Verhalten entwickelt sich:

Wir fragen im Außen, was wir tun sollen. Zuerst fragen wir alle Menschen, die wir kennen. Dann besuchen wir Seminare oder suchen Experten auf. Schließlich finden wir »gute« Gründe, warum unser Leben nicht funktioniert. Es gibt viele dieser Gründe, zum Beispiel: Es kann ja nicht funktionieren, weil ich adoptiert wurde. Oder, es kann ja nicht funktionieren, weil ich die Schule so früh abgebrochen habe. Oder, es kann ja nicht funktionieren, weil ich von Anfang an keine Chance hatte. *Poor me* (ich Arme/r) sagen die Amerikaner. Doch Selbstmitleid, Zweifel und Ängste helfen leider überhaupt nicht weiter, sondern machen das Spiel des Vergessens nur noch komplizierter.

Einsamkeit ist der Trend in diesem noch jungen Jahrtausend. Manchmal scheint es, als gäbe es die Bilderbuchfamilie, bestehend aus Vater Mutter und zwei Kindern, nur noch in alten Filmen. Unsere Realität sieht anders aus: Singles, Scheidungen, alleinerziehende Mütter und Väter. Wie viel Verantwortung müssen wir übernehmen, und welche Aufgaben können wir womöglich abgeben? Aber an wen? Lasten liegen auf unseren Schultern, gegen die auch Massagen und Moorpackungen nichts helfen. Wir sind verspannt, ungeduldig, genervt und gestresst. Hinzu kommen noch die schlaflosen Nächte, die unser zahnender Nachwuchs uns beschert.

Bei allen guten Absichten, die Eltern, Lehrer und Erzieher haben mögen – das Spiel des Lebens ist schon viel früher aus der Balance geraten. Stellen Sie sich vor, Sie sind im hundertsten Stock eines Hochhauses und merken, dass sich das Gebäude bedenklich nach einer Seite neigt. Werden Sie dann auf diesem Stockwerk hin und her rennen und nach den Ursachen suchen? Das Problem liegt weiter unten und hat viel früher angefangen, als wir ahnen und uns bewusst ist. Das Fundament ist nicht mehr intakt. Es löst sich auf, ist nicht mehr zeitgemäß. So ist es auch mit vielen Systemen, Institutionen, Behörden, Schulen usw. Wir geraten in Panik, weil es eine klar erkennbare Schieflage in unserer Gesellschaft gibt. Nicht nur die Grenzmauern zwischen feindlichen Systemen können fallen, sondern auch alle andere künstliche Gebilde, die geschaffen wurden, um uns glauben zu machen, dass wir getrennt sind von dem, was andere vermeintlich haben und für uns unerreichbar zu sein scheint.

Wenn wir uns doch bloß erinnern könnten, wie alles angefangen hat und was wir eigentlich wirklich hier wollten ... Es ist, als liefen wir im Supermarkt umher und hätten den Einkaufszettel zu Hause liegen lassen. Wir haben ihn selbst geschrieben, kurz bevor wir losfuhren, doch an all das, was uns so wichtig war, dass wir es rot unterstrichen hatten auf unserem Zettel, können wir uns beim besten Willen nicht mehr erinnern. Wenn wir wieder zu Hause sind, merken wir natürlich, was uns fehlt, was wir vergessen haben. Dann ärgern wir uns und müssen noch einmal los. So ist das im Spiel des Lebens, im Spiel des Vergessens.

Die große Versammlung

Damit Sie die Lichtkinder der heutigen Zeit und auch Ihren persönlichen Auftrag als Eltern und/oder Lehrer dieser Kinder besser verstehen können, möchte ich Ihnen die Geschichte von der großen Versammlung erzählen, so wie ich sie erinnere. Damit Sie nicht mit dem Verstand, sondern mit dem Herzen zuhören und sich auf der Seelenebene erinnern können, lade ich Sie zuvor ein, bewusst Ihr Herz zu öffnen.

Gehen Sie mit Ihrer Aufmerksamkeit ganz in Ihr Herz, nehmen Sie ein paar tiefe Atemzüge und entspannen Sie sich. Öffnen Sie Ihr Herz und gehen Sie mit Ihrem Bewusstsein ganz tief hinein. Fühlen Sie, wie es war, als Gott alle seine Helfer zusammengerufen hatte. Die entsprechenden Informationen sind in Ihrem Herzen und in jeder einzelnen Ihrer Körperzellen gespeichert. Es ist der »göttliche Code« in Ihrer DNS. Auch wenn die Erinnerung an diese Versammlung in Ihrem Bewusstsein nicht mehr ganz präsent sein mag, ist sie abrufbar. Wenn Sie dieses Buch in Ihren Händen halten, ist es ohnehin mehr als wahrscheinlich, dass Sie dabei waren, denn es gibt keine Zufälle in diesem Universum.

Erinnern Sie sich, wie die Weisen, die Ältesten, die Meister, die Engel, die Erzengel und die Seelen zusammenkamen und gemeinsam beschlossen: »Alle sollen wieder nach Hause kommen, und zwar möglichst bald.« In diesem Punkt waren sich alle einig: Wir brauchen alle wieder hier, damit wir uns noch einmal gemeinsam auf die Reise machen können – dorthin, wo wir noch nie zuvor waren. Manche bezeichnen diese Reise als den »Aufstieg der Menschheit«, der sich laut verschiedener Prophezeiungen bis 2012 ereignen soll.

Es gab schon früher viele Versuche, die Menschen auf der Erde an ihren Ursprung, an den Aufstieg und an ihre jeweiligen Aufgaben zu erinnern. Beispielsweise sah ein ganz alter Beschluss vor, den Menschen Engel als Wegbegleiter mitzugeben. Von Geburt an halfen sie den Menschen und standen jederzeit für alle Fragen zur Verfügung – wie ein Reiseleiter, der sich in einem fremden Land gut auskennt, die Sprache spricht und allen hilft, wieder nach Hause zu kommen.

»Ach, wozu brauche ich denn Engel?«, sagten viele der forschen Seelen und machten sich auf den Weg. »Ich bin sicher, ich kann das auch allein, und ich bin sowieso bald wieder zurück.« Doch weil sie nicht mit den Nebeln des Vergessens gerechnet hatten, haben sie sich bald verlaufen im großen Labyrinth des Lebens. Wieder und wieder suchten sie den Ausgang, doch mit jedem neuen Versuch wurde es noch schwieriger. Sie haben ihren Kopf trainiert und sich so bemüht, alles richtig zu machen. Dabei haben sie die Sprache des Herzens leider verlernt. Es gibt nur noch ganz wenige, die sich an einzelne Worte oder auch ganze Sätze dieser Sprache erinnern.

»Wie war das noch mal?«, fragen sie sich. »Worauf kommt es wirklich an?«, versuchen sie sich zu erinnern. Im letzen Leben haben der Sportwagen, der Diamantring und die Weltreise mir auch nicht geholfen. Was wollte ich eigentlich erreichen, als ich mich einfach mit meinem Sportwagen den Abhang runtergestürzt habe? Ach ja, ich wollte noch einmal Rücksprache mit Gott halten, damit ich es im nächsten Leben vielleicht doch schaffe, ganz zu Hause anzukommen und auch dazubleiben.

Es gab also diese Versammlung, an der ich teilnehmen durfte. Sie war sehr wichtig, denn es ging um die Zukunft des ganzen Planeten, der wiederum eine ganz bedeutende Rolle in diesem Universum spielt, das sich ebenfalls auf große Ereignisse vorbereitet. Ich habe dort erfahren, dass es auf jeden Einzelnen ankommt, dass jeder gleich wichtig ist und dass wir den nächsten Schritt nur gemeinsam gehen können. Ich wollte also auf gar keinen Fall ein Spielverderber sein, der alles vermasselt. Daher beschloss ich, mich mit anderen erfahrenen Seelen zusammenzutun. Wenn wir in Gruppen, alle zur gleichen Zeit wieder auf die Erde gehen würden, würde es uns leichter fallen, uns gegenseitig an unser Versprechen zu erinnern. Das war unsere Strategie: Lasst uns alle zusammen aufbrechen.

Wir schmiedeten einen Plan unter der Oberaufsicht der Erzengel. Einer meinte: »Ich finde, wir sollten die Mutigsten zuerst senden.« Also machten sich einige Späher auf den Weg – wie ein Fallschirmkommando, das aus dem Flugzeug springt. Wir nannten sie Lichtträger. Sie sollten die Menschen auf unsere Ankunft vorbereiten. Sie sollten von uns erzählen und darauf aufmerksam machen, dass es genug für alle gibt, dass Gott uns nicht im Stich lässt und dass Hilfe unterwegs ist. Leider wurden die meisten dieser Lichtträger verspottet, gehängt oder gekreuzigt, so wie unser Bruder Jesus. Der hatte nichts vergessen und sein Plan hat geklappt, denn durch ihn haben sich viele Menschen wieder daran erinnert, dass es ein Leben nach dem Tod gibt und dass Auferstehung dazugehört. Doch auch Jesus haben nicht alle verstanden, denn sie konnten sich nicht vorstellen, dass auch sie selbst Meister sein und wieder auferstehen sollten. Inquisition, Hexenverfolgung und andere schaurige

Verbrechen wurden im Namen Gottes begangen. Doch Gott liebt seine Kinder so sehr, dass er ihnen alle Spiele erlaubt, auch wenn es ihn traurig stimmt, dabei zusehen zu müssen. Des Menschen Wille ist sein Himmelreich. Auch diese Worte werden sehr oft missverstanden.

Doch lassen Sie mich auf die Versammlung zurückkommen und auf das, was danach geschehen sollte. Unsere Späher haben alles so gut gemacht, wie sie konnten, doch bald wurde offensichtlich, dass viele von uns gebraucht werden. Wir müssen den Menschen helfen, sich aus dem Spiel des Vergessens zu befreien, damit sie geheilt nach Hause zurückkehren können. Einige von uns beschlossen, ganz schnell zurückzukommen – als Walk-in (siehe Anmerkung am Ende dieses Kapitels, Seite 40). Sie befragten die Ältesten und bekamen Sondergenehmigungen, die mit der Dringlichkeit ihrer Aufgabe begründet wurden. Wir alle waren sehr damit beschäftigt, gemeinsam am göttlichen Plan mitzuwirken und uns unseren eigenen Part gut einzuprägen. Wir suchten uns unser künftiges Umfeld aus, unsere Eltern und die Lebensumstände, die uns möglichst bald wieder daran erinnern sollten, warum wir überhaupt zurückgekommen waren. Einige von uns vermuteten, dass zu angenehme, zu luxuriöse und zu harmonische Umfelder uns im Schlaf halten würden wie ein kuschelweiches Bett. Es galt also, vorher genau zu überlegen, was wir in unser Leben einbauen mussten, damit wir uns später auch wirklich erinnern würden, was wir alle gemeinsam tun wollten. Anfangs gab es viel zu wenige Freiwillige, sodass wir uns auf der Erde verteilen mussten und einander nur selten begegnet sind. Jeder hatte jedoch dafür gesorgt, dass er sich durch einschneidende Erlebnisse an seine ursprüngliche Mission erinnern würde. Sie ahnen bestimmt, um welche einschneidenden Erlebnisse es sich hier handeln könnte: Unfälle, Krankheiten, Arbeitslosigkeit, Todesfälle etc. – Erlebnisse, die intensiv genug waren, um einen jeden von uns in seinem kuschelweichen Bett aufzuschrecken. Das war die erste Stufe des Plans. Außerdem hatten wir beschlossen, uns mit Menschen zu treffen, die uns auf verschiedene Arten dazu animieren würden, dem Ruf unseres Herzens zu folgen. Es gab und gibt viel zu tun. Wir werden uns beeilen und unsere Aufgaben ernst nehmen.

Kaum einer von uns erinnert sich an alles, was auf dieser Versammlung besprochen wurde. Daher ist es nicht verwunderlich, dass einige ihre Aufgabe falsch verstanden haben und andere auf einen Weg führen wollen, den sie fälschlich als Abkürzung bezeichnen. Es ist zwar sehr hilfreich, dass so viele Menschen wieder auf ihre Engel hören wollen, aber es ist schwer, den Verstand zu überlisten. Wie eine Straßensperre verhindert er oft, dass die Botschaften der Engel mit dem Herzen gehört und mit den inneren Augen gesehen werden können.

Es bleibt dabei: Nur gemeinsam werden wir erreichen, dass wir alle irgendwann wieder das Bewusstsein haben, eins zu sein. Unsere jeweiligen Meinungen und Urteile über andere sollten eine neue Bedeutung bekommen: Jeder Teil ist gleich wichtig.

Vielleicht fragen Sie jetzt: »Und was hat das mit mir und meiner Familie zu tun? Wie kann ich bei allem, was mir passiert ist, noch fröhlich sein und lachen? Mir hilft ja doch keiner.« Aber das stimmt nicht, denn sonst hätte irgendetwas in Ihnen Sie nicht dazu gebracht, dieses Buch in die Hand zu nehmen oder bis hierher zu lesen.

Ich bin es, der hier zu dir spricht. Ich, dein göttlicher Teil in dir, dein Bruder, deine Schwester, wenn du magst. Mein Herz sendet dir Liebe und Trost. Ich werde dich erinnern, wer du bist, denn ich hab es dir versprochen!

Die Arbeit ist auf viele Schultern verteilt. Keiner sollte zu schwer tragen. Das war einer der Beschlüsse, die auf dieser Versammlung gefasst wurden. Warum laden sich die Menschen dann so viel auf? Schauen Sie doch mal genau hin, wie Sie sich selbst abplagen, aufopfern und Dinge zumuten, mit denen Sie wirklich an Ihre Grenzen gehen. Das muss nicht so sein. Sie können alles in Ihrem Leben verändern. Egal, wie schwierig die Umstände sind. Sie können zurückfinden und sich an den eigentlichen Weg der Seele erinnern. Manchmal gehören gerade die »Umwege« und die schwierigen Lebenssituationen dazu. Sie läuten die Alarmglocken der Seele.

»Wie finde ich denn dorthin zurück?«, fragen sich viele Menschen und holen sich Rat bei anderen, die selbst vom Weg abgekommen sind. Seien Sie achtsam, wen Sie nach dem Weg fragen, denn auf diese Weise ist bereits großes Chaos entstanden.

Es wurde Zeit, dass endlich die Nachhut gekommen ist, die sich noch genau daran erinnert, wie wir den Plan gemeinsam gelingen lassen können.

Die Kinder der neuen Zeit und »die Anderen«

Die Geschichte geht aber noch weiter. Unsere Nachschubtruppen haben eine spezielle Ausstattung mitgebracht. Einige von ihnen sind hellsichtig, andere können heilen, die nächsten können vergiftetes Wasser reinigen, mit Tönen Gegenstände bewegen und so manches mehr. Doch das machen sie nicht, um ins Fernsehen zu kommen und ihre gerade gewonnene Klarheit wieder zu verlieren. Sie sind vielmehr in Gottes Auftrag hier und haben Wichtigeres zu tun, als sich von ihren Aufgaben ablenken zu lassen.

Lassen Sie mich an dieser Stelle nur kurz unsere Gegenspieler erwähnen, »die Anderen«, denn sie gibt es leider auch. Einige von Ihnen wissen genau, wen ich damit meine. Wenn nicht, sollten Sie sich nicht damit belasten. Diese Anderen haben jedenfalls unsere Versammlung belauscht, kennen den Plan und wollen verhindern, dass er gelingt. Leider sind einige von uns mithilfe »der Anderen« in psychiatrische Kliniken gesperrt worden, wo sie unter ärztlicher und medikamentöser Kontrolle gehalten werden. Man hat versucht, ihnen »zu helfen«, und das wird noch immer viel und sogar immer häufiger getan.

Wir sind keine Versuchskaninchen! Natürlich sind wir anders ausgestattet, aber wenn ihr verstehen würdet, warum, könntet ihr euch angenehm überraschen lassen, wie sehr wir euch lieben und wie viel leichter alles gehen könnte. Nehmt uns nicht unser Werkzeug ab. Wir brauchen es, um unsere Aufgaben erfüllen zu können.

In letzter Zeit haben »die Anderen« leider ganz schön gepunktet, doch auch wir haben große Fortschritte gemacht, und wir werden den göttlichen Plan auf der Erde sicher erfüllen. Man nennt uns Lichtkinder, Kinder der neuen Zeit, Indigos, Kristallkinder, Regenbogenkinder. Die »neuen Kinder« werden gern in unterschiedliche Kategorien eingeteilt, erforscht und als Phänomen betrachtet. Doch das ist es gar nicht, was uns und Ihnen hilft. Nicht unser Werkzeug sollte Beachtung finden, sondern unsere eigentliche Aufgabe.

Wir haben natürlich schon einen gewissen Ruf weg. Wir sind schwierig und trotzig und wollen das Regelwerk zerstören, das unseren Eltern und Lehrern so viel vermeintliche Sicherheit gebracht hat.

Liebe Eltern, liebe Lehrer, bitte verstehen Sie uns nicht falsch. Wir wollen nicht Ihre Wände einreißen und Ihre Häuser zerstören. Wir wollen Ihnen vielmehr helfen, die verschlossenen Türen Ihrer Herzen wieder zu öffnen. Machen Sie sich keine Sorgen, mit uns ist wirklich alles in Ordnung. Alles, was wir brauchen, ist ein wenig Vertrauen, dass wir wissen, was wir tun und noch tun werden. Es ist halb so schlimm, wie es aussehen mag, aber bitte versuchen Sie uns nicht daran zu hindern, denn dann werden wir kämpfen, auch für Sie. Wir haben es versprochen.

Anmerkung: Als Walk-in bezeichnet man eine Seele, die in einem bereits erwachsenen Körper inkarniert. Das heißt, die alte Seele verlässt den Körper komplett oder teilweise, und eine neue Seele dringt ein. Dieser Austausch wurde vorher gemeinsam mit den Schutzengeln auf der Seelenebene beschlossen und kann zum Beispiel bei einem Unfall mit Bewusstlosigkeit oder – wie ich es bei meiner Freundin erlebt habe – bei vollem Bewusstsein geschehen. Walk-ins sind meistens hoch entwickelt und können daher auf die Erfahrungen in der Baby- und Kinderphase verzichten und ihren »Spezialauftrag« sofort erfüllen. Familienmitglieder erkennen einen Walk-in oft daran, dass die betreffende Person sich plötzlich völlig anders verhält und keine Erinnerungen an ihre Kindheit mehr hat (nicht zu verwechseln mit der Besetzung durch Fremdenergien).

KAPITEL 2

Ein Forum für Lichtkinder und ihre Eltern

Die neue Welt sieht aus wie diese. Der Unterschied liegt im Denken der Menschen.

Sophia, 12

An dieser Stelle lasse ich einige Lichtkinder selbst zu Wort kommen. Ich habe ihnen und ihren Eltern versprochen, ihre echten Namen nicht zu veröffentlichen. Sie können sich sicher vorstellen, dass ihre besonderen Fähigkeiten gern von sensationslüsternen Medien ausgeschlachtet würden, sind aber bestimmt mit mir der Meinung, dass sie ein Recht auf ihre Kindheit haben. Erst wenn die »Knospen voll erblüht sind«, wird sich die Öffentlichkeit an ihnen erfreuen können.

Es wurde schon viel über diese »Kinder der neuen Zeit« geschrieben. Psychologen, Eltern, Erzieher, Ärzte und Wissenschaftler haben Empfehlungen gegeben, wie man am besten mit ihnen umgehen sollte. Ich habe mich in diesem Kapitel mit Kommentaren zu den einzelnen Beiträgen bewusst zurückgehalten und in erster Linie als Sprachrohr gedient. Die meisten Kinder haben mich telepathisch kontaktiert und mir in dem von mir so genannten »kosmischen Chatroom« Botschaften übermittelt. Deshalb bezeichne ich dieses Kapitel als Forum. Auf der Seelenebene hatten wir offensichtlich vor langer Zeit vereinbart, wer hier zu Wort kommen sollte. Ich habe das nicht bewusst gesteuert. Alle Begegnungen haben sich einfach ergeben.

Bevor ich schreibe, reinige und öffne ich meinen Kanal zur geistigen Welt. Ich mache die Engelatmung, öffne mein Herz, verbinde mich mit Gott und lade die Engel und geistigen Lichtwesen ein, die durch mich sprechen möchten. Auf diese Weise habe ich auch die Lichtkinder eingeladen. Ihre Botschaften tauchten in meiner Wahrnehmung auf, wie E-Mails in Ihrem Computer auftauchen.

Den Kindern war interessanterweise voll bewusst, wie unsere Kommunikation funktioniert. Sie haben die Möglichkeit genutzt, durch mich und dieses Buch zu Ihnen zu sprechen. Damit wir alle unsere Seelenverträge erfüllen können, war es wichtig, ihre Botschaften möglichst unverfälscht weiterzugeben, das heißt, so wie sie bei mir ankamen. Im Fall von Isabel fiel mir das nicht ganz leicht, doch ihre Energie ist so klar und rein, dass sie auf telepathischem Wege leicht zu verstehen war. Ich vertraue darauf, dass Isabels Botschaft für ihre Mutter (und vielleicht auch für andere) lebenswichtig ist. Im telepathischen Kontakt mit Sebastian konnte ich seine sehr starke Energie spüren. Ich bin habe keine Zweifel, dass er als »Sternenkrieger« mit einigen Missständen in dieser Welt aufräumen und seine Mission erfüllen wird.

Manche Kinder klingen sehr erwachsen, weil sie alte Seelen sind. Das bedeutet, dass sie seit Anbeginn der Zeit da waren und sehr wahrscheinlich auch schon viele Leben auf diesem Planeten hinter sich haben. Man erkennt sie an ihrer Weisheit und häufig auch an ihrer Sprache. Ein Lichtkind kann schon mit vier Jahren wie ein Professor klingen. Ich höre von Erwachsenen oft Kommentare wie: »Woher weiß denn das Kind das alles schon?« Und viele suchen dann nach rationalen Erklärungen wie: »Das muss das Kind im Fernsehen gesehen haben« oder »Das hat es von esoterisch orientierten Erwachsenen aufgeschnappt.« Solche Erklärungsversuche machen deutlich, dass die Gehirne der Erwachsenen hier etwas zu verstehen versuchen, das größer ist als sie selbst: die Seele.

Kein Gehirn kann die Seelenebene verstehen, auch wenn es sich noch so sehr anstrengt. Doch Lichtkinder sprechen von der Seelenebene zu uns. Ihre Sprache ist die Sprache des Herzens, und diese Sprache ist sehr intensiv. Wissenschaftler haben die elektromagnetischen Signale des Herzens mit denen des Gehirns verglichen und herausgefunden: Die Signale des Herzens sind fünftausendmal stärker.

Wenn Sie Lichtkinder besser verstehen möchten, öffnen Sie einfach Ihr Herz. Haben Sie Mitgefühl. Fühlen Sie, was das Kind ausdrücken möchte. Dann wird vieles auch auf der Verstandesebene klarer.

Wenn Menschen anderen Menschen gegenüberstehen, egal ob groß oder klein, sehen die meisten nur die Person beziehungsweise die Persönlichkeit des anderen. Doch die Zeit wird kommen, wo sich das Bewusstsein auf der Erde verändert und es mehr und mehr Menschen möglich sein wird, mit der Seele zu sehen und zu fühlen. Das heißt, es wird möglich, die Ganzheit eines Wesens zu erkennen. Dann erkennt man auch die Verbundenheit mit allem, was ist, das Einssein mit Gott oder, wenn Sie es in anderen Begriffen ausdrücken wollen, das Einssein mit dem Quantenfeld, mit der göttlichen Matrix etc. Wenn man mit der Seele sieht, erkennt man zum Beispiel, wie viele und welche Inkarnationen ein Mensch schon durchlaufen hat, welche Schmerzen bei ihm möglicherweise noch nicht geheilt sind, woher diese Schmerzen kommen, welche voraussehbaren Erfahrungen der Mensch noch machen wird, und vieles mehr. Das ist nicht meine eigene Prophezeiung, sie steht schon in der Bibel:

> »Und es soll geschehen in den letzten Tagen, spricht Gott, ich will ausgießen von meinem Geist auf alles Fleisch; und eure Söhne und eure Töchter sollen weissagen, und eure Jünglinge sollen Gesichte sehen, und eure Ältesten sollen Träume haben; und auf meine Knechte und auf meine Mägde will ich in denselben Tagen von meinem Geist ausgießen, und sie sollen weissagen.«
>
> APOSTELGESCHICHTE 2:18

Noch sind nicht alle Menschen hellsichtig, noch haben nicht alle höhere Bewusstseinsebenen erreicht. Gehen Sie nachsichtig mit diesen Menschen um, denn sie können noch nicht hinter die Illusionen schauen. Aber auch wenn Sie von sich selber glauben, hellsichtig zu sein oder bereits ein höheres Bewusstsein zu haben, sollte Ihnen klar sein, dass es Bewusstseinsebenen und Grade der Hellsichtigkeit gibt, die Ihnen noch immer nicht zugänglich sind.

Wie ich im ersten Kapitel erklärt habe, sind die Menschen im Spiel des Vergessens gefangen. Und vielen macht es sogar Angst, über ihre Begrenzungen hinauszugehen. Daher sind sie oft sehr kritisch, urteilen schnell und tadeln sogar ihre Lichtkinder: »Das ist doch alles dummes Zeug, was du da erzählst.« So etwas schmerzt die Kinder sehr, denn, ob Sie es glauben oder nicht, Kinder wissen genau, wovon sie sprechen. Erwachsene hingegen geben nur äußerst ungern zu, dass andere etwas besser wissen als sie selbst und somit Recht haben. Nicht umsonst ist »Besserwisser« ein Schimpfwort. Die Frage bleibt: Wie offen sind wir für das, was uns noch neu ist, und kann es unser Ego verkraften, einmal nicht Recht zu haben?

In einer telefonischen Sitzung erzählte mir eine Klientin sehr zaghaft (es klang fast wie eine Beichte), ihr kleiner Sohn Jeffrey behaupte oft, mit seinem Bruder zu spielen, wo er doch »offensichtlich« ganz allein in seinem Kinderzimmer sei und gar keinen Bruder habe. Die Frau hatte schon einen Termin mit einem Kinderpsychologen gemacht, doch glücklicherweise hatte ihre Mutter ihr geraten, vorher über mich die Engel um Rat zu fragen. Im Laufe unseres Gesprächs stellte sich heraus, dass meine

Klientin vor einem Jahr eine Fehlgeburt gehabt hatte. Es war ein Junge, den ich auf geistigem Wege als helle Lichtkugel (Orb) in Jeffreys Kinderzimmer wahrnehmen konnte. Ich versicherte der Frau, dass alles in Ordnung sei und Jeffrey wirklich mit seinem Bruder spiele. Sie kommunizierten regelmäßig telepathisch, das heißt, auf der geistigen oder Seelen-Ebene.

Ich empfinde Menschen, die über solche Themen mit mir sprechen, keineswegs als »wunderlich«, denn für mich ist es normal, mit der geistigen Welt zu kommunizieren und Dinge wahrzunehmen, die andere nicht wahrnehmen können. Aber das gilt nicht für alle Menschen. Die folgenden Beiträge sollen Kindern und Erwachsenen helfen, sich mit ihrem »Anderssein« besser zu fühlen, statt darunter zu leiden. Meine persönliche Botschaft an sie lautet:

Lichtkinder sind die wundervollen, wichtigen Wegbereiter der Zukunft. Eltern dürfen besonders stolz auf diese Kinder sein, denn sie haben eine wichtige Mission zu erfüllen. Es macht überhaupt nichts, dass ihre Ansichten und Verhaltensweisen häufig nicht »gesellschaftsfähig« sind. Im Gegenteil! Diese Kinder haben die Aufgabe übernommen, die sich im Umbruch befindliche Gesellschaft auf künftige Veränderungen vorzubereiten.

Lichtkinder sprechen

Sonja, 17

Es ist nicht unbedingt gesagt, dass wir alles anders machen möchten. Uns kommt es darauf an, Toleranz, Frieden, Freude und Lachen jedem zugänglich zu machen, der es möchte. Es ist ganz leicht, sich daran zu erinnern, wie man den Zugang dazu findet, denn jeder hat seinen »Schlüssel zum Glück« mit auf die Reise bekommen. Das heißt natürlich nicht, dass Glück für jeden Menschen dasselbe bedeutet, aber es hat sich gezeigt, dass die Liebe – egal in welcher Situation man sich befinden mag – dafür sorgt, dass alles andere leicht geht.

Für uns Lichtkinder sieht es so aus, als herrsche auf der Erde eine emotionale Eiszeit. Die Menschen frieren. Ihre Emotionen sind eingefroren. Von klein auf üben sie Zurückhaltung und unterdrücken mögliche Gefühlsausbrüche. Der Wunsch nach Lachen wird oft damit kompensiert, sich über andere lustig zu machen, über sie zu reden und verständnislos den Kopf zu schütteln: »Guck dir bloß mal an, wie die wieder aussieht. Das ist ja zum Piepen.« So wird hinter vorgehaltener Hand getuschelt. Dabei wäre es so leicht, einem anderen Menschen ein Kompliment zu machen, Kinder zu loben und bewusst das Schöne und Besondere in jedem zu sehen.

In den Kinos werden 3-D-Brillen verteilt, damit man mehr sieht beziehungsweise in andere Dimensionen schauen kann. Wir Lichtkinder wünschen uns oft, den

Erwachsenen zeigen zu können, was wir sehen. Es ist eine so viel schönere und spannendere Welt. Ganz am Anfang war uns gar nicht klar, dass die Erwachsenen nicht sehen können, was da ist. Es war komisch, von ihnen zu hören: »Das hast du dir doch nur ausgedacht.« Wir haben es nicht verstanden, denn genau wie sie an einer Straßenbahnhaltestelle die Straßenbahn ganz deutlich sehen können, haben wir Elfen, Feen, Zwerge, Blumenkinder, Riesen, Einhörner und Engel gesehen. Diese Wesen und ihre Welten hat es schon immer gegeben, und am Anfang haben wir alle miteinander kommunizieren können. Die Tiere und Bäume haben eine Sprache. Ameisen und Grillen grüßen sich, wenn sie einander begegnen. Deshalb sind wir sehr achtsam allen Lebewesen gegenüber. Wir haben uns abgewechselt und Wache gehalten, um unsere – wie ihr sie nennt – »unsichtbaren Freunde« zu beschützen. Wann versteht ihr denn bloß, dass es keine Fantasiegestalten sind?

Meine Eltern sagen oft: »Wir haben keine Kraft oder keine Nerven mehr« oder »Du gehst uns auf die Nerven.« Ratet mal, liebe Eltern, wie ihr den Kindern auf die Nerven geht. Wir sind doch viel empfindsamer als ihr. Unsere Schutzhülle ist am Anfang noch ganz dünn und weich. Wenn wir auf die Welt kommen, hat das Umfeld ganz große Auswirkungen auf uns. Wir hören euch zwar sprechen, doch es hört sich an wie ein entferntes Bla Bla. In unseren Ohren klingt noch immer die schöne Musik der Engel, die vor unserer Reise auf die Erde zum Abschied gespielt wurde. Wir haben es uns hier schon anders vorgestellt, liebevoller, harmonischer und rücksichtsvoller. Aber genau das ist es, woran wir alle erinnern sollen.

Für den Fall, dass es uns mal schlecht geht hier auf der Erde, habt ihr euch was ausgedacht, das ihr Medizin nennt. Damit fängt es an, schwierig für uns zu werden. Wir sind so ausgestattet, dass wir uns selbst ganz schnell heilen können, und Krankheit gehört gar nicht zu unserem Dasein. Doch ihr habt viel Arbeit investiert und Versuche gemacht – meistens mit Laborratten, die sich auch nicht wehren konnten –, um uns etwas zu verabreichen, das uns auf alle Krankheiten dieses Planeten vorbereiten soll. Kaum sind wir auf der Welt, werden wir vorsichtshalber geimpft. Damit gerät unser sensibles System gehörig aus dem Lot. Wenn wir Autos wären, könntet ihr es vermutlich leichter verstehen. Kein stolzer Besitzer eines Sportwagens füllt erst mal einige Zusatzstoffe in den Tank, sondern geht davon aus, dass der Sportwagen so, wie er geliefert wurde, gut funktioniert. Mittlerweile habt ihr das Wort Impfschäden erfunden, eine müde Entschuldigung dafür, dass ihr uns das Leben schwer macht. Wir möchten einfach nur gefragt werden, bevor ihr etwas in unsere Körper gebt, das wir nicht vertragen. Wir werden uns Mühe geben, in diesem Buch so etwas wie eine »Gebrauchsanleitung« für uns nachzureichen, die in unserem Gepäck leider keinen Platz hatte.

Manchmal fällt es uns schwer, uns klar auszudrücken. Das liegt daran, dass wir so viel fühlen und uns schon so angestrengt haben, es mit unserem Herzen deutlich zu machen. Schon früh mussten wir erfahren, dass nur noch wenige Menschen mit dem Herzen hören und sprechen können. Wenn ihr uns nicht verstehen könnt, versucht euch bitte an die Sprache des Herzens zu erinnern, die ihr alle sprechen konntet, als ihr noch klein wart.

Meine kleine Schwester, Natalie, hat immer auf die Sterne gezeigt, wenn sie unseren Eltern zeigen wollte, wo sie herkommt und wo sie zu Hause ist. Wenn das Rollo runtergezogen wurde, das Licht ausging und Mama »schlaf endlich« sagte, hat sie sehr geweint. Wir haben keine Angst im Dunkeln, aber wir haben einen anderen Schlafrhythmus als die Großen. Vielleicht können Sie sich das so vorstellen wie nach einer sehr langen Flugreise. Es dauert eine Weile, bis der Körper den Jetlag überwunden hat. Bei uns kann es schon mal drei Jahre dauern, bis wir ganz angekommen sind und uns an das Schwingungsfeld der Erde gewöhnt haben.

Fabian, 14

Sätze wie »Verwöhnt das Kind nicht so« oder »Wir durften früher auch nicht machen, was wir wollen« sind Rechtfertigungen und Versuche, die »emotionalen Eiszeit-Bakterien« an uns weiterzugeben, damit wir auch leiden sollen. Wir Lichtkinder der neuen Zeit haben uns aber darauf vorbereiten können. Wir sind auf unsere Art »geimpft« und Gott sei Dank immer unempfindlicher für solche Sprüche geworden.

Meine kleine Schwester hat es da schwerer. Sie weint oft, wenn Erwachsene ihr nicht glauben oder sie ausschimpfen. Auch nimmt sie die Welt ganz, ganz intensiv wahr. Wenn sich unsere Eltern streiten, hört sie nicht nur die bösen Worte, sondern spürt auch die harschen Energien ganz genau. Dann tut ihr oft alles weh, und sie muss wieder weinen.

Ich bin zehn Jahre älter als meine Schwester und heiße Fabian. Mir wurde, schon bevor ich hierher kam, gesagt, dass ich schnell merken würde, was mit den Erwachsenen los ist. Viele von ihnen leben noch in der Vergangenheit. Haben Kriege erlebt und sich nicht wehren können. Das Gefühl, sich nicht wehren zu können, haben sie an nachfolgende Generationen weitergegeben. Fast wie einen genetischen Defekt haben sie es vererbt. Alle ihre Glaubenssätze und Systeme haben sich so aufgebaut: Es hat ja doch keinen Zweck. Du bekommst nie Recht. Es ist besser, nichts zu sagen – das sind unsichtbare Gesetze in ihrer Arbeitswelt. Sie schweigen, sehen zu und schauen weg, wenn Unrecht geschieht.

Wir sind gegen solche »Krankheiten« immun. Wir schweigen nicht, wenn Kinder geschlagen und Kriege angezettelt werden, wenn der Regenwald abgeholzt und unsere Erde mit all ihren Lebewesen gefoltert, gequält und getötet wird. Versteht ihr denn nicht? Wenn ihr diesen Planeten vernichtet, haben wir alle nicht die Möglichkeit, unsere Mission erfolgreich durchzuführen und nach Hause zurückzukehren. Deshalb sind wir anders als ihr. Eure selbst gewählten Gesetze der Grausamkeit werden von uns nicht akzeptiert. Wir sind sehr stark und lassen uns nicht in Schlips und Anzug zwängen, um das zu tun, was andere uns vorschreiben.

Was wir vorhaben, sieht aus eurer Sicht aus wie eine Revolution. Dabei geht es nur darum, alle Menschen, egal wo sie sind, aufzuwecken und ihnen zu zeigen, wer sie in Wirklichkeit sind. Wir sind in großer Zahl auf diese Erde gekommen und klopfen an eure Türen. Wir wollen, dass ihr uns zuhört, uns reinlasst und die Hilfe annehmt, die wir euch so gern geben möchten. Hier sind ganz besonders die verzweifelten Eltern gemeint, die sich ständig fragen, ob sie alles richtig machen; die nicht wissen, wie sie ihren Kindern helfen und die Wunden aus der eigenen Kindheit heilen sollen, an die sie täglich erinnert werden, wenn sie ihren eigenen Nachwuchs spielen sehen oder schreien hören.

Bitte versteht uns. Wir haben nicht immer genug Zeit, euch alles haarklein zu erklären. Doch eines ist sicher: Wir tun, was wir tun, aus Liebe zu euch.

Wenn wir in der Schule sind, hören wir geduldig zu, was ihr uns mitzuteilen habt. Vieles ist sehr interessant, aber das meiste kennen wir schon aus vielen früheren Leben. Besonders der Geschichtsunterricht ist für uns ganz witzig, weil wir doch dabei waren und uns noch gut an alles erinnern können. Wer immer eure Geschichtsbücher geschrieben hat, hat oft wichtige Teile weggelassen. Wir würden uns wünschen, mindestens einmal pro Woche den Unterricht für euch gestalten zu dürfen. Es gibt so viele tolle Sachen, die ihr noch nicht kennt. Wir haben sie mitgebracht aus eurer Zukunft. Ihr sagt zwar manchmal: »Die Kinder sind unsere Zukunft.« Aber gleichzeitig denkt ihr: »Erst müssen sie machen, was wir ihnen sagen.« Schade, Mama, du könntest es so viel leichter haben.

Wir sind gekommen, um es euch leichter zu machen und nicht schwerer. Wir sind gekommen, um eure eingefrorenen Herzen aufzutauen und euch mit unserer Liebe zu wärmen.

Isabel, 8

Sag meiner Mama, sie soll sich nicht umbringen. Das hat überhaupt keinen Zweck. Die Menschen sind unsterblich. Sie können gar nicht aufhören zu leben, weil sie doch Gott gehören.

Ich habe früh angefangen zu sprechen und zu singen. Jetzt bin ich acht Jahre alt und lebe in Dresden. Meine Mama wird in das Buchgeschäft gehen und sich dieses Buch kaufen. Es ist die einzige Möglichkeit, die ich habe, so mit ihr zu sprechen, denn sie kann Kindern nicht zuhören. Als sie klein war, wurde sie selbst so oft geschlagen, dass man es nicht zählen kann.

Wann darf ich kommen? Das habe ich sie so oft gefragt, als ich noch im Himmel war. Ich wurde in einem Boot gezeugt und mein Papa heißt Steffan, das darf aber keiner wissen. Liebe Mama, du darfst jetzt noch nicht sterben. Wir haben noch viele wichtige Dinge vor. Ich werde Schauspielerin und Sängerin und wünsche mir, dass du dann in der ersten Reihe sitzt und dich darüber freuen kannst. Denn deshalb bin ich doch da. Danke Mama, dass du mir zugehört hast. Danke Mama.

Sebastian, 24

Wir haben vereinbart, dass wir mithilfe dieses Buches alles sagen können, was uns wichtig ist. Ich bin ein Sternenkrieger und habe die Aufgabe, den Politikern abzugewöhnen, immer durcheinander zu sprechen und zu lügen. Als ich noch nicht geboren war, habe ich viele Jahre lang in Brüssel, Moskau, der Schweiz, und so weiter wichtige Gespräche belauscht und dabei gemerkt, dass die Politiker ratlos sind und nicht weiterwissen. Die Probleme dieser Erde lassen sich nicht mehr unter den Teppich kehren. Doch ihr handelt immer noch nach dem Motto: »Kopf in den Sand und nichts anmerken lassen.« Gott sei Dank sind einige von uns jetzt alt genug um deutlich auszusprechen, worum es geht. Es ist wie in dem Märchen »Des Kaisers neue Kleider«. Alle haben die neuen Kleider des Kaisers bewundert. Selbst als er eines Tages nackt vor sein Volk trat, haben sie gerufen: »Ach wie schön sind die neuen Kleider des Kaisers.« Nur ein Kind hat gewagt, mit dem Finger auf den Kaiser zu zeigen und zu rufen: »Der ist doch ganz nackt!«

Wir haben keine Vorurteile, sondern nur eine ganz klare Sicht von dem, was ist und was nicht ist. Wir lassen uns nichts vormachen und spielen die alten Spiele nicht mehr mit. Es ist zu wichtig, was geschieht, und wir dürfen keine Zeit verlieren. Wir haben die Gaben und die Fähigkeiten, schnell auf der Erde aufzuräumen. Wenn ihr uns nicht davon abzuhalten versucht, geht es noch schneller. Wir sind aber nicht bestechlich, und auf Ruhm und Geld können wir leider auch keine Rücksicht nehmen. Es ist genug für uns alle da, wenn wir retten, was übrig geblieben ist.

Larissa, 15

Larissa habe ich bei einem meiner Vorträge über Quantum-Engel-Heilung in der Schweiz kennen gelernt. Sie saß mit ihrer Mutter in der ersten Reihe und nickte als Einzige mehrmals zustimmend, während ich über Engel und Heilung sprach. Als ich später das Publikum fragte, wie es sich nach der live gechannelten Heilmeditation fühle, kamen zunächst nur wenige Reaktionen. Das war mir recht unverständlich, denn bei meinen Vorträgen in Deutschland und den USA gibt es immer viele Rückmeldungen. Viel später, kurz bevor die Teilnehmer nach Hause gingen, tauten sie auf und erzählten mir einzeln von ihren Heilungen. Im persönlichen Gespräch schienen sie wie ausgewechselt und waren voller Begeisterung ob des Wundervollen, das sie erlebt hatten.

Larissa war glücklicherweise ganz anders. Sie meldete sich gleich nach der Meditation und erzählte von der riesengroßen, weißen Lichtsäule und den Engeln, die sie um mich herum und im ganzen Raum gesehen hatte. Ich war wirklich froh über ihre Beiträge und wusste sofort, dass sie ein hellsichtiges Lichtkind ist. Im Anschluss an die Veranstaltung führten wir ein schönes Gespräch. Sie erzählte von sich, und es wurde deutlich, dass sie und ihre hellsichtige Freundin, die mit Einhörnern spricht, es in der Schule und im Alltag nicht immer leicht hatten. Doch sie hatte sich die richtige Mutter ausgesucht (sie machte noch im selben Jahr die Ausbildung zur Quantum-Engel-Heilerin und hat sich mittlerweile auf die Arbeit mit Kindern spezialisiert) – ein Engel auf Erden.

Ich erzählte den beiden, dass ich vorhabe, ein Buch über Kinder zu schreiben, und fragte Larissa, ob sie wichtige Botschaften für Erwachsene habe, die sie in diesem Buch mitteilen wolle. Sie nickte begeistert, strahlte über das ganze Gesicht und versprach, mir bald einen Brief zu schreiben. Kurze Zeit später erhielt ich folgenden Brief mit wunderschönen, selbst gemalten Engelbildern.

Ich bin Larissa, jetzt 15 Jahre alt. Schon als kleines Mädchen habe ich Engel gesehen. Bewusst wahrgenommen habe ich sie aber erst, als ich eine Therapie machte, bei der es darum ging, mein unklares Bauchweh aufzulösen. Ich sah einen Engel, der hieß Ismael. Er unterstützte mich bei der Trauerarbeit, denn wir fanden heraus, dass ich eine Zwillingsschwester gehabt hatte, die aber in der 12. Schwangerschaftswoche gegangen ist. Auf Zeichnungen habe ich sie unbewusst gemalt. Jetzt habe ich ein wunderbares Verhältnis zu ihr. Sie heißt Sonja und begleitet mich überall hin.

Meine Mami und ich haben viel meditiert. So habe ich auch meinen Schutzengel kennengelernt. Sie heißt Laura. Dann trat mein Spaßengel, Ginga, in mein Leben. Immer wenn ich traurig bin und Unterstützung brauche, kommt sie zu mir. Natürlich hat sie es gern, wenn ich fröhlich bin. Mein Schulengel, Borbenoa, begleitet mich in der Schule. Da ich schon immer anders war als andere Kinder, bin ich froh, sie zu haben. Anders zu sein, ist oft nicht lustig. Nicht nur, weil ich die Kleinste in der Klasse war mit bunter Brille und Zahnspange, wurde ich oft gehänselt, sondern auch, weil ich zurückhaltender war als andere. Ich sah die Aura der anderen

Kinder oder der Lehrperson. Lärm und Geschrei habe ich gar nicht ertragen. Zum Glück habe ich seit dem Kindergarten eine ganz tolle Freundin: Bella. Sie hat mich immer verstanden, und mit ihr konnte und kann ich alles besprechen. Sie hat mir oft ins Ohr geflüstert, wenn es mir nicht gut ging: »Ruf doch deinen Spaßengel.« Das hat mir geholfen. Bellinda (Bella) ist ein Menschenengel. »Es ist egal, was die anderen sagen. Du bist schon recht, wie du bist«, waren ihre Worte. Unsere Freundschaft ist gegenseitig und hat sich schon oft bewährt. Wir besprechen immer alles sofort, sind offen und ehrlich miteinander und lassen uns gegenseitig Freiheiten. So haben wir Frieden.

Meditieren: Wir hatten auch eine Kinder-Meditationsgruppe. Manchmal gingen wir in den Wald, um Kraft zu tanken. Mit viel Respekt näherten wir uns den Bäumen, spürten ihre Energie. Dabei lernte ich auch Naturwesen kennen. Ich meditiere täglich. Es bringt mir Ruhe, gibt mir innere Kraft. Ich kann beim Meditieren loslassen, spüre mein Herz, erhalte Botschaften. So kann ich ich selber sein. Ich sehe Farben, Sonnenstrahlen, Lichtstrahlen, die durch mich durchfließen. Manchmal finde ich schwarze Punkte, doch die kann ich mit dem Lichtnetz lösen. So reinige und heile ich mich.

Aura und Deutung mit Engeln, Einhörnern und Naturwesen: Wenn eine Person vor mir steht, sehe ich Farben um sie herum. Wenn ich diese Farben deuten will, erhalte ich immer die richtige Hilfe. Hinter mir steht das Wesen, das zu der Person passt, sei es ein Engel, ein

Einhorn, eine Elfe oder sonst ein Wesen. Wenn zum Beispiel bei einer Schulter die Farbe grün ist, frage ich, was diese Farbe bedeutet. Das Grün kann pulsierend sein, ganz zart, ganz kräftig und so weiter. Die Antworten höre ich, oder ich sehe sie. Wenn die Farbe Schwarz im Spiel ist oder Besetzungen vorliegen, kommt meistens das Einhorn. Ich frage dann, was genau da ist, ob Fremdenergien, Trauer, Mangel und so weiter vorhanden sind. Wenn ich genau weiß, was vorliegt, und die Person damit einverstanden ist, bitte ich die Engel oder das Einhorn, es mit viel Licht und Farben zu heilen.

Der Alltag und mein Geheimnis: Manchmal ist es schwierig, weil ich mit fast niemandem über meine Talente sprechen kann. Schulleistungen haben den größeren Stellenwert im Alltag. Ich gebe mir viel Mühe, das Schulwissen zu lernen. Glücklicherweise bin ich in der Impulsschule, wo ich auch andere lebenswichtige Dinge lerne, zum Beispiel, eine eigene Meinung zu haben und mich vor vielen Menschen dafür einzusetzen, mich abzugrenzen, Dinge auszudiskutieren, Regeln einzuhalten, und so weiter. Mein Geheimnis teile ich nur mit meinen engsten Freunden. Ich wende mein Wissen aber immer wieder an. Ich bin ein fröhliches Mädchen, und das steckt auch andere an. In meinem Kasten habe ich meinen Wunschzettel. Darauf steht, was ich mir genau wünsche. Oft visualisiere ich, wie es ist, wenn mein Wunsch in Erfüllung gegangen ist. Das gibt mir ein gutes Bauchgefühl. Ich zeichne auch gern Energiezeichen, Engel, Elfen und Einhörner.

Botschaften für die Eltern

Kinder ernst nehmen: Wenn ein Kind ganz überzeugt erzählt, dass es Engel, Einhörner, Elfen, Feen, Zwerge, Trolle, Gnome, also Naturwesen, sieht oder auch Tiere wie einen Hund oder eine Katze, obwohl diese real nicht sichtbar sind, sollten Sie ihm trotzdem glauben. Vertrauen Sie Ihrem Kind! Oft wird in solchen Fällen von zu viel Fantasie gesprochen. Das schmerzt ein Kind sehr, weil es doch ganz klar sieht, spürt oder ganz einfach weiß, dass es diese Wesen gibt. Viele Kinder haben solche »Begleiter« und sprechen mit ihnen. Sie sind ihre treuesten Freunde, ihnen vertrauen sie alles an, von ihnen bekommen sie Antworten und werden liebevoll behandelt. Und doch ist es so schwierig, mit anderen Kindern oder Erwachsenen darüber zu sprechen.

Fragen: Fragen Sie Ihr Kind: »Was bedeuten dir diese Wesen? Was spürst du, wenn du mit ihnen zusammen bist? Wofür sind sie da? Kannst du mit ihnen sprechen? Bekommst du Botschaften von ihnen?«

Mir geben sie Schutz und bringen mich zum Lachen, weil sie Humor haben. Sie fördern meine Kreativität und geben mir Kraft. Meine Elfe Serafina hilft mir, mich besser mit Haustieren verständigen zu können. Engel umgeben mich immer, aber ich kann auch meine Naturgeistli rufen. Ich bin nie allein. Das gibt mir ein Gefühl der Sicherheit.

Für Kinder kann es ganz schlimm sein, wenn sie zum Psychologen gebracht werden, weil sie diese Wesen sehen. Wenn sie abgestempelt werden oder gar Medikamente einnehmen müssen, damit sie ihre innere Weisheit nicht mehr leben. Und wenn sie ausgelacht oder ausgestoßen werden.

Macht eure Herzen weit auf, liebe Eltern, damit die Engel euch über eure wunderbaren Kinder berühren können. Lasst euch einhüllen in die Flügel eurer Schutzengel. Spürt die unendliche Liebe und das erleuchtende Licht. Wandelt eure Zweifel in Zuversicht und Vertrauen zu euch selber und euren Kindern.

Reichtum: Innerer Reichtum, die Farben, die wunderschönen Gefühle spiegeln sich im Äußeren. Unsere positiven Gedanken erschaffen zusammen mit dem Wohlgefühl und dem Glauben an uns selbst unser Sein.

Achilles, 11

Achilles' Mutter habe ich an demselben Vortragsabend in Zürich zum ersten Mal getroffen. Am darauffolgenden Wochenende besuchte sie meinen Basis-Workshop »Quantum-Engel-Heilung«. Dort hat sie mir unter anderem von ihrem hellsichtigen Sohn erzählt, der mit Gott spricht. Dieses wunderbare Kind war bereit, eine Botschaft von Gott an alle Leser dieses Buches weiterzugeben. Lesen Sie selbst, was er mir in einer E-Mail schrieb:

Ich glaube, ich war sechs Jahre alt, als ich gemerkt habe, dass ich mit Gott sprechen kann. Ich weiß nicht mehr, warum ich weiß, dass es Gott ist. Es ist eben so. Ich höre eine Stimme in meinem Kopf. Ich höre sie in meinen Gedanken. Es ist sehr schwer, dies mit Worten zu beschreiben. Diese Stimme beantwortet alle meine Fragen, gibt aber niemals Kommentare ab. Wenn ich traurig bin, spreche ich viel mit Gott. Dann bekomme ich Kraft und die Gewissheit, dass es nichts bringt, traurig zu sein. Manchmal sagen meine Eltern, ich solle Gott fragen, was er zu einer Situation oder Entscheidung meint.

Soweit ich mich erinnern kann, habe ich ebenfalls mit sechs Jahren zum ersten Mal einen Engel gesehen. Das war, als ich meinen Großvater besuchte, auf dem Friedhof. Da saß ein wunderschöner, großer, weißer Vogel auf einem Ast. Die Erwachsenen konnten ihn nicht sehen. Meine Eltern sagten mir, dies sei ein Engel.

Einmal, als ich am Waldrand spazieren ging, sah ich einen weißen Engel mit großen Flügeln und einem Kindergesicht. Er war sehr schön.

Zu Hause sehe ich oft Engelwesen, doch nicht immer haben sie Flügel. Sie sehen aus wie Geister, sind durchsichtig, meistens weiß oder türkisfarben.

Als ich an einem Morgen zur Schule gehen wollte, schaute ich zum Fenster hinaus – und da stand ein Engel und schaute mich an. Er sah aus, als wären zwei große, weiße Kissen übereinander gestapelt worden, mit einem Kindergesicht. Er sah lustig aus. ☺

Ich träume auch sehr viel von Engeln. Meist sehen sie in meinem Träumen so aus, wie man sie von Bildern kennt.

Meine Mutter hat mich gefragt, ob Gott eine Botschaft an die Menschen hat, die du in dein Buch schreiben kannst.

Gott sagt: »Es wäre schön, wenn mehr Menschen lernen würden, mit mir zu sprechen.«

Das Komitee der Lichtkinder (Engelwesen)

Dieser Beitrag wurde von den Engeln an mich weitergeleitet, die dieses Buch auf der geistigen Ebene betreuen. Sie haben dafür gesorgt, dass ich alle Kinder, Eltern und Lehrer treffe. Sie haben mir geholfen, Zugang zu dem Wissen zu bekommen, das für dieses Buch wichtig war. Dabei waren sie sehr kreativ. Sie haben sozusagen Regie geführt!

Wie wir gerade von Isabel hören durften, können noch viele Wunder geschehen. Auch Ihnen werden in diesem Buch Zeichen gesendet. Wir wissen schon genau, wer es kaufen wird, wer es sich ausleihen, es im Bus finden oder in der Zeitung darüber lesen und zu einem Vortrag gehen wird. Wenn Sie sich hier direkt angesprochen fühlen, liegt das daran, dass wir Sie direkt ansprechen. Wir sind das Komitee der Lichtkinder. Wir sind Engelwesen, die es gerade noch rechtzeitig geschafft haben, die Autorin zu beschützen und dafür zu sorgen, dass sie uns zuhört und aufschreibt, was für Sie alle gedacht ist.

Dieses Buch ist so etwas wie eine Fernbedienung, mit deren Hilfe wir Ihnen zeigen werden, welcher Film um Sie herum abläuft und wie Sie für sich und Ihre Kinder ein anderes Programm wählen können. Es war leider bisher nicht möglich, Sie auf andere Weise zu erreichen. Sie wären einfach nicht bereit gewesen, uns zuzuhören. Also nochmals zurück zum Anfang.

Sie wissen mittlerweile, dass die Erde keine Scheibe ist, sondern eine Kugel. Was Sie aber noch nicht erkannt haben, ist, dass alles, was Sie sagen und tun, nicht nur Sie allein betrifft, sondern sich auf die ganze Erde und alle Menschen auswirkt. »Es geht niemanden etwas an, was ich tue«, ist so nicht richtig. Wir alle zusammen bilden ein komplexes kosmisches System, eine untrennbare Einheit mit Gott.

Es fällt Ihnen vielleicht leichter, sich ein großes Meer vorzustellen. Jedes Meer ist ein Ökosystem, und so wie beispielsweise das Aussterben von Korallen Einfluss auf das Leben eines ganzen Riffs hat, kann sich auch etwas, was nur ein Wesen in dem Ökosystem, in dem es sich befindet, vollbringt, auf das ganze System auswirken. Alles, alles, alles, was Sie tun, wirkt sich auf alle anderen aus. Wenn Sie lächeln, lächelt die Welt mit Ihnen. Wenn Sie weinen, weint die Welt auch.

Wir haben lange darauf gewartet, durch dieses Medium zu Ihnen sprechen zu dürfen. Unsere Botschaft an Sie ist ganz einfach:

Bedenke jeden Schritt, den du tust. Wir sind an deiner Seite, und wenn du Hilfe haben möchtest, wird sie dir gewährt.

Eltern erzählen

Möglicherweise fällt es Ihnen noch schwer zu glauben, was die Kinder und die Engel gerade gesagt haben. »Hirngespinste« oder »Fantasien« sagt Ihr Verstand vielleicht, besonders wenn Sie bisher noch keinen direkten Zugang zu den geistigen Welten hatten und diese Art von Beiträgen neu und ungewohnt für Sie ist. Erwachsene sind leichter bereit, anderen Erwachsenen zu glauben. Daher möchte ich nun ein paar faszinierende Geschichten, die mir Eltern erzählt haben, mit Ihnen teilen.

David und Serena

Natürlich war es kein Zufall, dass ich die Telefonnummer von David bekam. Die Engel hatten auch das schon lange für mich geplant und vorbereitet. Der stolze Vater von fünf Kindern erzählte mir die folgende Geschichte über seine außergewöhnlich begabte, hellsichtige Tochter:

Eigentlich fing alles mit dem Traum an, den ich als Elfjähriger immer geträumt habe. Es war furchtbar, aber ich konnte nichts dagegen machen. Über einen Zeitraum von etwa eineinhalb Jahren wiederholte sich dieser Traum jede Nacht. Ich träumte, dass ich mich in einer Art Dschungel befand. Gemeinsam mit fünf anderen Männern kämpfte ich gegen asiatisch aussehende Soldaten. Ich fragte mich damals, ob es Koreaner waren, aber heute ist mir bewusst, dass es sich um den Vietnamkrieg gehandelt haben muss. Im Traum sah ich, wie wir versuchten, zur Landezone eines Hubschraubers vorzudringen. Wir wurden verfolgt. Schließlich sah ich ein kleines, zweistöckiges Gebäude. Als nächstes sah ich mich oben in einem Raum, zusammen mit den anderen. Einer nach dem anderen wurde erschossen. Ich versuchte zu fliehen und rannte zur Treppe. Das nächste, was ich hörte, war ein Schuss. Ich fühlte, dass ich getroffen worden war, sah mich stürzen – und wachte auf.

Fast jede Nacht hatte ich diesen Traum. Ich konnte mit niemandem darüber sprechen und wusste vor allem nicht, wie ich diesen Traum abstellen konnte, bis er eines Tages von allein verschwand.

Viele Jahre später erzählte mir meine zweieinhalbjährige Tochter Serena auf ihre kindliche Art von einem Traum, den sie gehabt hatte. Zu meinem großen Erstaunen merkte ich, dass es mein alter Albtraum war. Sie sprach zuerst von den schwarzen Männern und zog dabei mit den Fingerchen an ihren Augenlidern. Sie machte »Schlitzaugen« nach, denn sie konnte nicht beschreiben, was Asiaten sind. Dann sprach sie von einem Kreis am Himmel, der gekommen war, um sie und mich und die anderen zu holen. »Du warst da, Daddy«, sagte sie sehr bestimmt. Sie wusste zu der Zeit noch nicht, was ein Hubschrauber war, und beschrieb einfach den Kreis, den sie in ihrem Traum am Himmel gesehen hatte. Dann erzählte sie mir von dem Mann, der mich in den Bauch geschossen hatte. Dabei zeigte sie ganz genau auf die Stelle an meinem Bauch, wo ich heute einen Leberfleck habe.

Erst durch meine Tochter wurde mir klar, dass unsere Träume offensichtlich mit einem früheren Leben zusammenhingen, in dem wir zusammen umgebracht wurden.

David und seine Frau Christina erkannten sehr früh, dass ihre jüngste Tochter anders war als ihre anderen Kinder. Bereitwillig erzählte er mir auch noch andere spannende Geschichten von ihr.

Ich erinnere mich, dass sie als kleines Kind oft nicht schlafen konnte. Eines Abends erzählte sie uns: »Der kleine Junge in meinem Zimmer lässt mich nicht schlafen. Er will immer mit mir spielen.« Meine Frau und ich gingen gemeinsam in ihr Zimmer und sahen – nichts.

»Wo ist er denn?«, fragten wir.

»Dort drüben am Schrank«, rief sie und zeigte mit ihrem kleinen Finger in die Richtung.

Meine Frau und ich waren solchen Dingen gegenüber sehr aufgeschlossen, und wir zweifelten auch nicht daran, dass Serena tatsächlich sah, was wir nicht sehen konnten. Also schickten wir den kleinen Jungen weg, indem wir ihm erklärten, dass dies nicht sein Zuhause sei.

Es kam auch vor, dass unsere Tochter in ihrem Zimmer Gespräche führte. Einmal hörten wir sogar die Stimmen einer älteren Frau und eines Mannes, und es klang, als würden sie sich streiten. Als wir in Serenas Zimmer kamen, sahen wir wieder – nichts. Es kam auch vor, dass wir abends vom Wohnzimmer aus ganz deutlich Schritte auf den Fliesen in der Küche hörten. Es klang, als sei eines der Kinder noch einmal aufgestanden, um sich etwas aus der Küche zu holen. Als wir nachschauten, sahen wir wieder – nichts.

Oft saß Serena schmunzelnd und staunend in ihrem Zimmer und beobachtete die Lichtkugeln, die sie überall sah. Sie sagte, es seien die Feen. Ich erinnere mich besonders an einen Tag, an dem sie laut lachte und rief: »Daddy, Daddy die Feen kitzeln mich andauernd.«

Es kommt auch vor, dass unsere Tochter an bestimmten Orten nicht gern ist oder dass sie beispielsweise im Restaurant auf Leute zeigt und einfach sagt: »Die mag ich gar nicht!« Manchmal erzählt sie uns auch von den dunklen Schattenmännern und malt sie sogar. Sie haben weder Arme noch Beine und bestehen nur aus einem schwarzen Torso.

Wir hatten schon immer das Gefühl, dass alles, worüber sie spricht, für sie absolut real ist. Ihre Beschreibungen sind für ihr Alter erstaunlich genau. Unser jüngster Sohn hat das, was man eine blühende Fantasie nennt, doch das ist anders als das, was Serena uns erzählt. Sie kann Dinge ganz genau beschreiben und hat nach unseren Erfahrungen einen regelrechten Röntgenblick.

Als ihre Schwester wieder einmal im Wohnzimmer ihre Turnübungen machte und ein Rad schlug, hörten wir plötzlich einen dumpfen Schlag und gleich darauf ein Schreien und Heulen: »Mein Finger, mein Finger!« Wir konnten fühlen, dass der Finger vermutlich gebrochen war. »Lass mich mal sehen«, sagte Serena (damals sechs Jahre alt) und schaute sich den Finger ganz intensiv an. »Ich sehe diese komische dünne Linie«, meinte sie. Dann nahm sie ein Blatt Papier und malte eine dünne Linie, die längs durch den ganzen Finger bis zum Knöchel ging. Wir glaubten in diesem Moment nicht, dass sie einen Bruch beschrieb, denn der wäre nach unserer bisherigen Erfahrung eher quer über den Finger verlaufen. Erst als wir das Röntgenbild vor uns hatten, konnten wir genau sehen, welchen dünnen Strich Serena gemalt hatte. Der Knochen war wie gespalten. »Ein seltener Bruch«, sagte der Arzt, als er den Verband anlegte.

Als sich unser Sohn beim Karatetraining schwer am Fuß verletzte und dieser sofort dick anschwoll, waren wir uns so gut wie sicher, dass er wohl gebrochen war. Serena (jetzt acht Jahre alt) kam und sah sich den geschwollenen Fuß mitfühlend an. »Ich sehe keine Linie«, sagte sie, »aber eine komische weiße Masse. Die ist, glaube ich, kaputt.« Sie hatte keine Anatomiekenntnisse und wusste daher nicht, was sie da sah. Nachdem der Fuß geröntgt worden war, war klar, dass kein Bruch vorlag. Der Arzt vermutete eine Bänderdehnung. Nur wir ahnten aufgrund Serenas Beschreibung, dass es auch eine Knorpelverletzung sein konnte. Die Schwellung ging in ein paar Tagen zurück und der Fuß heilte.

Claudia, Marco und Angelo

Diese Geschichte hat mir meine Klientin Claudia in Deutschland erzählt:

Ich war schon früh zum ersten Mal Mutter geworden, aber mein Sohn (Timo) war 1986 im Alter von sechs

Jahren bei einem Autounfall ums Leben gekommen. Es war damals, als sei mein Herz stehen geblieben. Jahrelang fühlte ich mich genauso leblos wie mein kleiner Sohn – so, als sei ich nur eine Hülle und meine Seele sei bei ihm. Als ich keine Tränen mehr hatte und wieder beten konnte, bat ich Gott inständig, mir meinen Sohn wiederzugeben. Ich war inzwischen Ende dreißig und wünschte mir so sehr, mein Kind noch einmal im Arm halten zu dürfen. Meine erste Ehe war nach dem Tod unseres Kindes zerbrochen, und ich litt jahrelang unter der ganzen Situation, bis ich schließlich bereit war, wieder zu leben und zu lieben.

Da hatte ich eines Nachts einen Traum, in dem ich Timo zu mir sprechen hörte: »Mama, wenn du möchtest, werde ich bald wieder bei dir sein.« Als ich aufwachte, dachte ich natürlich, dass ich mir das nur eingebildet hatte, denn ich war auch früher oft in Timos altem Kinderzimmer gewesen und meinte dort seine Stimme gehört zu haben.

Weihnachten 1992 erhielt ich mein schönstes Weihnachtsgeschenk: Ich gebar einen Sohn. Und weil ich wusste, dass er von Gott und den Engeln geschickt worden war, nannte ich ihn Angelo. Angelo hatte einen anderen Vater (Marco) und sah ganz anders aus als mein verstorbener Sohn Timo. Ich konnte also Timo endlich loslassen und war überglücklich mit meinem Baby, das mir so vertraut vorkam, als sei es schon immer mein Kind gewesen. Mein Mann und ich hatten schon während der Schwangerschaft beschlossen, alle Spielsachen, Kleider und Möbel von Timo wegzugeben und einen Neuanfang zu machen. Nur von einigen wenigen Sachen hatte ich mich nicht trennen können.

Kurz nach Angelos viertem Geburtstag kramte ich in meiner Schublade im Schlafzimmer und fand ein Bild, das Timo gemalt hatte: ein lachender Engel, der Blumen für mich in der Hand hielt. In dem Moment kam Angelo zu Tür herein, sah das Bild und rief: »Papa komm mal. Ich hab ein Bild gemalt.« Ich war geschockt, als er mir das Bild aus der Hand nahm und damit zu meinem Mann rannte. Marco kannte das Bild und fragte unseren Sohn: »Angelo, bist du sicher, dass du dieses Bild gemalt hast?« Angelo nickte vehement mit dem Kopf und war gleichzeitig fast beleidigt, dass sein Papa ihm nicht glaubte. Er sagte: »Das Bild hab ich schon ganz lange her gemalt, als du noch nicht mein Papa warst. Ich bin gestorben und war im Himmel, da habe ich Onkel Antonio getroffen. Ich wusste, dass die Mama immer traurig war, und weil du mich auch lieb haben würdest, bin ich dann noch mal in den Bauch gekommen.«

Die Gefühle, die mein Mann und ich in diesem Moment hatten, kann ich nicht in Worte fassen. Es fällt mir immer noch schwer, darüber zu sprechen. Aber es war wirklich wie ein Wunder. Angelo konnte nicht wissen, dass mein Mann einen Zwillingsbruder gehabt hatte, der vor acht Jahren in Italien verstorben war. Damals kannte ich meinen Mann noch gar nicht. Ich habe ihn erst zwei Jahre später im Urlaub kennengelernt, und er hat aus Schuldgefühlen mir gegenüber nie über seinen Bruder Antonio gesprochen. Den Namen des Zwillingsbruders hatte ich nur ein einziges Mal gehört, nämlich bei unserer Hochzeit von meiner Schwiegermutter.

Die Geschichte geht aber noch weiter. Als wir im selben Jahr zum ersten Mal zu dritt nach Italien fuhren und mit Marcos Eltern in dem Hotel zu Abend aßen, in dem wir unsere Hochzeit gefeiert hatten, fragte Angelo: »Papa, wo ist denn der Spielplatz mit der großen Schaukel? Und wo sind die anderen Kinder?« Mein Mann und ich sahen uns erstaunt an. Er konnte doch nicht wissen, dass dort, wo jetzt das neue Hotel steht, einmal ein Spielplatz gewesen war. Er war zum ersten Mal in Italien und bei unserer Hochzeit noch gar nicht auf der Welt gewesen. Als wir ihn fragten, woher er denn wisse, dass dort ein Spielplatz gewesen war, sagte er: »Ich war doch bei eurer Hochzeit den ganzen Tag dabei und dann bin ich mit Onkel Antonio rüber gegangen und hab auf dem Spielplatz gespielt.« Wir hatten seit diesem Tag keine Zweifel mehr, dass es ein Leben nach dem Tod gibt und die Wiedergeburt dazu gehört.

Diese Geschichte macht deutlich, dass sich die Seelen bereits vor ihrer Geburt in der Nähe ihrer künftigen Eltern aufhalten und auch zu anderen Seelen, zum Beispiel von verstorbenen Familienmitgliedern (hier Onkel Antonio) Kontakt haben. Angelo hatte die Ereignisse aus dieser vorgeburtlichen Zeit nicht vergessen und konnte sich sogar an Begebenheiten aus seiner letzten Inkarnation erinnern.

Hier wird außerdem etwas sehr Besonderes geschildert, nämlich dass eine Seele zweimal bei der gleichen Mutter inkarnieren kann. Oft habe ich gehört, dass Seelen sich andere Mütter aus der gleichen Familie aussuchen. Wenn beispielsweise der Schwiegervater stirbt, wird er in der nächsten Generation als Enkel wiedergeboren (siehe Anmerkung unten).

Die Geschichte von Claudia und ihrer Familie ist jedoch in jeder Hinsicht außergewöhnlich, und ich danke der geistigen Welt für ihre Inspiration und Regieführung.

ANMERKUNG: Obwohl ich vor über zehn Jahren als Therapeutin zahlreiche Rückführungen durchgeführt und bereits mit 15 Jahren meine Freundinnen (auf ihren ausdrücklichen Wunsch hin und in erster Linie zu ihrem Vergnügen) in Hypnose versetzt habe, ist Reinkarnationstherapie nicht mein Spezialgebiet. Allen Lesern, die sich näher für dieses Thema interessieren, empfehle ich das Buch von Professor Ian Stevenson, *Reincarnation and Biology*. Er beschreibt über 200 eindrückliche Fälle, in denen sich Kinder an ihre Vorleben erinnern konnten. Auch Trutz Hardo, einer der führenden Reinkarnationsexperten in Deutschland, führt in seinem Buch *Reinkarnation Aktuell. Kinder beweisen ihre Wiedergeburt* zahlreiche Beispiele an.

KAPITEL 3

Zwischen Himmel und Erde

Die Engel haben mich doch erst gerade hierher gebracht. Ich erinnere mich noch an Gott und den Himmel. Da muss ich versuchen wieder hinzukommen.

Lisa, 5

Den Erzählungen der Lichtkinder und ihrer Eltern können Sie entnehmen, dass der Mensch schon vor seiner Zeugung existiert. Die meisten von uns erinnern sich leider nicht mehr an diese Existenz und reagieren mit Unverständnis, wenn Kinder zum Beispiel von einer Familienfeier erzählen, die vor ihrer eigenen Geburt stattgefunden hat. Es ist jedoch sehr irdisch zu denken, dass ein Kind erst mit der Befruchtung der Eizelle entsteht und im Prinzip aus dem Nichts kommt.

Lichtkinder können sich oft überhaupt nicht vorstellen, dass sie nach Ansicht der Erwachsenen vor ihrer Geburt nicht da gewesen sein sollen. Als mein Sohn drei Jahre alt war, schaute er sich mit seiner Tante »Bilder von früher« im Fotoalbum an. Irgendwann war er in Tränen aufgelöst, weil die Tante ständig behauptete, ihn habe es zu der Zeit, als dieses und jenes Bild gemacht wurde, noch nicht gegeben. Er wusste genau, dass es ihn schon gegeben hatte, aber sie wollte ihm einfach nicht glauben. Nach dieser Diskussion war er ziemlich durcheinander und beruhigte sich erst wieder, als ich ihm ins Ohr flüsterte: »Die Tante kann sich an ganz viele Dinge nicht mehr erinnern. Sei nicht traurig. Sie hat sogar vergessen, dass es Engel gibt.« Seit dieser Zeit hatte mein Sohn nur noch Mitgefühl mit der armen, vergesslichen Tante. Später, als er größer war und Harry-Potter-Bücher las, unterteilte er die Menschen in zwei Kategorien: die, die an geistige Wesen und andere Welten glauben, und die anderen: die »Muggels«. In die Muggel-Kategorie gehört auch besagte Tante. Dieses Kategorisieren hat ihn in vielen Fällen vor dem Frust bewahrt, den ignorante Menschen bei Lichtkindern auslösen können.

Natürlich habe ich dieser Tante nie erzählt, dass sich mein Kind bei mir angekündigt hat – eine Erfahrung die übrigens viele Eltern gemacht haben. Nicht nur in der Bibel ist wiederholt von der Verkündigung einer Geburt die Rede, auch aus meinen Workshops kenne ich einige Frauen, die vor oder während der Empfängnis die Anwesenheit der Seele im Raum spüren konnten. Andere Frauen haben ihre zukünftigen Kinder im Traum gesehen und wurden kurz darauf schwanger. Eine Freundin erzählte mir, dass sie oft mit dem Kind sprach, als es noch im Bauch war, und so seinen Namen erfragen konnte. So etwas kommt also keineswegs nur bei »Auserwählten« vor. Es ist aus meiner Sicht eher eine Frage der Aufmerksamkeit und der Wahrnehmungsfähigkeit. Wir sind zwar mit allem, was ist, verbunden, müssen uns dieser Verbindung aber auch bewusst sein.

Bei den Indianern Nordamerikas wird sehr bewusst beobachtet, was sich zur Zeit der Empfängnis, während der Geburt und in den ersten fünf Lebensjahren eines Kindes ereignet. Paare, die sich ein Kind wünschen, achten auf ihre Träume und fragen auch die Ältesten, ob sie Kinderseelen wahrgenommen haben. Vielleicht fragen Sie jetzt: »Wie kann man denn Kinderseelen wahrnehmen?« In diesem Zusammenhang muss man verstehen, dass die Indianer eine ganz andere Verbindung zur Natur und zu Mutter Erde mit all ihren Bewohnern haben. Bei ihnen wird die Wahrnehmung von Energien von Kindheit an geschult. Dies gilt besonders für Schamanen/Schamaninnen und Medizinfrauen/Medizinmänner.

Von den Indianern wird auch überliefert, dass die Kinderseelen fragen, ob sie kommen dürfen, und dass sie sich entsprechend ankündigen. Jedem Kind, das dann kommt, wird eine Person zugeordnet, die genau darauf achtet, welche besonderen Interessen und Fähigkeiten es in den ersten fünf Lebensjahren hat. Diese Person können Sie, wenn Sie möchten, mit einem Paten vergleichen. Später, wenn das Kind erwachsen ist und wie viele Erwachsene nach seiner Berufung und dem Sinn seines Lebens forscht, kann es seinen »Paten« fragen, was es als Kind am liebsten gemacht hat. Das nämlich gibt Auskunft darüber, wo die wirklichen Interessen dieses Menschen liegen, seine Passion. In diesem Zusammenhang ist die Bedeutung des englischen Wortes *passion* wichtig, das sich vielleicht mit »Hingabe«, aber nicht wirklich mit »Leidenschaft« übersetzen lässt, denn mit »Leiden« hat es gar nichts zu tun. Meine Definition von *passion* ist: eine tiefe, kraftvolle emotionale Energie, ausgehend von den wahren Herzenswünschen. Es ist die emotionale Energie, die wir spüren, wenn wir Dinge tun, die uns wirklich glücklich machen, erfüllen und so motivieren, wie es nichts anderes vermag.

Die Energie der *passion* führt einen Menschen automatisch zum Weg des Herzens zurück. Ich erwähne dies hier, damit Eltern kleiner Kinder (oder künftige Eltern und mögliche Paten) von Anfang an darauf achten können. Oft wird spätestens in der Schule das in den Hintergrund gedrängt, was das Kind wirklich am liebsten machen würde. Besonders bei den Lichtkindern, die oft so anders sind als andere Kinder, ist es wichtig, dass man sie entsprechend ihrer Natur fördert.

Wir sind die Paten eurer Kinder

Das Komitee der Lichtkinder (Engelwesen) möchte sich nun ebenfalls zum Thema »Zwischen Himmel und Erde« äußern:

Wir Engel sind so etwas wie geistige Paten für eure Kinder. Wir nehmen sie an die Hand und helfen ihnen auszuwählen, in welche Familie sie geboren werden möchten. Bevor sie geboren werden, machen wir mit den Kinderseelen einige Exkursionen oder Ausflüge, die nach eurer Zeit etwa drei Tage dauern. Es gibt aber auch so etwas wie einen Monat Probewohnen, besonders wenn schon andere Kinder in dieser Familie leben. Wir sind dann gemeinsam mit den Kindern bei euch – sehen, wie ihr zu Abend esst, ob ihr euch streitet, ob es Platz in euren Herzen gibt, und so weiter. Jedes Kind erkennt vorher genau, worauf es sich einlässt, und wartet dann auf den geeigneten Moment, den ihr als Zeugung bezeichnet. In diesem Moment wird der Seelenvertrag unterschrieben, bei dem es natürlich auch das Kleingedruckte gibt. Das heißt nicht, dass irgendjemand betrogen werden soll. Vielmehr bedeutet es, dass in dem Seelenvertrag mit der Familie besondere Bedingungen festgelegt werden und dass bereits bestehende Vereinbarungen eingehalten werden müssen. Es ist zum Beispiel möglich, dass sich ein Kind Eltern aussucht, die ihrerseits einen Seelenvertrag geschlossen haben, der vorsieht, dass sie nur zwanzig Jahre zusammenbleiben und danach einzeln versuchen, möglichst viele neue Erfahrungen zu sammeln, um sicherzustellen, dass sie den Weg nach Hause finden.

Die Kinder bekommen ihre künftige Familie genau erklärt. Daher wissen sie zum Beispiel, was passiert, wenn ein Elternteil früh stirbt. Die Mutter und/oder der Vater sind dann nicht einfach weg, sondern dürfen als Begleiter in der unsichtbaren Welt so lange an der Seite des Kindes bleiben, bis es erwachsen ist.

Es kann daher nicht sein, dass Kinder ungeplant oder aus Versehen kommen. Auch wenn sich die zukünftigen Eltern nicht mehr daran erinnern können, ist in ihrem Seelenvertrag festgelegt, dass sie sich als Eltern zur Verfügung stellen werden. Nicht in jedem Seelenvertrag ist vorgesehen, dass der betreffende Mensch über den euch bekannten, biologischen Weg Kinder haben wird. Doch alle Menschen tragen Verantwortung für die nächste Generation, wenn auch in unterschiedlichen Funktionen und Rollen. Es kann zum Beispiel sein, dass in einem Seelenvertrag vorgesehen ist, in einem Waisenhaus zu arbeiten und sich um viele Kinder zu kümmern. Für eine Frau mit einem solchen Seelenvertrag ist aber nicht unbedingt vorgesehen, das zu werden, was ihr eine leibliche Mutter nennt. Noch einmal: Alle Menschen leisten einen Beitrag zur Beaufsichtigung, Obhut und/oder Unterstützung aller Kinder. Erkennt ihr nun, was eure Aufgabe ist?

Wir Paten haben uns längst daran gewöhnt, Vorwürfe, Beschwerden oder Reklamationen von euch zu bekommen: »Warum habe ich nur ein Kind bekommen, warum Zwillinge? Ich wollte doch immer einen Jungen, nun habe ich ein Mädchen.« Ihr hadert mit dem Schicksal eurer Kinder. Doch oft sind die Kinder die Lehrer ihrer Eltern. Sie lehren ihnen bedingungslose Liebe und tragen auf ihre Weise dazu bei, die Frequenz der Liebe auf diesem Planeten zu erhöhen. Jeder macht während seiner Reise auf dieser Erde unterschiedliche Erfahrungen. Jeder hat ein anderes Reiseziel und andere Erlebnisse. Doch seid versichert: Es gibt keine Fehler im göttlichen Plan. Das wird euch helfen, denn bei euch bedeutet es viel, »perfekt« zu sein.

Liebe Menschenkinder, geht davon aus: So wie ihr seid, seid ihr perfekt, und so, wie eure Kinder sind, sind sie perfekt.

Wir haben uns große Mühe gegeben, die Kinderseelen gut zu beraten, bevor sie sich für eine Familie oder Eltern entscheiden. Manche von uns verbringen nach eurer Zeit Wochen, Monate, Jahre, um zu gewährleisten, dass die geplante Reise auch wirklich stattfinden kann und dazu beiträgt, Liebe und Mitgefühl auf diesem Planeten zu stärken. Dazu gehört manchmal auch, dass zunächst etwas Schreckliches geschehen muss, damit die Menschen aufwachen und Dinge von nun an anders versuchen. Es kann zum Beispiel sein, dass erst ein Kind an einem Produkt sterben muss, bevor es aus euren Geschäften genommen wird, damit nicht noch mehr Kinder daran sterben. Bitte vertraut darauf, dass wir alles gut vorbereitet haben. Es gibt auch hier Schulen und Vorbereitungskurse für die Seelen, die sich besonders große Aufgaben oder auch schwere Schicksale, wie ihr es nennt, ausgesucht haben. Wir haben so etwas wie einen großen Computer, der berechnen kann, wie sich das Leben auf der Erde gestalten wird. Dort sind seit Anbeginn der Zeit sämtliche Daten aller Seelen gespeichert. Ihr müsst jedoch verstehen, dass die Anzahl der Erfahrungen immer größer wird.

Die Menschen haben das Spiel auf der Erde immer komplexer gestaltet, da es ihnen langweilig geworden ist. Wir haben euch davor gewarnt, alles immer schneller machen, mehr und immer mehr erleben zu wollen. Eure »Terminkalender« sind schon voll, bevor ihr überhaupt geboren werdet. Ist das nicht schade?

Aber wir haben euren Wunsch respektiert. Deshalb kommt euch das Leben jetzt immer schneller vor.

Sogar die Erde selbst hat ihre Schwingung erhöht und dreht sich heute erheblich schneller als noch vor 100.000 Jahren.

Ihr fragt nun: »Warum hat sich das Klima so sehr verändert?« Das hat zwar viele Gründe, aber einer ist ganz sicher, dass sich auch die Rotation der Erde verändert hat. Wir versuchen alles, um die Erde wieder zu stabilisieren, aber dazu brauchen wir eure Mithilfe. Obwohl alles in göttlicher Ordnung ist, wie wir euch versichern, ist es doch von ungeheurer Bedeutung, dass alle Menschen ihren Seelenvertrag einhalten und ihre Versprechen einlösen. Wir haben nicht genug Zeit, etwas auf nächstes Jahr oder sogar auf das nächste Leben zu verschieben. Denn dann reicht in manchen Ländern das Wasser nicht mehr aus, oder es gibt Erdbeben, die unnötig wären, wenn ihr alle daran denken würdet, was ihr eigentlich in diesem Leben tun wolltet.

Stellt euch der Einfachheit halber eine große Fabrik vor, in der zum Beispiel Automobile produziert werden. Alle Produktionsstraßen sind voll funktionsfähig, und es gibt genug gut ausgebildete Menschen, die dort arbeiten. Eigentlich dürfte es also keine Probleme geben. Doch was geschieht, wenn die Menschen vergessen, warum sie überhaupt zur Arbeit gegangen sind? Was ist, wenn der Mann am Fließband die Teile nicht bearbeitet, sondern einfach alles an sich vorbeilaufen lässt?

Vergessen die Menschen häufig nicht auch, ihr Leben wirklich zu leben und ihre Aufgaben wahrzunehmen, sondern lassen einfach alles an sich vorbeilaufen? Sie sitzen vor dem Fernseher und flüchten sich in andere Welten, denn sie haben vergessen, was es heißt, ihr eigenes Leben zu leben.

Das können wir uns nun nicht mehr leisten. Daher wird es eine Reform auf dieser Erde geben, wie sie so noch nicht da gewesen ist. Sie wird Spaß machen und euch sicher die Langeweile vertreiben. Eure Kinder verstehen noch, was damit gemeint ist. »Bleibt euch selber treu«, möchten sie euch sagen, »und es wird genau das geschehen, was für euch richtig ist.« Die Orientierung an gesellschaftlichen Normen und Werten hat euch bisher davon abgehalten, eure Individualität zum Ausdruck zu bringen, und das wird euer Leben zerstören, wenn ihr nicht rechtzeitig die Notbremse zieht. Genau deshalb haben wir euch Hilfe geschickt.

Schwangerschaft

Liebe Eltern, die Schwangerschaft ist – wie die erste Phase beim Hausbau – eine Phase der Vorbereitung. Die Eltern schmieden Pläne, was aus dem Kind mal werden soll. Wenn es ein Junge wird, wird er zum Beispiel Fußballer, und ein Mädchen wird vielleicht Tierpflegerin oder Kindergärtnerin. Unbewusst machen alle Eltern das Gleiche: Sie nehmen die ihnen bekannten Zutaten und wollen daraus einen Kuchen backen, der später Sabine oder Oliver heißen und vorzugsweise ihren Erwartungen entsprechen soll.

Doch damit geschieht schon das erste Unrecht. Die Kinder sind anders als ihr! Die Zutaten, die für dieses Kind genommen wurden, haben nicht so viel mit euch selbst zu tun, auch wenn es äußere Ähnlichkeiten geben sollte. Kein Kind ist ganz der Papa oder ganz die Mama oder die Oma, denn dann würde auf diesem Planeten nichts Neues geschehen, und die Menschen würden noch in Höhlen leben wie in der sogenannten Steinzeit. Nehmt euch bitte vor herauszufinden: Was ist anders an meinem Kind? Was ist neu? Was habe ich noch bei keinem Familienmitglied oder anderen Kindern gesehen? In dem, was anders ist als das, was ihr kennt, liegen die wirklichen Schätze, die euer Kind für euch mitgebracht hat. Fragt euch daher: Was ist das Besondere an diesem Kind? Was kenne ich gar nicht von mir? Hat er oder sie vielleicht besondere Vorlieben, Wünsche, Talente, Fähigkeiten? Wie kann ich dem am besten gerecht werden?

Lassen Sie mich das, was die Engel gerade gesagt haben, noch einmal kurz erläutern. Indem Sie von Beginn Ihrer Schwangerschaft an davon ausgehen, dass Ihr Kind (und hier greife ich auf den Vergleich der Engel mit dem Auto zurück) ein völlig neues Modell ist und Fähigkeiten hat, die Sie (das alte Modell) nicht haben, machen Sie sich selbst und besonders Ihrem Kind das Leben viel leichter. Sie können beispielsweise schon während der Schwangerschaft darauf achten, wie das Kind in Ihrem Bauch Einfluss auf seine Umgebung nimmt und natürlich besonders auf Sie als Mutter. Wenn Sie dafür aufmerksam sind, werden Sie merken, wie sich die Energie verändert, nicht nur im Schlafzimmer, sondern im ganzen Haus und überall, wo Sie sich aufhalten.

Eine Mutter berichtete mir, dass sie während der Schwangerschaft immer das Bedürfnis hatte, an der frischen Luft zu sein, draußen im Wald spazieren zu gehen und am liebsten draußen zu schlafen, besonders bei Vollmond. Viele schwangere Frauen tun Dinge, die sie vorher noch nie getan haben, und dieses ungewöhnliche Verhalten hängt natürlich mit den Wünschen des ungeborenen Kindes zusammen. Es kommuniziert schon während der Schwangerschaft mit seinen Eltern, besonders mit der Mutter. »Vielleicht fragst du mich mal, was ich möchte?«, würde es ganz laut rufen, wenn es könnte. Andererseits braucht es das gar nicht, denn es hat andere Möglichkeiten, auf sich und seine Bedürfnisse aufmerksam zu machen. Wenn die schwangere Frau im Supermarkt nicht auf ihre »innere Stimme« gehört und das Falsche gekauft hat, sorgt das Ungeborene auch schon mal dafür, dass ihr schlecht wird, indem es bestimmte chemische Stoffe in ihren Blutkreislauf gibt, die Übelkeit auslösen. Wenn Sie also sicherstellen wollen, dass es Ihnen während der Schwangerschaft gutgeht, fragen Sie am besten Ihr Kind, was es tun und lassen möchte. Es wird Ihnen deutlich antworten.

TEIL 2

Eltern fragen – Engel antworten

KAPITEL 4

Der Seelenplan

Meine Oma ist gestorben. Sie kommt erst später wieder, wenn ich schon so groß bin wie Papa.

Felix, 4

In diesem und den nächsten Kapiteln geben die Engel Antworten auf einige sehr häufig gestellte Erziehungsfragen. Es handelt sich hier keineswegs ausschließlich um Sonderfragen aus dem esoterischen Bereich. Im Gegenteil: Ich habe ganz bewusst sehr viele ganz bodenständige Fragen ausgewählt – Fragen aus dem Alltag eben. Man sollte nie aus den Augen verlieren, dass auch hochspirituelle Kinder und ihre Eltern ganz und gar profane Alltagsprobleme haben. In meiner Praxis habe ich jedenfalls häufig die Erfahrung machen dürfen, dass Eltern in den Gesprächen mit den Engeln ihre Sichtweise von Grund auf geändert haben. Das hat ihr Bewusstsein dahingehend verändert, dass sie ihre Kinder anschließend trotz mancher Schwierigkeiten in Liebe annehmen konnten – mit all ihren Eigenarten, Eigentümlichkeiten und Empfindlichkeiten – eben genau so, wie sie sind. Und dazu möchte ich auch Sie einladen.

Vor der Empfängnis

Was können wir tun, um doch noch ein Kind zu bekommen, auch wenn es vielleicht nicht in unserem Seelenplan vorgesehen ist?

Bevor ihr hierher gekommen seid, habt ihr genau gewusst, dass ihr in diesem Leben nicht dazu bestimmt seid, die Erfahrung des Gebärens und Aufziehens von Kindern zu machen. In vielen Fällen seid ihr unter den Erwartungsdruck anderer geraten, die sich nicht vorstellen können, dass ihr in eurem Leben möglicherweise andere Aufgaben habt, als leibliche Kinder zu bekommen. Sie übertragen ihren Lebensplan auf den euren und wollen euch so unter Druck setzen. Das gilt auch für das politische System eines Landes, das von seinen Bürgern erwartet, eine Art »Plansoll« zu erfüllen. Prüft daher noch einmal genau in eurem Herzen, ob es tatsächlich euer persönlicher Wunsch ist, ein oder mehrere Kinder großzuziehen. Was wäre, wenn ihr dadurch eure eigene Lebensplanung und die Erfüllung eures Teils des göttlichen Plans gehörig durcheinanderbringt? Natürlich können wir euch helfen und eurem Wunsch entsprechen, einem Kind ein Zuhause zu geben. Darf es auch aus einem armen Land zu euch kommen? Wollt ihr auch diesem Kind Liebe geben? Was ist denn der wirkliche Grund, aus dem ihr ein Kind haben wollt? Wir haben euch bereits geraten, euer Herz erneut zu fragen. Vielleicht ist es auch nur ein Partner, der in dieser Beziehung einen Kinderwunsch verspürt, und der andere eben nicht. Auch dann habt ihr die Möglichkeit, neu zu entscheiden, nachdem ihr genau hingeschaut und euch gefragt habt: Warum habe ich diesen Wunsch? Oder habe ich ihn gar nicht wirklich? Die meisten Frauen, die sich so dringend ein Kind wünschen, fühlen sich, als hätten sie versagt, wenn ihnen die Mutterrolle verwehrt bleibt. Dabei führt gerade die Auseinandersetzung mit Kindern oft dazu, dass man sich seinen eigenen Teil des göttlichen Planes nicht genau anschaut. Liebe Frauen, liebe Männer, besinnt euch auf das Einzige, was wirklich zählt: die Liebe.

Zusatzfrage: Kann man den göttlichen Plan auch ändern?

Es hat Zeiten gegeben, in denen dies leichter möglich war. Damals kam es nicht so genau darauf an, ob bestimmte Aufgaben der Seele in diesem oder im nächsten Leben erfüllt wurden. Mittlerweile haben sich viele Seelen jedoch schon so oft inkarniert, dass sie unbedingt bestimmte Aufgaben übernehmen wollen, um die Erde und sich selbst ein Stück weiterzubringen. Das heißt, sie wollen den göttlichen Plan erfüllen, der eine große Veränderung für alle Menschen und Lebewesen auf diesem Planeten bringen wird – zum Wohle der Menschheit. Daher gibt es nicht mehr so viele Tauschmöglichkeiten. Behaltet eure eigene Verbindung zum Göttlichen im Auge. Achtet darauf, euch selbst nicht zu verlieren, denn das ist wirklich ausschlaggebend für alle.

Ein Kind ist kein Ersatz für die Selbstliebe, an der es noch so oft mangelt.

Woher wissen wir denn genau, ob und wie viele Kinder in unserem Seelenplan vorgesehen sind?

Schaut euch um. Könnt ihr die Kinder sehen, die um euch herum sind? Könnt ihr die Kinder spüren, die euch schon eine ganze Weile beobachten und sich bei nächster Gelegenheit inkarnieren werden?

Schließt die Augen und geht zurück in die Zeit vor eurer eigenen Geburt. Lasst euch von euren Engeln in den Raum bringen, in dem ihr euren Seelenvertrag noch einmal genau durchgelesen habt. Geht mit eurem geistigen Auge zu dem Absatz über Kinder. Dort könnt ihr die Wahlmöglichkeit erkennen. Entweder wurde dort ein Kreuz bei »keine Kinder vorgesehen« gemacht, oder bei »Anzahl der Kinder« steht eine Zahl (1, 2, 3 usw.).

Glaubt ihr, dass es so einfach ist? Wir versichern euch, es ist sogar noch einfacher. Diese Übung dient nur eurem Wunsch, alles schwarz auf weiß sehen zu wollen, damit ihr es glauben könnt. Ihr könnt auch ganz spontan die Tür zu eurem Herzen öffnen und fragen: »Werde ich Kinder haben? Und wenn ja, wie viele?« Die Antwort ist in eurem Herzen gespeichert wie eine Information auf einem Computerchip. Sie ist jederzeit abrufbar.

Zusatzfrage: Woher weiß ich denn, mit welchem Partner ich Kinder haben werde?

Meine Lieben, es ist nicht ratsam, sich darüber den Kopf zu zerbrechen. Bedenkt, dass sich die Kinder ihre Eltern aussuchen. Wenn sie sich entschieden haben, werden sie auch dafür sorgen, dass ihr euch begegnet. Und wir helfen dabei.

Der richtige Zeitpunkt

Woher weiß ich, wann der richtige Zeitpunkt für eine Schwangerschaft ist?

Wenn der Zeitpunkt dafür nicht richtig ist, kommt es erst gar nicht zu einer Schwangerschaft. Genauso gut hättet ihr fragen können: »Kann ich zu früh oder zu spät in ein Flugzeug einsteigen?« Es gibt einen göttlichen Fahrplan, wenn ihr so wollt, der genau eingehalten wird – eine logistische Meisterleistung. Doch auch darum sorgt euch bitte nicht. Wenn eure Herzen voller Liebe sind, werden die Kinder sehr gern und auch bald zu euch kommen.

Kann man verhindern, schwanger zu werden, obwohl es im Seelenplan vorgesehen ist?

Das ist eine interessante Frage, die eine längere Erklärung braucht. Viele Menschen empfinden die Elternrolle offenbar als große Belastung, die sie nicht auch noch auf sich nehmen wollen. Sie haben meistens schon viele andere Dinge zu tun und fühlen sich allein bei dem Gedanken an ein Kind völlig überfordert. Was sie nicht ahnen, ist, dass die Kinder der neuen Zeit ihnen das Leben sehr erleichtern können. Sie werden neue Wege bereiten, auch für ihre Eltern, und so dafür sorgen, dass alle glücklich werden, denn das ist ihr Seelenauftrag. »Könnt ihr verhindern, dass ihr glücklich werdet?«, ist also die eigentliche Frage.

Ja das könnt ihr, genauso wie ihr alle anderen Geschenke Gottes mit Füßen treten könnt, bis ihr verstanden habt, dass ihr geliebt werdet, weil ihr liebenswert seid. Wir haben uns darauf spezialisiert, euch zu helfen, wenn ihr nicht mehr weiter wisst. Bitte erlaubt uns, euch Mut zu machen, damit ihr euch selbst erlauben könnt, Gottes Geschenke anzunehmen.

In manche, scheinbar auswegslosen Lebenssituationen ist es sehr schwer, sich vorzustellen, dass ein Kind ein Geschenk sein kann. Aber selbst in einer armen Familie, die bereits zehn Kinder hat, kann es aus himmlischer Perspektive höchst sinnvoll sein, auch das Geschenk eines elften Kindes anzunehmen. Es übersteigt eure Möglichkeiten, in alle Dimensionen zu schauen und Gott zu verstehen. Vertraut also einfach darauf, dass für alles gesorgt werden wird.

Zusatzfrage: Was ist denn mit der Verhütung von Schwangerschaften?

Erlaubt uns ein Lächeln. Den Seelen der Kinder ist schon viel eingefallen, wie sie trotzdem kommen können, oder etwa nicht?

Was passiert, wenn ich ungewollt schwanger werde und dann eine Abtreibung vornehmen lasse?

Liebe Eltern, lasst euch noch einmal erklären, dass es aus unserer Sicht keine ungewollten Schwangerschaften gibt. Die Seelen mancher Kinder suchen sich eben Eltern aus, bei denen sie die Erfahrung machen, dass sie nur kurze Zeit, manchmal nur wenige Wochen im Mutterleib verweilen, bevor sie andere Aufgaben übernehmen. Trotzdem ist es für euch und diese Seelen wichtig zu verstehen, dass ein Band der Liebe bestehen bleibt – für immer. Quält euch also nicht mit Selbstvorwürfen, wenn ihr den Weg des Schwangerschaftsabbruchs gewählt habt. Das Kind hat ihn auch gewählt. Wir wissen zwar, dass manche Menschen dies nur schwer akzeptieren werden, doch es ist so.

Zusatzfrage: Wie kann es sein, dass mir mein Kind so früh wieder genommen wurde?

Wir versichern euch, dass es aus unserer Sicht immer darum geht, in der Liebe zu bleiben. Daher möchten wir euch auch noch einmal erklären, dass eure verstorbenen Kinder nicht einfach weg sind. Im Gegenteil. Viele übernehmen eine Schutzfunktion für eure anderen Kinder und/oder euch selbst. Es ist durchaus möglich, dass eure anderen Kinder weiterhin mit einem verstorbenen Geschwisterchen spielen. Erlaubt es ihnen und erlaubt euch selbst, euer verstorbenes Kind weiter zu lieben, denn es wird euch nie verlassen.

Wann ist man denn zu alt, um noch Mutter zu werden?

Aus dieser Frage spricht Angst, und zwar vor allem die Angst, den eigenen Seelenplan möglicherweise nicht ausführen zu können. Meine liebe Schwester, es ist nicht möglich, dass du zu jung oder zu alt bist, um Mutter zu werden. Zwar hat jeder Mensch nach dem, was ihr eure Zeitrechnung nennt, ein biologisches Alter, doch ist es durchaus möglich, auch noch mit 60, 70 oder 80 Jahren Kinder zu bekommen. Voraussetzung hierfür ist lediglich das Zurückdrehen der inneren Uhr. Ihr könnt euer biologisches Alter gern durch Energie-Transformation verändern, wenn euch das hilft, eure Angst zu verlieren und euer Selbstvertrauen wieder zu gewinnen. Es ist wichtig, dass ihr eure Angst verwandelt und eure alten Wunden heilt, sofern ihr dies noch nicht getan habt. Und lasst euch auf keinen Fall vom Massenbewusstsein beeinflussen. Denn vieles ist möglich, aber die meisten Menschen lassen es nicht zu, weil sie es sich von ihrem Bewusstseinsstand her noch nicht vorstellen können.

Wird es ein Mädchen oder ein Junge?

Kann ich mir auch noch aussuchen, ob mein Kind ein Mädchen oder ein Junge wird?

Ein männlicher und ein weiblicher Körper besteht immer aus beiden Energien, wie es in dem bekannten Ying-Yang-Symbol verdeutlicht wird. Allerdings ist der Anteil an weiblicher oder männlicher Energie jeweils unterschiedlich stark ausgeprägt. An den heutigen Generationen wird euch aufgefallen sein, dass auch die Jungen oft viel Mitgefühl, Sensibilität und andere, vermeintlich weibliche Eigenschaften haben. Erlaubt ihnen unbedingt, diese Eigenschaften auch zu leben. Wir bewegen uns in ein Zeitalter, in dem es immer wichtiger werden wird, für Harmonie und Ausgewogenheit zwischen weiblicher und männlicher Energie auf dem ganzen Planeten zu sorgen. Das gilt auch für die Aufgaben, die eure Kinder später übernehmen werden. Es wird ganz normal sein, weibliche Busfahrer oder Präsidenten zu haben, denn alles, was früher reine Männersache war, wird nun umverteilt. Das hilft auch den Männern, sich wieder ganz zu fühlen und ihre weiblichen Energieanteile zu integrieren. Wir haben keinen Einfluss darauf, ob ein Kind männlich oder weiblich wird. Das ist das einzige, was wir vorher nicht genau festlegen, wenn wir auf die Aufgaben schauen, die ein Mensch in seinem nächsten Leben erfüllen wird. Versteht jedoch, dass alle Seelen schon viele Male sowohl in einem männlichen als auch in einem weiblichen Körper inkarniert waren.

Die neuen Generationen werden über viele neue Möglichkeiten verfügen, die es ihnen erlauben, sowohl ihr Geschlecht als auch ihr Aussehen im Laufe eines Lebens mehrmals zu verändern. Sie werden die volle Kontrolle über ihr Energiesystem und ihre Energiekörper haben. Ihr könnt euch freuen, denn die neuen Generationen werden aus schönen, jungen Menschen bestehen, die Liebe ausstrahlen und sich ihres göttlichen Ursprungs ganz klar bewusst sind.

KAPITEL 5

Der Start ins Erdenleben

Ich war bei den Engeln und habe von oben im Himmel die Erde angeguckt. Ich sah dich im Garten und habe dich als meine neue Mama ausgewählt.

Dennis, 5

Das erste Lebensjahr

Ist es wichtig, das Kind zu stillen?

Wir empfehlen euch sehr, eure Kinder zu stillen. Habt ihr bedacht, dass sich das Kind auf diesem Wege »aussuchen« kann, was es zu sich nehmen möchte? Der himmlische Speiseplan legt fest, dass das Kind die Impulse setzt, welche die Mutter aufnimmt, wodurch sich dann die Zusammensetzung der Milch bei jeder Mahlzeit ein wenig verändert, gerade so, wie es euer Kind braucht. Der menschliche Körper ist ein Wunderwerk und hat beispielsweise die Möglichkeit, auf Reserven zurückzugreifen und Bestände von Mineralien und Vitaminen aufzubrauchen. Das Stillen hilft euch, dem Kind alles zu geben, was es für seine Entwicklung braucht. Der reibungslose Ablauf sämtlicher Stoffwechselvorgänge in den Körperzellen des Kindes wird durch die spezifische Zusammensetzung der Muttermilch unterstützt. Viele Körperprozesse, unter anderem die Entwicklung des Gehirns, werden von feinsten Informationsträgern gesteuert, die so nur in der Muttermilch enthalten sind. Außerdem nähren die unendliche Liebe und Zuwendung, die ihr eurem Kind während des Stillens geben könnt, seine Seele und stärken sein Urvertrauen. Nicht zuletzt ist es auch für die Mutter äußerst gesund, sich auf diese Weise in den Kreislauf des Lebens zu begeben, wie er von Anbeginn der Zeit gedacht war. Der Körper der Frau, der sich während der Schwangerschaft ganz auf das Kind einstellt, kehrt in der Stillzeit allmählich wieder zu seiner ursprünglichen Form zurück. Es ein natürlicher Zyklus, dessen zweiter Teil durch das Stillen unterstützt wird.

Empfehlung der Autorin: Je mehr Sie sich vor dem Stillen entspannen können, desto besser und reichlicher fließt die Milch. Zusätzlich können Sie dreimal täglich eine Tasse Milchbildungstee trinken, zum Beispiel von Weleda. Dieser Tee wirkt zusätzlich beruhigend auf die Verdauungstätigkeit von Mutter und Kind.

Ist Babymassage oder Baby-Yoga sinnvoll?

Liebe Eltern, es ist grundsätzlich sehr hilfreich, den kleinen Körper eures Babys so oft wie möglich liebevoll zu berühren. Oft reicht es schon aus, zweimal täglich kleine, kreisrunde Bewegungen über dem Köpfchen des Kindes zu machen und sich dabei vorzustellen, dass die Liebe Gottes durch den kleinen Körper fließt. Stellt euch vor, wie die Liebe Gottes in den Kopf, das Herz und sämtliche Organe des Babys fließt. Dabei könnt ihr sagen: »Ich weiß, dass du mit Gott verbunden bist. Es ist sicher für dich, ganz in diesen Körper zu gehen und dort zu bleiben.« Erzählt eurem Kind, dass ihr es liebt und gut für es sorgen werdet. Sobald ihr spürt, wie die Energie über das Kronenchakra in euer Kind fließt, streicht ihr ihm sanft über das Köpfchen, den Rücken, die Arme und den Bauch – immer in dem Bewusstsein, dass die Liebe Gottes in das Kind einfließt und sich in seinem ganzen Körper verteilt. Nun streicht ihr die Energie aus, wobei ihr über dem Herzen beginnt und die Streichbewegungen bis in die Arme und Beine auslaufen lasst. Es ist, als hättet ihr einen Klecks Farbe auf ein Blatt Papier getropft, und diese Farbe streicht ihr nun über das ganze Blatt bis in alle Ecken. Dabei könnt ihr eurem Kind in die Augen schauen und ihm sagen, was ihr an ihm liebt, zum Beispiel: »Ich liebe deine schönen, großen Augen. Ich liebe deine kleinen Hände. Ich liebe deine Grübchen.« Vor allem lasst euer Kind wissen, dass ihr es so liebt, wie es ist. Ein vollkommenes Geschöpf Gottes, einzigartig auf der ganzen Welt. Ein Wunder. Streichelt sanft über all seine Körperteile, bis ihr euer Kind überall sanft berührt habt. Für diese Massage könnt Ihr reines Öl (zum Beispiel Mandelöl) benutzen oder eine Salbe, die durch Aufwärmen flüssig wird. Gern laden wir diese Hilfsmittel energetisch auf (siehe »Sternenelixier«, Seite 112). Letztlich sind es aber das Bewusstsein und die Liebe, die zählen, wenn ihr eine Babymassage gebt, gar nicht so sehr die Technik. Habt deshalb auch bitte keine Angst, etwas falsch zu machen. Solange ihr selbst während der Massage stressfrei und entspannt seid, geht es eurem Kind auch gut dabei.

Während ihr es massiert, könnt ihr eurem Kind seinen physischen Körper erklären, zum Beispiel: »Das ist dein Magen, der die Milch und später das Essen verdaut. Das sind die Füße, auf denen du später laufen wirst«, und so weiter. Manche der neugeborenen Erdenkinder waren noch nie zuvor in einem physischen Körper inkarniert. Es hilft ihnen sehr zu wissen, wie er funktioniert und wozu er dient. Die Temperatur in dem Raum, in dem ihr eure Babys massiert, sollte angenehm, für euch Eltern vielleicht sogar ein wenig zu warm sein. Bedenkt, dass sich die Kleinen noch vor gar nicht langer Zeit ständig in einem recht warmen »Klima« aufgehalten haben, im Mutterleib. Das heißt, das Zimmer, in dem das Kind unbekleidet auf einer weichen Unterlage liegt, sollte auch mindestens 37° C warm sein.

Beim Wechseln der Windeln oder auch nach dem Baden könnt Ihr es euch zur Gewohnheit machen, das Kind ganz bewusst in Liebe zu kleiden. Dazu visualisiert ihr eine dicke, rosafarbene Schutzschicht um euer Kind, die fröhlich stimmt und von uns Engeln täglich frisch bereitgestellt wird. Wenn ihr den Wunsch nach Heilung haben solltet, bittet Erzengel Rafael, euch und das Kind bei der Heilung zu unterstützen, und visualisiert über der rosafarbenen Schicht zusätzlich eine grün-goldene Schutzschicht. Bedenkt, liebe Mütter, dass euer Kind immer über eine unsichtbare Nabelschnur mit euch verbunden ist. Lasst es euch deshalb ebenfalls immer gut gehen und erlaubt, dass auch ihr eine liebvolle Massage bekommt. Sie wird euch guttun.

Wie kann ich den Schlafrhythmus meines Kindes positiv beeinflussen?

Bitte versteht, dass wir hier keine Patentrezepte liefern können, da alle Kinder einen unterschiedlichen Biorhythmus haben und die Lebenssituation eines Kindes ebenfalls eine große Rolle für seinen Schlafrhythmus spielt. Um einen gesunden Schlafrhythmus zu fördern, solltet ihr zur Schlafenszeit in jedem Fall unnötigen Lärm und aggressives Verhalten vermeiden und auch auf den Einfluss schlechter Nachrichten und bestimmter Fernsehsendungen achten. Gerade kleine Kinder reagieren sehr empfindlich, wenn zum Beispiel Kriegsszenen über den TV-Bildschirm flimmern. Es ist ein Irrglaube zu denken, dass sie noch zu klein sind, um das mitzukriegen. Die Energien, die von solchen Sendungen ausgehen, beeinflussen den ganzen Raum, und Babys spüren ganz genau, was sie mit ihren Eltern machen. Es wirkt sich direkt auf ihre Zellen aus. Das verursacht »energetische Verdauungsstörungen«, die ein Grund für anhaltende Schlafprobleme sein können. Eure Kinder haben noch nicht gelernt, die harschen Energiepakete zu verdauen, die in eurer Wohnung durch die Luft fliegen. Ganz schwierig wird es, wenn ihr eure Babys beispielsweise dem Krach in einer vollen Straßenbahn aussetzt, den Chemikalien in einem Frisörsalon oder ähnlichen Dingen, die für euch zum normalen Alltag gehören. Wenn ihr sehen könntet, wie viel energetischer Schmutz aller Art in euren Häusern zu finden ist, würde es euch nicht wundern, dass viele Babys ständig schreien und nicht einschlafen können. Die Energie des Himmelsreichs, aus der sie kommen, ist in etwa vergleichbar mit der Atmosphäre in einem so genannten Reinraum, den ihr auf der Erde für bestimmte Produktionsverfahren braucht. Bei uns ist alles reiner, feiner, zarter und klarer, und die Sensibilität eurer Kinder ist tausendmal höher als eure. Darum möchten wir euch einige Vorschläge machen, wie ihr besonders das Kinderzimmer, den Schlafraum eures Kindes so behandeln könnt, dass er wirklich zur Schutzzone wird, in der sich das Baby entspannen kann. Wenn euer Kind in einem Krankenhaus geboren wurde, bringt es aufgrund dessen, was es dort erlebt hat, schon ein Paket voller Stressenergie mit nach Hause. Es ist also wichtig, das Baby im Rahmen einer Zeremonie ganz bewusst zu Hause willkommen zu heißen und den mitgebrachten Stress in einem Bad abzuwaschen (siehe »Zeremonie zur Begrüßung eines Neugeborenen, Seite 109).

Aus allen Dingen, die im Kinderzimmer aufbewahrt werden, sollte die Liebe sprechen. Wählt daher sämtliche Einrichtungsgegenstände sorgfältig aus und achtet dabei nicht nur auf mögliche Umweltgifte in Möbeln, Farben, Kleidungsstücken und Spielsachen, die alarmierende Auswirkungen auf euer Kind haben könnten, sondern bedenkt auch, dass Orte, Häuser und Räume selbst eine Geschichte haben, welche die kleinen, feinen Wesen ganz deutlich spüren und häufig auch sehen können. Denkt deshalb darüber nach, regelmäßig eine energetische Reinigung in euren Wohn- und Schlafräumen durchzuführen (siehe »Harmonie im Kinderzimmer«, Seite 182).

In seiner Wiege oder seinem Bettchen sollte sich das neugeborene Kind wie in einem Nest einkuscheln können. Der ruhige Atem der Mutter hilft ihm beim Einschlafen. Dieses kleine Kind spürt ganz genau, ob seine Mutter ebenfalls ruhig und entspannt ist, oder ob sie vielleicht daran denkt, dass sie noch mit dem Geschwisterchen Hausaufgaben machen, die Wäsche waschen oder telefonieren muss. Für das Einschlafritual ist es also unbedingt wichtig, dass ihr euren Kopf leer macht von den vielen Gedanken und selbst in die Energie der Ruhe und des Friedens geht, wie ihr es bei einer Meditation machen würdet. Achtet darauf, dass euer Atem ruhig und tief ist und ihr euch ganz tief entspannt (siehe »Der Schoß der Mutter Gottes«, Seite 114).

Wie kann ich meinem zahnenden Kind helfen?

Es gibt in euren Apotheken gute, natürliche Mittel, die das empfindliche Zahnfleisch eines Kindes betäuben, damit es besonders nachts keine großen Schmerzen hat. Wenn ihr ihm darüber hinaus helfen wollt, könnt ihr euch beim Einreiben des Zahnfleisches violettes Licht vorstellen, das ihr wie eine zusätzliche Salbe liebevoll aufstreicht. Dann könnt Ihr euch noch vorstellen, dass sich dieses violette Licht über den ganzen Körper des Kindes verteilt und es von oben bis unten einhüllt. Versteht, dass es beim Zahnen auch um die Transformation vom Baby zum Kleinkind geht. Bedankt euch bei eurem Kind für jedes neue Zähnchen. Es ist eine große Leistung, die es vollbringt. Ihr dürft euch darüber freuen.

Empfehlung der Autorin: Außer den Zahnsalben und Globuli, die es fertig in der Apotheke zu kaufen gibt, können Sie sich auch eine Mischung aus Chamomilla e radice D20, Magnesium phosphoricum D6 und Aconit D10 (jeweils zu gleichen Teilen) anfertigen lassen. Geben Sie Ihrem Kind morgens und abends fünf Tropfen davon, mit Wasser verdünnt. Sie können die Wirkung dieses Wassers noch verstärken, indem Sie Erzengel Rafael bitten, den Heilungs- und Transformationsprozess Ihres Kindes zu unterstützen und dieses Wasser energetisch aufzuladen.

Unser Kind fremdelt sehr stark und reagiert hysterisch, wenn bestimmte Menschen es auf den Arm nehmen wollen. Woran liegt das?

Wie wir schon an anderer Stelle erklärt haben, reagieren Kinder oft sehr sensibel auf die feinstofflichen Körper anderer Menschen. Genau wie manche Häuser unordentlich und stark verschmutzt sind, sind es auch die Energiekörper vieler Menschen, die einfach noch nicht gelernt haben, ihrer eigenen Energie genügend Beachtung zu schenken. Auch das ist eine Aufgabe der neuen Kinder: das Bewusstsein für alles »Unsichtbare« in eurer Welt zu schärfen.

Diese Kinder sehen auch mit dem dritten Auge und haben ganz feine Antennen, die, wenn sie mit störenden Energien in Berührung kommen, regelrechte Schmerzimpulse an das Gehirn weiterleiten. Deshalb schreien sie, wenn manche Menschen ihnen zu nahe kommen. Es ist ihnen einfach unangenehm. Auch gibt es Energieformen, die kleinen Kindern aus gutem Grund Angst machen.

Das würdet ihr verstehen, wenn ihr sie sehen könntet. Bevor ihr also fragt, was mit euren Kindern nicht in Ordnung ist, fragt euch selbst, wo möglicherweise das Problem liegen könnte. Wir sind jederzeit gern bereit, euch beim energetischen Aufräumen und Reinigen zu helfen.

Wie erkenne ich, warum mein Baby schreit?

Auf diese Frage könnten wir euch eine sehr lange Antwort geben, aber wir wollen versuchen, etwas sehr Kompliziertes so auszudrücken, dass ihr Trost und Hilfe findet, denn oft empfinden Eltern tiefe Verzweiflung, wenn sie nicht verstehen, warum ihr Baby schreit.

Es kann sein, dass sich das Baby erschreckt hat und nun aus Angst schreit und weint. Das kommt sehr häufig vor, denn die Verhältnisse auf der Erde sind vergleichbar mit denen in einem großen Dschungel, wo man sich nicht so leicht zurechtfinden kann. Wir können die vielen Gründe, warum ein Baby schreit, nicht alle auflisten. Bedenkt jedoch, dass das Schreien eine wichtige Funktion hat und von den Eltern nicht unterdrückt werden sollte. Ihr werdet mit der Zeit verstehen, dass sich euer Kind auf diese Weise ausdrücken möchte, und wenn ihr das zu unterbinden versucht (zum Beispiel mit einem Schnuller), kann dies weitreichende Folgen für den späteren Selbstausdruck dieses Menschenkinds haben. (*Anmerkung der Autorin:* So entstehen zum Beispiel Glaubenssätze wie: Mir hört ja doch keiner zu. Meine Meinung ist nicht wichtig. Ich darf meine Meinung nicht sagen. Keiner versteht mich.) Damit ist nicht gemeint, dass ihr dem Kind Grund geben solltet zu schreien, indem ihr ihm Leid zufügt. Bitte wisst, dass dies nie unsere Intention ist.

Viele Kinder machen schon sehr früh die Erfahrung, dass die Eltern auf energetische oder telepathische Signale nicht reagieren. Daher suchen sie nach anderen

Möglichkeiten, auf sich und ihre Bedürfnisse aufmerksam zu machen. Überlegt mal, wie es für euch wäre, in ein Land gereist zu sein, wo euch keiner versteht, weil eure Sprache dort nicht gesprochen wird. Und wie es wohl wäre, wenn euch keiner zuhören und man vielleicht sogar mit euch schimpfen würde, obwohl ihr eigentlich nur nach dem Weg fragen wolltet. So und noch viel schwieriger gestaltet sich die Kommunikation für eure Kinder. Bleibt achtsam und hört mit dem Herzen zu. Dann wird es euch immer leichter fallen zu verstehen, was sie euch sagen oder fragen wollen.

Kann ein kleines Kind Gedanken lesen?

»Es ist ein Leichtes, die Gedanken der Erwachsenen zu lesen. Wir verstehen sehr gut, was ihr fühlt und denkt. Schwer wird es immer dann, wenn das, was ihr sagt, nicht mit dem übereinstimmt, was ihr wirklich meint.«

Lichtkind Elisabeth

Liebe Eltern, die erste Form der Kommunikation auf diesem Planeten war energetisch oder telephatisch, wie ihr es nennt. Diese Art der Kommunikation gibt es immer noch, und wir bezeichnen sie als die älteste Sprache der Welt. Es sind jedoch weniger die Gedanken, die eure Kinder lesen, als vielmehr die energetischen Muster, die entstehen, wenn ihr eure Gedanken aussendet. Diese Muster bilden eine Art Energiepaket, und die Lichtsignale, die von diesem Energiepaket ausgehen, werden zunächst vom Lichtkörper des Kindes »gelesen«. Dann wird dieser Impuls automatisch weitergeleitet, und ähnlich wie wenn man ein neues Buch in eine große Bibliothek einordnet, wird zunächst versucht, einen Zusammenhang mit dem bereits Bekannten herzustellen. Kinder »lernen« sehr schnell, in eurer Sprache ausgedrückt. Auf der Seelenebene wissen sie oft mehr als ihr selbst. Wenn sie auf die Erde kommen, stellen sie Zusammenhänge zwischen Unbekanntem und Bekanntem her, und alles, womit sie nichts anfangen können, wird auf den Haufen »unbekannt« gelegt, wo es bleibt, bis es später vielleicht Sinn macht. Wie beim Weben eines Teppichs entstehen so allmählich energetische Muster, die sich zu unterbewussten Bildern zusammenfügen.

Ihr braucht jedoch keine Angst haben, dass ihr nichts vor euren Kleinen verheimlichen könnt. Solange ihr darauf achtet, in Liebe zu kommunizieren, werden eure Kinder viel Vertrauen in euch entwickeln. Alles, was sie wollen, ist, euch zu verstehen und von euch verstanden zu werden.

Mein Kind manscht mit dem Essen rum und kippt regelmäßig seine Milchtasse um. Kann ich ihm das abgewöhnen?

Hier fehlen Aufmerksamkeit und Achtsamkeit. Wenn ihr euren Kindern beim Essen keine Aufmerksamkeit schenkt, sondern euch zum Beispiel laut über den Tagesablauf streitet, werden sie eben auf sich aufmerksam machen, und zwar oft mit Verhaltensweisen, die ihr nicht nachvollziehen könnt. Es ist wichtig, dass ihr selbst achtsam mit dem Essen umgeht. Bei etwas älteren Kindern ist es auch hilfreich, ihnen zu erklären, was alles notwendig war, um diese Milch in die Tasse zu bekommen. Denkt daran, dass ihr Kindern helfen könnt, indem ihr ihnen Zusammenhänge erklärt. Das bewusste Sein, auch beim Essen, ist eine schöne Form des Miteinanders. Zelebriert jede Mahlzeit, nicht nur bei Geburtstagen oder anderen wichtigen Anlässen.

Zeremonie zur Begrüßung eines Neugeborenen

An der Zeremonie sollten nur die Eltern und gegebenenfalls die Geschwister des Babys teilnehmen. Andere Familienmitglieder wie Großeltern, Tanten, Onkel, Paten und so weiter können auf Wunsch mit einem Bild vertreten sein. Sie können zum Beispiel eine Collage von diesen Personen und ihren Geschenken anfertigen.

Wählen Sie einen Tag, an dem andere Aktivitäten nicht wichtig sind, zum Beispiel einen Sonntag. Vertrauen Sie Ihrer Intuition und warten sie nicht zu lange. Wenn Sie sich entsprechend vorbereitet haben und es Mutter und Kind gut geht, kann die Zeremonie schon kurz nach der Geburt erfolgen.

Sorgen Sie für eine angenehme, feierliche Atmosphäre und machen Sie Ihrem Kind ein kleines, symbolisches

Geschenk der Liebe, denn schließlich feiert es seinen ersten und eigentlichen Geburtstag.

Nachdem Sie eine energetische Reinigung für alle Teilnehmer durchgeführt haben (zum Beispiel mithilfe der CD *Quantum-Engel-Heilung*), erschaffen Sie wie folgt einen heiligen Raum:

Bitten Sie um den Segen Gottes, des Heiligen Geistes, der Mutter Gottes. Laden Sie die Schutzengel Ihres Kindes, die Engel der Familie und, wenn Sie möchten, auch die Erzengel Michael, Gabriel, Raphael und Metatron ein. Bitten Sie Erzengel Michael, mögliche Fremdenergien und Wesenheiten zu entfernen, die Ihre Zeremonie stören oder sich negativ auf sie auswirken könnten.

Je nach Ihrem religiösen Hintergrund oder Ihrer besonderen Beziehung zur geistigen Welt steht es Ihnen selbstverständlich frei, zum Beispiel Buddha, Allah, Jesus Christus oder andere einzuladen. Wenn Sie möchten, können Sie auch Maria danken und zum Beispiel an die Geburt Christi denken. In diesem Zusammenhang können Sie auch eine Verbindung zu den Heiligen drei Königen herstellen. Bitten Sie einfach um die Anwesenheit von Kaspar, Melchior und Balthasar.

Sie werden merken, dass sich die Energie im Raum sofort verändert und dass möglicherweise sogar die Zimmertemperatur schwankt. Mit sehr großer Wahrscheinlichkeit kann ihr Baby die Engel und die Gäste aus der geistigen Welt sehen, in jedem Fall aber wird es sie spüren. Erklären Sie dem Kind, dass diese seine Geburtstagsgäste auf die Erde gekommen sind, um es zu begrüßen. Egal wie Ihr Baby reagiert, nehmen Sie die Reaktion an, wie sie ist. Es ist seine Art und Weise, sich auszudrücken.

Dann sagt die Mutter oder der Vater:

»Mein liebes Kind, von Herzen begrüße ich dich auf dieser Welt. Wir alle freuen uns sehr, dass du dir diese Familie ausgesucht hast. Wir versprechen dir, dich immer zu lieben und zu unterstützen. Wir wünschen uns für dich, dass du dich immer an deinen göttlichen Ursprung erinnerst und daran, warum du hierher gekommen bist. Wir versprechen dir, deine Mission auf dieser Erde zu unterstützen. Dafür bitten wir um die Führung Gottes und der Engel. Wir sind dankbar, dass Gott uns dich als Geschenk gegeben hat, und möchten dir jetzt unsere Geschenke geben. (Hier gibt jedes Familienmitglied dem Kind ein Geschenk oder auch mehrere. Das sind keine materiellen Geschenke, sondern zum Beispiel Liebe, Aufmerksamkeit, Achtung, Respekt, Geduld, Verständnis, Zuhören, Zeit zum Spielen, Hilfe beim Lernen und so weiter). Seien Sie gewiss, dass auch die Anwesenden aus der geistigen Welt ihre Gaben mitgebracht haben.«

Sagen Sie zum Abschluss der Zeremonie:

»Im Namen meines Kindes .... danke ich Gott, den Engeln und allen liebevollen Wesen für ihren Schutz und ihre Gaben. Amen.«

Sternenelixier – ein Rezept

Lange habt ihr nach etwas gesucht, das euren Kindern die ersten Wochen und Monate auf eurem Planeten so angenehm wie möglich machen kann. Der Zeitpunkt wurde von uns gewählt, um dieses Rezept zum Wohle aller Lichtkinder an euch weiterzuleiten. Doch zunächst mussten sich einige Sternentore öffnen, damit eine direkte kosmische Verbindung zu all euren Ursprungsplaneten zustande kommen konnte. Das ist uns gelungen. Wir, die Sternenkinder sind die kosmischen Brüder und Schwestern eurer Kinder und möchten unseren Geschwisterchen auf der Erde helfen.

Liebe Eltern, wir zeigen euch jetzt, wie ihr mit eurem Bewusstsein jedes Massageöl (jede Creme) so verändern könnt, dass es (sie) eurer Tochter oder eurem Sohn entspricht.

Wählt einen Moment der Ruhe, in dem ihr ganz entspannt seid. So vielen von euch fällt dies schwer … Doch denkt daran, dass ihr die Hilfe eures persönlichen Sternelixiers auch für euch selbst, nicht nur für eure Kinder in Anspruch nehmen könnt.

Nehmt einen kleinen Behälter mit Öl (Creme) so in beide Hände, dass ihr ihn bequem umschließen könnt. Schließt dann die Augen und stellt euch einen wunderschönen Sternenhimmel vor. Lasst den Atem ruhig fließen. Atmet tief ein und aus und entspannt euch noch mehr.

Bittet nun die Hüter der Sternentore um ihre Hilfe. Bittet sie, alle Negativität und sämtliche Informationen aus diesem Öl und dem Behälter zu neutralisieren. Lasst euch dafür etwa zwei Minuten Zeit.

Dann visualisiert ihr, wie eine große weiße Lichthand den Behälter nimmt und zur göttlichen Quelle zurückbringt. Dort wird er mit liebevollen Energien aufgeladen, auch mit Energien vom Ursprungsplaneten eures Kindes sowie mit Symbolen und Informationen, die es eurem Kind leichter machen, sich an das Schwingungsfeld der Erde und an seine Bewohner zu gewöhnen. Die im Öl (in der Creme) gespeicherten Informationen der Harmonie, Zuversicht und Ausgeglichenheit übertragen sich später beim Einreiben auf euer Kind. Das Bewusstsein, mit Gott verbunden zu sein, wird verstärkt, und somit lösen sich mögliche Ängste, Spannungen und Schmerzen auf.

Dieses Elixier könnt ihr drei Tage lang benutzen. Danach empfehlen wir euch, den oben beschriebenen Vorgang zu wiederholen. Dadurch wird die Schwingung des Öls weiter angehoben und verändert sich ständig, was die sensiblen Kinder genau spüren. Ihre feinstofflichen Körper sind ganz empfindlich und dankbar für jede Unterstützung. Wir lieben euch.

Die Sternenkinder

Der Schoß der Mutter Gottes – Einschlafritual

Jeder Mensch hat im Laufe seines Lebens seine ganz persönlichen Einschlafrituale entwickelt. Dabei haben das jeweilige Umfeld und die Erfahrungen der Kindheit eine große Rolle gespielt. Eltern von mehreren Kindern wissen, dass jedes Kind etwas ganz Bestimmtes braucht, um besser einschlafen zu können, zum Beispiel: Licht an/Licht aus, Fenster zu/Fenster auf, Kuscheltiere, eine Gute-Nacht-Geschichte und so weiter. Sobald Ihr Kind sprechen kann, wird es Ihnen genau mitteilen, was es sich wünscht. Gehen Sie darauf ein, achten Sie jedoch auch darauf, dass aus den Einschlafritualen keine Verzögerungstaktiken werden. Genügend Schlaf ist für die gesunde Entwicklung des Kindes nämlich sehr wichtig.

Doch was tun junge Eltern, wenn ihr Sprössling noch nicht sprechen kann? Sie hören ihn laut schreien und versuchen herauszufinden, was sich das Baby wünscht. Oft scheint es wie Rätselraten. Ist es vielleicht doch Hunger? Sind es Blähungen? Was kann ich tun? Dass sie bei der Beantwortung dieser Fragen unbewusst von ihren eigenen Wünschen oder auch Ängsten ausgehen, ist ganz normal. Alle Eltern kennen den Stress, der entsteht, wenn das Kind nicht schlafen will oder kann. Aus Verzweiflung machen viele Eltern den Fehler, das Kind durch die Wohnung zu tragen, es zu schütteln und ihm auf den Rücken zu klopfen. Es ist zwar möglich, dass die Kinder auch darüber irgendwann einschlafen, aber nur, weil sie mittlerweile völlig erschöpft sind. Ihr Nervenkostüm bleibt jedoch angespannt, und so beginnt der

Einschlafstress jeden Abend aufs Neue. Die Frage muss also lauten: Wie können Eltern es schaffen, selbst zur Ruhe zu kommen und so der Tortur verdorbener Abende und durchwachter Nächte entgehen?

Versuchen Sie Folgendes. Sie werden sehen, es funktioniert:

Nehmen Sie sich ein paar Minuten Zeit, um selbst zur Ruhe zu kommen, etwa so, als würden Sie sich auf eine Meditation vorbereiten. Nehmen Sie dann Ihr Baby auf den Arm und sagen Sie ihm: »Ich habe dich sehr lieb. Ich möchte jetzt noch mit dir kuscheln und dir ganz viel Liebe geben.« Öffnen Sie dann ganz bewusst Ihr Herz und senden Sie Ihrem Kind so viel Liebe, wie Sie können. Visualisieren Sie rosafarbene Lichtstrahlen, die aus Ihrem Herzen fließen und Ihr Kind nach und nach ganz in Ihre Liebe einhüllen. Nehmen Sie wahr, wie das Kind Ihnen Liebe zurücksendet. Wenn Sie dabei ein Lied summen oder Ihr Baby streicheln wollen, tun Sie es. Sie werden spüren, wann es zufrieden ist. Dann rufen Sie die Mutter Gottes und bitten sie, ganz viele Engel zu senden, die das Kind in der Nacht behüten. Visualisieren Sie, wie die Engel um das Bettchen stehen, in das Sie Ihr Kind jetzt behutsam legen wie in den Schoß der Mutter Gottes. Sagen Sie Ihrem Kind zum Beispiel: »Die göttliche Mutter und die Engel wachen über dich. Ich wünsche dir eine gute Nacht und möchte mich jetzt auch ausruhen.«

Es bleibt Ihnen überlassen, welche Worte Sie zum Gute-Nacht-Sagen wählen. Sie können wählen, ob Sie noch am Bettchen sitzen bleiben, weiter mit dem Kind kuscheln oder gleich mit einschlafen. Es ist jedoch wichtig, dass Sie Ihr Kind wirklich vertrauensvoll übergeben und wissen, dass für es gesorgt wird. Junge Mütter machen sich oft Sorgen, dass ihrem Kind nachts etwas fehlen könnte und dass sie es vielleicht nicht hören, wenn sie selbst schlafen. Massieren Sie, bevor Sie selbst zu Bett gehen, einen Tropfen Sternenelixier auf den Bauch des Babys oder in seine Handflächen/Fußsohlen ein und geben Sie die Verantwortung an die Engel ab. Sie werden nachts über Ihr Kind wachen.

KAPITEL 6

Kleinkinder und Kindergartenkinder

Nachts bin ich bei den Engeln. Sie sind keine richtigen Jungs oder Mädchen. Sie sind ganz hell.

Felicitas, 6

Zweites bis drittes Lebensjahr

Was ist, wenn mein Kind nicht sprechen will?

Die Frage lautet in Wirklichkeit: Was ist, wenn mein Kind nicht so sprechen will, wie ich es möchte oder verstehen kann? Wie wir bereits erklärt haben, spricht das Kind schon vor der Befruchtung, im Mutterleib und gleich nach der Geburt auf seine Weise mit euch. Manchmal ist es frustriert, wenn es nicht verstanden wird, und zieht sich dann in seine eigene Welt zurück wie in ein Schneckenhaus. Es ist für das Kind wichtig zu spüren, dass die Eltern seine Signale verstehen und nicht darauf warten, dass es irgendwie »anders« beziehungsweise in einer Form kommuniziert, die ihnen angebrachter erscheint. Sagt euren Kindern: »Ich weiß, dass du mit mir sprichst.« Bittet sie um Geduld, denn die müssen sie mit euch haben, bis ihr gelernt habt, sie zu verstehen. Wenn ihr eure Bereitschaft, auch anders zu kommunizieren, signalisiert habt, könnt ihr eure Kinder bitten, Worte nachzusprechen, die ihr kennt. Ermuntert sie, das mehr und mehr zu tun, aber vergesst über all dem nicht, dass sie vor allem eine Sprache sprechen: die Sprache des Herzens – leider oft nur so lange, bis sie sie verlernt haben.

Wie lange darf ein Kind im Ehebett schlafen?

Wo die Liebe ist, da möchten auch eure Kinder sein. Sie haben das starke Bedürfnis, ganz viel Liebe zu spüren und halten sich am liebsten dort auf, wo sie sich geborgen fühlen. Verletzt sie nicht, indem ihr sie zurückweist und um jeden Preis dazu erziehen wollt, von euch getrennt zu schlafen. Es dauert oft eine ganze Weile, bis sich ein Kind daran gewöhnt hat, überhaupt auf der Erde zu sein. Der Schmerz, der dadurch verursacht wird, dass es nun getrennt ist – von Gott, von der Mutter und vom Vater –, gehört zum Schlimmsten, was es aushalten muss. Es weiß noch nicht, dass diese Trennung eine Illusion ist.

Doch richtet euch in dieser Frage nach dem, was ihr persönlich fühlt. Wenn die Anwesenheit des Kindes in eurem Bett für euch Unruhe und Disharmonie, ja sogar Schlafentzug bedeutet, empfehlen wir, eine andere Lösung zu suchen. Ihr könnt euch zum Beispiel eine bestimmte Zeit der Geborgenheit gönnen, in der ihr euch ganz bewusst mit eurem Kind beschäftigt, es auf den Schoß nehmt, Körperkontakt mit ihm habt und ihm das Gefühl gebt, absolut geborgen zu sein, wie in einem Nest. Hüllt euer Kind in Liebe ein und visualisiert dazu ein mit weißen Engelsfedern gepolstertes, kuscheliges Nest. Dieses Bild gebt ihr dann über euer Herz an euer Kind weiter. Es kommt ganz sicher an. Dazu könnt ihr eine kleine Melodie aus einer Spieluhr spielen oder ein Lied summen, denn auch diese Signale der Liebe kommen bei eurem Kind an. *Du wirst geliebt. Du bist ganz sicher. Wir sind immer bei dir.* Gott und die Engel sind auch bei dir. Das sind wichtige Botschaften für euer Kind. Wenn ihr das zum Beispiel während des Tages ausprobiert und euer Kind dann ganz zufrieden und mit Liebe genährt einschläft, habt ihr eine Möglichkeit gefunden, Harmonie und Geborgenheit überall entstehen zu lassen. Das kann nachts in eurem Bett sein oder auch im Kinderbett, das ihr in ein himmlisches Nest verwandelt habt. Wenn euer Kind alt genug dazu ist, könnt ihr es selbst darum bitten, sich dieses Nest vorzustellen, es zu spüren und sich darin einzukuscheln. Dieser himmlische Ort kann überall entstehen. Das Kind wird also auch auf Reisen leicht einschlafen und überall übernachten können.

Wie kann ich mein Kind aufs Töpfchen vorbereiten?

Wenn ihr ein Töpfchen (oder einen Toilettensitz) ohne weitere Erklärungen neben eure Toilette stellt, wird das Kind eines Tages von selbst fragen, was es damit auf sich hat. Habt auch keine Bedenken, wenn das Kind erst einmal nur mit dem Töpfchen spielen möchte. Schließlich ist es nichts als eine Plastikschüssel, die man ruhig anfassen darf. Wenn ihr selbst ohne Scham in Anwesenheit eures Kindes auf die Toilette geht und ihm erklärt, dass das, was ihr da tut, zum Großwerden gehört, wird das Kind Bereitschaft zeigen, es euch nachzutun, denn groß werden möchte es auf jeden Fall. Sobald ihr spürt, dass euer Kind für das Töpfchen bereit ist, darf es mal Probe sitzen und einfach ausprobieren, wie sich das anfühlt. Ihr werdet überrascht sein, wenn schließlich ganz von selbst geschieht, was dort geschehen soll. Es ist ein natürlicher Vorgang. Lasst eurem Kind Zeit, sich zu entspannen und loszulassen.

Wir haben eine Entwicklungstabelle, auf der steht, was die Kinder mit wie viel Monaten können sollen. Unser Kind hinkt in allem hinterher. Woran liegt das?

Euer Kind möchte euch beibringen, es so anzunehmen, wie es ist. Könnt ihr das? Habt ihr gelernt, euch selbst so anzunehmen, wie ihr seid, oder legt ihr auch dort die Maßstäbe der Gesellschaft, der Nachbarn etc. an? Wie wollt ihr mit euren Tabellen Gottes Werk messen? Wer sagt, was richtig ist und was falsch? Urteilt nicht und habt keine Angst. Dieses Kind ist voller Liebe, und die ist ebenfalls unermesslich.

Wie kann ich meinem Kind die Angst vor dem Einschlafen nehmen?

Wahrscheinlich geschieht hier etwas, was ihr nicht sehen könnt, weil es unsichtbar abläuft: Eure Emotionen übertragen sich auf euer Kind. Habt ihr schon einmal darüber nachgedacht, wovor ihr selber Angst habt? Indem ihr euch eure eigenen Ängste eingesteht, habt ihr den ersten Stein für die Brücke zu den Ängsten eures Kindes gelegt. Sagt ihm ruhig: »Ich habe auch Angst, aber ich weiß eine Lösung.« So seid ihr nicht in der Position, ihm seine Ängste ausreden zu müssen, denn das verschlimmert sie nur. Ob ihr die Ängste eures Kindes versteht oder nicht, ist unwichtig. Lasst sie einfach sein, was sie sind. Sie sind immer berechtigt. Doch ihr könnt auf unsere Hilfe vertrauen, wenn ihr sie uns übergebt.

❄ ❄ ❄

Die Ängste den Engeln übergeben

Besorgen Sie sich ein kleines Kästchen und geben Sie abends vor dem Einschlafen sämtliche Ängste, die Sie und Ihr Kind haben mögen, dort hinein. Lassen Sie die Energie dieser Ängste in das Kästchen strömen, und zwar solange, bis sie aus Ihrem ganzen Wesen, aus allen Zellen und allen Energiekörpern hinausgeflossen ist. Dazu sagen Sie oder lassen Ihr Kind sagen: »Wo auch immer das, was mir Angst macht, stecken mag, ich befehle dieser Energie, jetzt aus mir und aus diesem Zimmer hinaus und in dieses Kästchen hineinzugehen.«

Dann verschließen Sie das Kästchen und sagen: »Ich bitte Gott und die Engel, dieses Kästchen zu versiegeln und alles, was mir Angst gemacht hat, in etwas Schönes umzuwandeln. Danke.« Dann nehmen Sie das Kästchen mit aus dem Zimmer oder stellen es, wenn das Kind damit einverstanden ist, auf die Fensterbank und nehmen den Schlüssel mit. Am nächsten Morgen machen Sie, wenn möglich, das Fenster ganz weit auf, lassen viel Sonne ins Zimmer scheinen und öffnen das Kästchen wieder. Jetzt kann die Angst, die über Nacht in Liebe verwandelt wurde, einfach zum Fenster hinausfliegen.

❄ ❄ ❄

Was mache ich, wenn mein Kind Dinge sieht, die ich nicht sehe?

Es kommt oft vor, dass Babys oder Kleinkinder mit großen Augen an die Zimmerdecke schauen oder mit dem Fingerchen auf etwas zeigen, das für die physischen Augen der Erwachsenen nicht sichtbar ist. Manchmal scheint dieses Etwas dem Kind Angst zu machen. Manchmal bringt es seinen Unmut darüber zum Ausdruck. Und manchmal freut es sich einfach über den Besuch der Engel und geistigen Wesen, die jetzt sprechen:

Wir möchten euch versichern, dass es uns gibt und dass wir immer um euch sind. Wir beschützen und lieben euch seit Anbeginn der Zeit. Für eure Kinder ist es leichter, uns wahrzunehmen, als für euch. Das liegt daran, dass sie sich uns gegenüber noch nicht verschlossen haben. Genauso begeistert und fasziniert, wie sie sich von einem bunten Luftballon zeigen, sind sie auch von uns Lichtwesen. Die Kinder sehen uns nicht so sehr mit ihren Augen, sondern vor allem mit ihren Herzen und erlauben uns, unsere Energie auf sie zu projizieren, sodass sie uns in Bildern, Zeichen, Lichtblasen oder Spiralen wahrnehmen können. Etwa sieben Achtel vom Gehirn eines erwachsenen Menschen sind darauf spezialisiert, genau das wahrzunehmen, was für das Alltagsleben unmittelbar relevant ist. Dazu gehören wir Engel nicht unbedingt, jedenfalls nicht im Rahmen der üblichen Glaubenssysteme. Ermutigt eure Kinder, mit uns zu kommunizieren, und wisset, dass ihr alle die Fähigkeit habt, es ihnen gleichzutun. Wenn ihr ganz still seid, die Augen schließt und euren Kindern erlaubt, euch die anderen Welten zu erklären, werden sie es gern tun. Wir wissen, dass dies euren Erfahrungen widerspricht, denn bisher haben die Erwachsenen ihren Kindern Märchen und Geschichten erzählt. Doch was, wenn Märchen wahr sind und eure Realität eine Illusion ist?

Was ist Lüge, was ist Wahrheit?

Das ist schon fast eine philosophische Frage, aber wir beantworten sie gern. Lüge ist immer mit Angst verbunden, zum Beispiel mit der Angst, bestraft, belächelt oder ausgeschimpft zu werden. Solange eure Kinder diese Erfahrungen noch nicht gemacht haben, werden sie auch keine Angst davor entwickeln. Solltet ihr jedoch feststellen, dass ein Kind immer häufiger die Unwahrheit sagt, ist das wohl ein Hinweis darauf, dass es eure Reaktion auf sein Verhalten als Bedrohung empfindet oder, anders ausgedrückt, dass es eine bedrohliche Reaktion auf sein Verhalten von euch erwartet. Für die Erziehung von Lichtkindern ist es entscheidend, Vertrauen aufzubauen. Sie müssen das Gefühl haben, euch alles sagen zu können, ohne verletzt oder verunsichert zu werden. Im Umgang mit Lichtkindern ist Schweigen nicht Gold. Legt Wert auf die Meinung eurer Kinder und betont immer wieder, dass ihr ihnen Glauben schenkt, denn das macht die Welt, in der sie leben, stabil.

Ich möchte wieder arbeiten, ab wann ist das ratsam?

Das ist eine sehr persönliche Frage, bei deren Beantwortung immer die gesamte Lebenssituation des Kindes und der Eltern in Betracht gezogen werden sollte. Wir hoffen, euch gut genug erklärt zu haben, dass es eine Vorbereitungsphase gibt, bevor der neue Erdenbewohner zu euch kommt. Die Seele kennt also ihre künftigen Lebensumstände. Natürlich wird sich die Arbeit oder der Arbeitsplatz der Mutter und des Vaters immer auch auf die Entwicklung des Kindes auswirken, wobei es nicht unbedingt besser ist, dass die Mutter oder der Vater zu Hause bleibt und die Kinder rund um die Uhr bewacht, wenn sie vielleicht viel lieber mit anderen Kindern zusammen wären. Es gibt aber auch Babys und Kleinkinder, die sich leicht abgeschoben fühlen und besonders in den ersten vier Lebensjahren ganz viel Nähe und intensive Betreuung durch mindestens ein Elternteil brauchen.

Helft euren Kindern, sich auf dieser Welt zurechtzufinden, und nehmt sie liebevoll auf.

Die Familie bietet ein Sicherheitsnetz für die Kinder, das man auch energetisch aufbauen kann, wenn es der Mutter oder dem Vater beispielsweise nicht möglich sein sollte, viele Stunden mit dem jeweiligen Kind zu verbringen.

Meditation – Energetische Verbindung bei räumlicher Trennung

Machen Sie die Basismeditation (Seite 303) oder entspannen Sie sich auf eine Ihnen vertraute Weise.

Schließen Sie die Augen und denken Sie an Ihr Kind. Nennen Sie in Gedanken seinen Namen (zum Beispiel Anna).

Öffnen Sie nun bewusst Ihr Herzchakra und senden Sie einen grün-rosa Energiestrahl der Liebe zum Herzen Ihres Kindes. (Achten Sie darauf, dass es sich auch wirklich um Liebe handelt und nicht etwa um Angst oder Sorge, weil Sie in diesem Moment nicht bei Ihrem Kind sein können.)

Entspannen Sie sich noch mehr, und sehen Sie dann, wie aus Ihrem Mund Sprechblasen aufsteigen, die alles enthalten, was Sie Ihrem Kind jetzt gern sagen würden, wenn es bei Ihnen wäre. Bitten Sie nun Ihre Engel, die Energie Ihrer Worte in diesen Sprechblasen an Ihr Kind weiterzuleiten und stellen Sie sich dabei vor, wie die Blasen bis dicht an sein Ohr gebracht werden. Es wird Ihre Worte hören können. Visualisieren Sie dann, wie aus jedem Ihrer Chakren ein Lichtstrahl ausgesandt wird, der voller Liebe ist und nun auf die entsprechenden Chakren Ihres Kindes trifft. Sehen Sie, wie Ihre Energiekörper miteinander verschmelzen und die Form eines großen, wunderschönen Herzens annehmen. Gedanklich senden Sie Ihrem Kind ganz viel Liebe und versprechen ihm Ihre Unterstützung bei allem, was es tut. Diese Lichtverbindung kommt sehr schnell zustande, ganz unabhängig davon, wie weit Sie von Ihrem Kind entfernt sind. Sie sind immer mit Ihrem Kind verbunden, und diese Übung hilft Ihnen, sich dessen stets bewusst zu sein.

Wenn Sie längere Zeit von Ihrem Kind getrennt sind, können Sie Ihre Engel auch bitten, Sie und Ihr Kind zum Beispiel während der Nacht in einen heiligen Raum zu führen, wo Sie beide zusammen sein können. Dort halten Sie Ihr Kind dann im Arm, spielen mit ihm und hören ihm zu. Lichtkinder sind es gewohnt, in ihrem Energiekörper zu reisen. Sie kommen gern zu Besuch, wenn sie darum gebeten werden.

Viertes bis fünftes Lebensjahr

Unser Kind hat einen Schrei- und Heulanfall bekommen und sich nicht mehr beruhigt. Warum?

Es ist unmissverständlich zum Ausdruck gekommen, dass euer Kind sich in dieser Situation verzweifelt und hilflos, vielleicht auch wütend, verängstigt und frustriert gefühlt hat. Es hat ein ganz starkes Empfinden, dass ihm Unrecht geschehen ist und dass es sich nicht anders wehren konnte, als laut zu schreien. Das ist nicht wie bei Erwachsenen, wo dies oft in böser Absicht geschieht, denn eure Kinder sind nicht auf die Welt gekommen, um euch zu ärgern. Behaltet sie lieb, egal wie schwierig oder aussichtslos eine Situation erscheint.

An dieser Stelle möchte ich Ihnen die Geschichte eines Kindes, nennen wir es Karsten, erzählen, das beim Einkaufen einen Schreianfall bekommen hat.

Karsten war drei Jahre alt, als seine Eltern mit ihm in ein Einkaufszentrum gingen, um ihm eine Sonnenbrille zu kaufen. Er sollte sich selbst eine schöne Sonnenbrille aussuchen und musste dazu natürlich alle möglichen Brillen aufsetzen. Schon bei der ersten Brille begann er sich abzuwenden. Bei der zweiten Brille fing er an zu weinen, und kurze Zeit später schrie er laut und war mit nichts mehr zu beruhigen. Er schrie in der Tat, als ginge es um Leben und Tod. Den Eltern stand der Schweiß auf der Stirn. Viele der Umstehenden hatten sich mittlerweile entweder eingemischt oder kopfschüttelnd abgewandt. Der Vater versprach dem schreienden Kind ein Eis, doch nichts konnte Karsten beruhigen. Schließlich mussten sie das Einkaufszentrum verlassen und ohne Sonnenbrille nach Hause fahren. Im Auto schlief das erschöpfte Kind endlich ein, und erst Stunden später konnte die Mutter in Ruhe mit ihm sprechen: »Was war denn in dem Geschäft bloß los mit dir?«, fragte sie, und das Kind antwortete schüchtern: »Mama, da waren dunkle Gestalten, die kamen immer näher an dich ran und wollten dir etwas Böses tun.«

Die Mutter verstand sofort, dass ihr hellsichtiges Kind etwas gesehen hatte, was alle anderen in dem Geschäft nicht hatten sehen können. Das Kind hatte aus Angst um die Mutter, also aus Liebe und Fürsorge geschrieen. Dafür hätte man es doch nicht bestrafen können, oder?

Unsere Kinder streiten und hauen sich ständig. Wie geht es besser?

Wie verzweifelt müssen Kinder sein, wenn ihnen keine andere Lösung mehr einfällt, als sich zu streiten und zu hauen? Einige dieser Kämpfe lassen sich auf das Gefühl zurückführen, dass es nicht genug für alle gibt – nicht genug Liebe, nicht genug zu essen, nicht genug Aufmerksamkeit, nicht genug Spielsachen. In Familien, in denen das Glaubensmuster »Es gibt nicht genug« vorherrscht, sind solche Kämpfe unter Geschwistern an der Tagesordnung. Dann ist es hilfreich, wenn die Eltern die Ursachen für dieses Glaubensmuster transformieren, beispielsweise mithilfe einer Quantum-Engel-Heilung, und das erste Chakra energetisch ausgleichen, auch bei ihren Kindern.

Kinder streiten sich aber oft auch, um ihr eigenes Territorium zu behaupten. Daher ist es wichtig, dass jedes Kind seinen eigenen Raum hat, in dem es sich frei entfalten kann. Das ist natürlich nicht immer so einfach möglich. Helfen Sie daher jedem Ihrer Kinder beim Einrichten eines besonderen Ortes, der nur ihm allein gehört, und wenn es nur eine kleine Ecke im Kinderzimmer ist. Schenken Sie jedem Kind eine Pflanze, für die es verantwortlich ist. Erklären Sie den Kindern, was ihre Pflanzen brauchen, damit sie gut gedeihen. Finden Sie dann gemeinsam mit den Kindern heraus, was sie brauchen, damit sie gut gedeihen können. Das eine Kind braucht zum Beispiel viel Ruhe und frische Luft, während das andere immer in Aktion sein will und gern Gesellschaft hat.

Helfen Sie den Kindern, ihre eigenen Bedürfnisse zu erkennen und zum Ausdruck zu bringen. Denken Sie auch an Ihre eigenen Bedürfnisse, liebe Eltern! Wann haben Sie das letzte Mal gespielt und sich Zeit für sich genommen? Oft wirkt sich die Unzufriedenheit der Eltern auf ihre Kinder aus. Und die Kinder leben dann die Emotionen aus, die von den Erwachsenen unterdrückt wurden.

Unser Sohn spielt ausschließlich mit Puppen. Ist das normal?

Euer Sohn hat eine Vorliebe für Puppen, weil er sich an die Liebe zu einer Frau erinnert. Manchmal ist es auch die Liebe zur eigenen Mutter, die in diesem Verhalten zum Ausdruck kommt. Liebe Eltern, es ist aus unserer Sicht so normal, fürsorglich und liebevoll zu sein, dass wir diese Frage nur deshalb als echte Frage verstehen, weil es auf eurer Erde nicht immer als »normal« gilt, wenn ein männliches Wesen sich so verhält. Bitte versteht, dass sich euer Sohn aus Liebe und Fürsorge mit Puppen beschäftigt. Sein Verhalten zeigt wahrscheinlich auch, dass er sich wünscht, ebenso behandelt zu werden. Bestärkt ihn in diesen wichtigen Qualitäten und erlaubt ihm, der zu sein, der er ist. Für seinen Vater bedeutet das, dass auch er sich erlaubt, seine weiblichen Energien und damit seine Emotionen stärker zum Ausdruck zu bringen. Vielleicht hat er sich das bisher nicht zugestanden.

Mein Kind hat häufig Albträume. Was kann ich tun?

Bestimmt erinnert ihr euch, dass auch ihr im Traum schon oft unangenehme Erfahrungen gemacht habt. Aber ihr wisst, dass es sich bei der Traumwelt um eine andere Realität handelt, die sich aus der Welt der Emotionen und der Interaktion mit anderen Dimensionen zusammensetzt. Weil euer Kind das nicht weiß, solltet ihr dafür sorgen, dass es in seinem Schlafraum keine Portale zu anderen Dimensionen gibt beziehungsweise dass diese in jedem Fall geschlossen bleiben. Darum braucht ihr uns (die Wächter der Tore) nur kurz zu bitten. Die Fähigkeit zur übersinnlichen Wahrnehmung, über die viele Lichtkinder verfügen, macht es ihnen leicht, mit den geistigen Welten zu kommunizieren. Dennoch haben sie ein Recht auf schöne Träume und eine angenehme Nachtruhe. Erklärt ihnen das und sagt ihnen auch, dass sie diese Absicht in einem Nachtgebet zum Ausdruck bringen können.

Andere Ursachen für Albträume und Ängste sind toxische Lebensmittel (darauf wird an anderer Stelle noch ausführlicher eingegangen) und unverarbeitete Emotionen, Letztere vor allem bei Kindern, die in diesem oder auch in früheren Leben traumatische Erfahrungen gemacht haben.

Seit unser zweites Kind geboren wurde, macht unsere Tochter wieder ins Bett. Was können wir tun?

Das Baby bekommt naturgemäß mehr Aufmerksamkeit als die erstgeborene Tochter, die nun das Gefühl hat, zur Seite treten und ihren Platz teilen zu müssen. Sie wünscht sich aber genauso viel Aufmerksamkeit und Liebe wie zuvor und möchte wieder ein Baby sein. Zeichen dafür ist das Bettnässen. Eure Tochter hat einen großen Konflikt zu bewältigen, denn sie liebt das Geschwisterchen, ist sich aber gleichzeitig nicht sicher, ob nun noch genug Zeit und Liebe für sie übrig bleibt.

Wenn ihr dazu bereit seid und es euch Spaß macht, könnt ihr mit eurer Tochter ab und zu das Baby-Spiel spielen: Alle Familienmitglieder – Mutter, Vater, ältere Tochter und Baby – tauschen abwechselnd die Rollen. Jeder ist mal das Baby, aber auch Mutter, Vater und Tochter. Wenn die Tochter auf diese Weise lernt, dass alle gleich wichtig sind, wird ihr das sicher helfen, mit der neuen Situation besser klarzukommen. Gebt eurer Tochter das Gefühl, dass sie unendlich geliebt wird und dass sie einzigartig ist.

Ständige Erkältungen machen uns Probleme. Gibt es Hilfe von den Engeln?

Wenn eure Kinder noch klein sind, haben sie häufig ganz unterschiedliche Infektionskrankheiten, die ihnen helfen, ihr Abwehrsystem aufzubauen. Ständige Erkältungen sind jedoch wahrscheinlich verzweifelte Versuche des kleinen Körpers, Störenfriede im System loszuwerden. Dazu gehören unter anderen Hausstaubmilben, Umweltgifte oder bestimmte Stoffe in der Nahrung, die eine allergische Reaktion des Körpers auslösen. Wir empfehlen, dem Kind mehrmals täglich die Hände aufs Gesicht (Nase und Nebenhöhlen) zu legen sowie auf Bronchien und Lungen und dabei goldenes Licht zu visualisieren. Diese Behandlung kann die Krankheitserreger und die Ursachen der Erkältung auflösen.

Das Lichtbad – Übung zur Stärkung des kindlichen Immunsystems

Kleine Kinder sind höchst intuitiv und wissen selbst sehr gut, was ihr Körper braucht, um zu heilen. Sie werden daher erstaunt sein, wie gut diese Übung wirkt.

Wählen Sie einen ruhigen Moment, und nehmen Sie sich Zeit für Ihr Kind. Legen Sie ihm bunte Tücher in den Chakrafarben Rot, Orange, Gelb, Grün, Hellblau, Violett und Weiß-Gold vor, und bitten Sie es, sich eines oder mehrere dieser Tücher auszusuchen. Wenn Sie keine Tücher haben, kann sich das Kind auch in Gedanken eine dieser Farben wünschen. (Mehr Informationen zur Bedeutung des Chakrasystems und den damit verbundenen Störungen/Krankheiten finden Sie in meinem Buch *Quantum-Engel-Heilung*). Die Farbe, die sich das Kind ausgesucht hat, gibt Ihnen Aufschluss darüber, welche Frequenz sein Körper am meisten braucht und wo möglicherweise eine energetische Störung oder Blockade vorliegt.

Bitten Sie nun um die Hilfe der Engel und Erzengel (zum Beispiel Sandolphon, Rafael, Michael, Gabriel, Uriel, Chamuel, Zadkiel und Metatron), und visualisieren Sie einen Lichtstrahl genau in der Farbe, die sich das Kind ausgesucht oder gewünscht hat. Sehen Sie, wie das Kind in diesem Lichtstrahl steht oder liegt, und bitten Sie die Engel, sein Immunsystem zu stärken. Je nach Wunsch ist es auch möglich, mehrere Farben oder das ganze Spektrum des Regenbogens zu visualisieren. Ermutigen Sie Ihr Kind, diese Farben ebenfalls zu visualisieren. Es kann sich zum Beispiel vorstellen, dass die Engel eine ganz große Taschenlampe oder einen großen bunten Scheinwerfer mitgebracht haben, mit dem sie nun leuchten. Am Anfang kann dieses Lichtbad etwa fünf Minuten lang genommen werden, bei Bedarf und nach Wunsch des Kindes auch länger. Fragen Sie Ihr Kind, ob es noch andere Farben wahrnimmt oder etwas anderes fühlt.

Erklären Sie Ihrem Kind, dass jede kleine Zelle seines Körpers weiß, wie sich Gesundheit anfühlt. Das Programm, das in der Zelle ablaufen muss, damit alles gut funktioniert, ist dort gespeichert, muss jetzt aber wieder aktiviert werden. Ihr Kind könnte sich also beispielsweise eine Fernbedienung vorstellen, mit der es das Programm neu aktiviert. Es kann einfach auf einen imaginären Knopf drücken und sagen: »Ich wünsche mir, dass sich alles in meinem Körper sofort an das Programm *Vollkommene Gesundheit* erinnert. Ich bin gesund. Ich bin stark. Ich heile mich selbst.«

Bitte vertrauen Sie darauf, dass Ihnen die Engel bei diesem Prozess helfen. (Auf der CD zu diesem Buch finden sie heilsame Traumreisen und Meditationen für Kinder.)

Unser Kind will auch im Kindergarten keinen Mittagsschlaf machen. Ist das in Ordnung?

Wir gratulieren euch zu dem Versuch, auf die Bedürfnisse des Kindes einzugehen. Es ist gut, wenn fürsorgliche und wohlwollende Speise- und Schlafangebote gemacht werden, aber wie würdet ihr euch fühlen, wenn ihr zum Essen oder zum Schlafen gezwungen würdet? Glaubt uns bitte, dass ein kleiner Körper genauso weiß, was seine wirklichen Bedürfnisse sind, wie ein großer. Achtet deshalb sehr sorgfältig darauf, wann euer Kind schlafen möchte und wann nicht. Gebt ihm immer die Möglichkeit zu ruhen, zu kuscheln und in die Stille zu gehen. Doch zum Schlafen könnt ihr es nicht zwingen. Wenn ihr nun in Konflikt mit den Regeln des Kindergartens kommt, überlegt, ob es Alternativen gibt, die auch die Bedürfnisse kleiner Menschen respektieren.

Mein Kind ist so schüchtern und schweigt so oft. Wie können wir sein Selbstbewusstsein stärken?

Wenn ihr genau hinhört und hinschaut, werdet ihr merken, dass euer Kind immer wieder versucht zu kommunizieren – auf seine Art. Es ist wahrscheinlich eingeschüchtert, weil es sich oft unverstanden und fehl am Platz fühlt, einfach anders als andere. Es ist ein Lichtkind, das hochentwickelt ist, und nur ebenso hochentwickelte Seelen können es auch ohne Worte verstehen. Haltet Ausschau nach anderen »schweigsamen« Kindern, und ihr werdet beobachten können, wie friedlich diese Kinder miteinander umgehen und wie viel Zufriedenheit sie ausstrahlen, wenn sie spielen und sich ohne viele Worte verstehen. Diese Kinder erleben alles sehr intensiv. Bewahrt sie also bitte vor Reizüberflutung, denn sonst ziehen sie sich noch mehr zurück. Lasst ihrer Einzigartigkeit freien Lauf und bringt sie bei jeder Gelegenheit in Kontakt mit der Natur. Das wird ihren überreizten Nerven gut tun.

Ist es sinnvoll, einem Kind bereits im Vorschulalter andere Sprachen beizubringen?

Liebe Eltern, eure Kinder probieren gern viel Neues aus. Dazu gehört auch, spielend leicht eine andere Sprache zu entdecken. Doch achtet darauf, dass es dabei wirklich um das Entdecken und Erleben geht, ohne Zwang, ohne Korrektur von Fehlern. Lasst es ein Spiel sein, bei dem man nichts falsch machen kann. Und fragt euch bitte auch, warum ihr dieses Kind andere Sprachen lernen lassen wollt. Hat es Zugang zu einer anderen Kultur? Gibt es Familienmitglieder, die diese andere Sprache sprechen? Oder geht es euch um Leistung und um frühes Abrichten auf eine bestimmte Aufgabe, die ihr für euer Kind vorgesehen habt? Auch hier ist vor allem Respekt gefragt. In einigen Fällen beginnen Kinder von selbst, in einer anderen Sprache zu sprechen, die kein weiteres Familienmitglied spricht. Das kann im Schlaf beziehungsweise im Traum geschehen, aber auch am helllichten Tag. In solchen Fällen handelt es sich meist um Erinnerungen, die dieses Kind aus einem früheren Leben mitgebracht hat, oder um mögliche Kontakte mit anderen Seelen, die in dieser Sprache kommunizieren. Fragt euer Kind, was die Worte bedeuten, die es gesagt hat, und lernt von ihm. Fantasiesprachen, in denen sich manche

Kinder mit ihren Eltern und/oder Geschwistern unterhalten, sind ebenfalls etwas ganz Besonderes. Sie stärken das Vertrauen ineinander und das Gefühl der Zusammengehörigkeit, denn immerhin verständigt man sich hier mit Worten und Lauten, deren Bedeutung kein anderer kennt.

KAPITEL 7

Schulkinder

Alles kann reden. Die Bäume, die Blumen und die Tiere. Wenn ich ganz still bin, kann ich sie verstehen.

Vivian, 7

Sechstes bis siebtes Lebensjahr

Wie viel Ordnung muss sein?

Wir schmunzeln über diese Frage, denn auch im größten Chaos gibt es eine für euch unsichtbare Ordnung. Erlaubt euren Kindern kreativ zu sein, zu spielen und Neues auszuprobieren. Ideal ist ein Spielraum, in dem die Ordnungsregeln der Erwachsenen nicht gelten. Überlasst es eurem Kind, seine eigene Ordnung zu finden, und lebt ihm in den anderen Räumen vor, wie eine solche Ordnung aussehen könnte. Es wird versuchen, euch nachzuahmen. Das ist normal, denn Kinder orientieren sich an den Erwachsenen. Es wird euch von ganz allein und mit viel Stolz seine Version von Ordnung zeigen und erklären. Lobt euer Kind und bleibt dabei, dass es eine eigene Welt mit eigenen Regeln kreieren darf, zumindest im Spielzimmer oder in der Spielecke.

Wenn ihr möchtet, könnt ihr eurem Kind bestimmte Tätigkeiten im Haushalt übertragen, die euren persönlichen Ordnungsregeln entsprechen. Euer kleiner Helfer könnte zum Beispiel Staub wischen, den Tisch decken oder seine gebrauchten Teller und Tassen selbst in die Küche bringen. Bedankt euch dafür, und es wird euren Kindern noch mehr Freude machen zu helfen. Als Gegenleistung könnt ihr den Kindern anbieten, ab und zu auch in ihrem »Haushalt« zu helfen.

Wenn ihr dennoch besorgt über das Chaos im Kinderzimmer seid, dann erklärt eurem Kind, dass wir Engel Harmonie lieben und uns von schöner leiser Musik, angenehmen Gerüchen und einer liebevollen Atmosphäre sehr angezogen fühlen. Stellt auf jeden Fall sicher, dass sich euer Kind in seinem Zimmer entspannen und gut schlafen kann.

Woher weiß ich, dass mein Kind schulreif ist?

Wie bei einer Pflanze, die nur unter bestimmten Bedingungen wächst und gedeiht, ist es für eure Kinder von zunehmender Bedeutung, dass sie sich in der Umgebung, in der sie lernen sollen, auch wirklich wohlfühlen können.

Wenn ihr Zweifel habt, ob euer Kind reif für die Einschulung ist, fragt es einfach, ob es gern zur Schule gehen möchte, und nutzt den Tag der offenen Tür, um euch vor Ort eine Meinung zu bilden. Verlasst euch weniger auf schulpsychologische Urteile als auf Zeichen, die euer Kind euch ganz sicher geben wird. Die heutigen Kinder sind in der Regel weit entwickelt und können häufig schon vor Schulbeginn leicht rechnen und schreiben lernen. Solange ihr darauf achtet, dass ihr immer eine liebevolle Herzverbindung zu eurem Kind habt, wird es ihm nicht schaden, früh in die Schule oder Vorschule zu gehen. Achtet auf die Zeichen, die euer Kind euch gibt, hört gut zu und versteht mit dem Herzen, was es sich wünscht.

Bedenkt auch, dass zu viele Veränderungen (Umzug, Scheidung, neue Geschwister etc.) gleichzeitig mit dem Schulbeginn für manche Kinder schwer zu verkraften sind, sie wirken wie Erdbeben in ihrer inneren Welt.

Wie viel Fernsehen ist schädlich?

Das ist nicht nur eine Frage der Quantität, liebe Eltern. Es kommt auch darauf an, welche Sendungen ihr für euer Kind aussucht. Hier habt ihr die Sorgfaltspflicht. Das heißt, ihr müsst dafür Sorge tragen, dass euer Kind wirklich nur kindgerechte Sendungen zu sehen bekommt, und zwar gemeinsam mit euch, sodass ihr anschließend darüber sprechen könnt. Setzt euer Kind nie allein vor den Fernseher, und lasst nicht zu, dass es unbeobachtet auf Filme umschaltet, die selbst euch Schauer über den Rücken jagen würden. So etwas wie Abhärtung gegenüber gewaltsamen Filmen, Videospielen oder Nachrichten gibt es nicht. Eine einzige Szene aus manchen Programmen für Erwachsene reicht aus, um das Seelenleben eines Kindes vollkommen zu erschüttern. Hier sind eure Werte entscheidend. Prüft eure Herzen und lasst nicht zu, dass eure Kinder das, was sie aus den Medien zu sich nehmen, selbst auswählen. Sie könnten sich erschrecken und sich in der von euch kreierten, oft grausamen Fernsehwelt verirren. Bitte lasst das nicht zu.

Mein Sohn hat keine Freunde, was kann ich tun?

Dein Sohn hat sich entschieden, ganz viel Zeit allein zu verbringen. Genau diese Zeit braucht er, um all die Eindrücke zu verarbeiten, denen er täglich ausgesetzt ist. Er verarbeitet und verdaut seine Umwelt. Dabei hat er auch Probleme, die ein Freund nicht für ihn lösen kann. Wenn er sich langweilt oder beklagt, dass er keinen Freund hat, ist es sicher möglich, Kinder einzuladen oder mit ihm auf einen Spielplatz zu gehen, wo er neue Freunde finden kann. Eine Bastel- oder Musikgruppe kann eine weitere Möglichkeit sein, andere Kinder kennenzulernen. Eine große Freude kann es sein, ein Haustier zum Freund zu haben. Lass ihn wissen, dass auch wir Engel immer seine Freunde sind.

**Wir haben uns scheiden lassen.
Wie können wir uns alle besser verstehen?**

Es braucht eine Weile, bis die Wunden, die durch das Auseinanderreißen einer Familie entstehen, einigermaßen verheilt sind. Bitte versucht, euch gegenseitig zu respektieren und so behutsam miteinander umzugehen, als wärt ihr schwer verletzt, denn genau das ist der Fall. Nach einer Scheidung stehen vor allem die Kinder häufig unter Schock und versuchen, so gut sie können, mit der neuen Situation klarzukommen. Das fällt manchen schwerer als anderen, aber auch wenn sich die Beteiligten nichts anmerken lassen, hat es tiefe Wunden gegeben. Versteht, dass es selbst nach allem, was geschehen sein mag, ein Teil eures Seelenauftrags ist, Verständnis, Mitgefühl und Liebe zu zeigen – immer wieder, und zwar sowohl euch selbst als auch allen anderen Menschen gegenüber.

Der Partner und andere Elternteil ist nie der Feind oder der Schuldige. Er hatte nur eine andere Rolle im großen Spiel des Vergessens, das ihr auf der Erde spielt. In diesem Spiel gibt es keine Gewinner oder Verlierer, wenn ihr über diesen Umweg zu euch selbst findet und erkennt, wer ihr wirklich seid. Seht das Licht und die Liebe in jedem Familienmitglied und verhaltet euch entsprechend. Das ist die einzige goldene Regel, die wir euch mitgeben möchten.

Es gibt immer Ärger mit den Großeltern. Wie geht es leichter?

Hier geben die unterschiedlichen Ansichten darüber, was richtig und was falsch ist, Anlass zum Ärger. Für Großeltern ist es oft eine Herausforderung, zuzusehen, wie etwas gemacht wird, was sie selbst als Fehler erkannt oder eingeordnet haben. Sie werden versuchen, euch daran zu hindern, dieselben Fehler zu machen. Doch Zeiten und Umstände haben sich geändert, und auch die Kinder sind nicht mehr wie früher, was es ihren Großeltern oft schwer macht, sie in ihrer Einzigartigkeit anzunehmen. Ihr könnt jedoch darauf vertrauen, dass sich eure Eltern mit ihren Enkeln eng verbunden fühlen. Oft kommen sie aus derselben Seelenfamilie oder haben schon in früheren Leben viel Zeit miteinander verbracht. Das wird unterbewusst immer eine Rolle spielen. Erklärt euren Eltern, dass es darum geht, euer Kind in der freien Entfaltung seiner Persönlichkeit zu unterstützen und dass die Welt sich verändert hat. Das sagen nicht nur wir, sondern auch eure Wissenschaftler. Es geht darum, die Besonderheiten eurer Kinder zu fördern und nicht darum, nach den Ähnlichkeiten innerhalb der Familie zu suchen. Überlasst die Kindererziehung nicht euren Eltern, denn eure Kinder haben euch als Eltern ausgewählt, und zwar ganz bewusst. Lasst euch gegenseitig genügend Freiraum, und streitet euch vor allem nicht über richtig und falsch. Es ist einfach anders. So wie sich der Musikgeschmack, die Autos und die Telekommunikation verändert haben, haben sich auch die Kinder verändert. Das ist die Botschaft, die ihr euren Eltern übermitteln solltet. Wir brauchen die liebevolle Unterstützung der Omas und Opas, wenn sie bereit sind, mit ihren Enkeln neue Wege zu gehen.

Erklärt euren Kindern, dass die Menschen verschiedene Spiele spielen, deren Regeln sie sich selbst ausgedacht haben. Zeigt ihnen die Unterschiede und lasst sie entscheiden, wo und wie sie mitspielen wollen.

Ab wann muss ein Kind im Haushalt mithelfen?

Wir sind in einem anderen Zusammenhang darauf eingegangen, dass auch schon kleinere Kinder im Haushalt helfen dürfen – aber nicht müssen. Es ist schön, wenn es den Eltern gelingt, gegenseitige Unterstützung und Hilfe, zum Beispiel zwischen Mutter und Vater, vorzuleben. Voraussetzung dafür ist jedoch, dass man sich helfen lassen kann. Nicht allen Menschen fällt es leicht, von einem Partner oder Freund Hilfe anzunehmen. Und glaubt nicht, dass es euren Kindern leicht fällt. Sie wollen am liebsten alles allein und genauso schnell machen können wie die älteren Kinder oder Erwachsenen. Wenn Kindern vorgelebt wird, dass es eine wahre Freude sein kann, anderen Menschen zu helfen, werden sie stets hilfsbereit sein und sich freuen, wenn sie ihren Eltern oder anderen durch ihre Mithilfe eine Freude machen dürfen. Das ist etwas Schönes und Erstrebenswertes, besonders für Lichtkinder, deren Aufgabe es ist, Liebe in diese Welt zu bringen.

Wie kann ich besser Grenzen setzen?

Hier geht es darum, die Grenzen des anderen zu respektieren und sich gleichzeitig Freiräume zuzugestehen. Grenzen sind nicht gleichbedeutend mit Verboten. Sie werden verstanden, wenn sie erklärt werden und konstant sind. Manche Eltern sind sich uneins in der Erziehung und vertreten auch unterschiedliche Ansichten darüber, welche Grenzen gelten sollen. Das merkt ein Kind sehr schnell und probiert dann natürlich aus, wo genau die Grenzen denn nun liegen. Dabei kommt es oft zu kleinen Kriegen in der Familie, besonders zwischen den Eltern.

Liebe Eltern, macht deutlich, welches eure Wünsche und Bedürfnisse sind. Denn das ist es doch wohl, was ihr statt der Verbote zum Ausdruck bringen möchtet. Die Sorgen und Ängste, die ihr habt, können nicht verhindern, dass eure Kinder die Welt kennenlernen und ausprobieren wollen. Habt ihr eigentlich gelernt, euch selbst zu behaupten? Oder fällt es euch insgesamt schwer, eure Wünsche und Bedürfnisse anderen Menschen gegenüber zum Ausdruck zu bringen (zum Beispiel am Arbeitsplatz)? Manche Kinder sind dazu da, ihren Eltern genau das beizubringen. Ist das nicht herrlich? Ihr werdet durch eure Kinder aufgefordert, klar zu sagen, was ihr euch wünscht. Nun liegt es an euch, diese Wünsche in die Tat umzusetzen und zu realisieren. Ihr seid grenzenlose Wesen genau wie eure Kinder, wollt ihr also wirklich Grenzen setzen?

Siebtes bis achtes Lebensjahr

Unsere Tochter benutzt ganz viele Kraftausdrücke. Wie kann ich ihr das abgewöhnen?

Wir müssen schon wieder schmunzeln, entschuldigt, aber aus euch spricht die Angst verurteilt und bestraft zu werden. Und die wollt ihr nun auf eure Kinder übertragen? Eure Kinder machen gerade die Erfahrung, dass sie allein mit Worten ihre Eltern schocken und eine große Wirkung in ihrer Umwelt erzielen können. Sie testen ihre eigene Kraft und fühlen sich stark. Wollt ihr, dass sich eure Kinder stark fühlen? Und woran könnte es liegen, dass sie sich oft nicht stark fühlen und nur durch den Gebrauch von Kraftausdrücken – die sich Erwachsene ausgedacht haben – eure Beachtung bekommen? Wenn ihr sie dafür bestraft, stärkt ihr sie – oder schwächt sie noch mehr.

Entschärft die »Aufmerksamkeitsbomben«, die eure Kinder euch da entgegenschleudern, indem ihr darüber lacht. Gebt ihnen zu verstehen, dass ihr erkannt habt, dass sie sich mehr Aufmerksamkeit wünschen. Wenn ihr mutig seid, erklärt ihr ihnen sogar die Bedeutung der Kraftausdrücke, die sie eben benutzt haben, denn oft wissen sie selbst nicht, was sie da sagen.

Ich habe meinen Sohn heute geohrfeigt, es tat mir selber weh. Wie kann ich das vermeiden?

Wir fühlen euren Schmerz, eure Verzweiflung und eure Wut. Was hat euch dazu gebracht? Konntet ihr euch nicht anders wehren? Wart ihr so hilflos, dass ihr keinen anderen Ausweg wusstet? Euer eigener Schmerz hat euch veranlasst, eurem Kind Schmerzen zuzufügen. Dieser Schmerz wird weitergegeben wie in einer Kette, die sich oft über mehrere Generationen erstreckt. Fragt euer Herz, was euch so verletzt hat und woran euch diese Situation erinnerte, denn euer Schmerz liegt viel weiter zurück, als ihr euch selbst bewusst seid. Wann hat er angefangen? Habt ihr verlernt zu sagen, was euch schmerzt? Musstet ihr schweigen? Helft eurem Kind zu verstehen, dass es nichts Schlimmes getan hat. Versteht selbst, dass euer Kind euch hilft, alte Schmerzen zu heilen, die ihr in euch selbst entdecken könntet, wenn ihr euch die Mühe machen würdet, der Sache auf den Grund zu gehen. Dabei helfen wir euch gern, wenn ihr uns darum bittet. Eure Kinder spiegeln eure eigene Seele wider und lassen oft aus Liebe zu euch zu, dass ihr sie schlagt. Es gibt jedoch keinen Grund, Schmerzen weiterzugeben und neue Schmerzen entstehen zu lassen. Werdet euch eurer eigenen Schmerzen bewusst, liebt eure Kinder und erinnert euch an das Versprechen, dass ihr ihnen vor langer Zeit gegeben habt.

Kann ich meine Kinder unbesorgt die Nachrichten schauen lassen?

Leider zeigen eure Nachrichten fast nur das, was von niedriger Schwingung ist, und verstärken damit die Illusion der Lieblosigkeit. Es gibt bisher noch keinen Sender, der sich darauf spezialisiert hat, Schönes und Liebevolles zu zeigen. Aber auch das wird sich ändern. Bis zum Jahre 2018 wird es weltweite Netzwerke geben, die lichtvolle Sendungen ausstrahlen, an denen sich die ganze Familie erfreuen kann. Doch noch ist es nicht soweit. Daher empfehlen wir euch, die Lichtpunkte, die schon jetzt ausgestrahlt werden, aufmerksam auszuwählen und euren Kindern mit eigenen Worten zu erklären, welche Prozesse auf der Erde ablaufen.

Unsere Tochter redet ununterbrochen, ich bin genervt. Was kann ich tun?

Hör zu, was deine Tochter dir zu erzählen hat. Sie hat sich voller Begeisterung auf die Reise zu diesem Planeten gemacht und ist fasziniert von all dem, was hier möglich ist. Erkläre ihr aber auch, wie wichtig es ist, dass man gut zuhören kann, und sei selbst ein Beispiel dafür. Nimm das Radio oder ein Hörspiel zur Hilfe und lass deine Tochter erfahren, was es bedeutet, gut zuzuhören. Dass du angespannt und genervt bist, liegt nicht nur daran, dass deine Tochter so viel redet, sondern hat noch andere Ursachen. Du bist wahrscheinlich so mit deinen Problemen beschäftigt, dass du kaum aufnehmen kannst, was dir deine Tochter erzählt. Das spürt sie – und redet noch mehr. Lass dir von uns helfen. Wir können dir den Alltag erleichtern, wenn du dazu bereit bist.

Meine Tochter klagt über die Gemeinheiten auf dem Schulhof. Wie sollen wir damit umgehen?

Viele Kinder tragen ihre Frustration und ihre Aggressionen auf dem Schulhof aus, auch wenn euch das nicht recht ist. Dies geschieht häufig in einem Umfeld, in dem soziale Spannungen und familiäre Schwierigkeiten zum Alltag gehören. Manche Lichtkinder leiden sehr unter solchen Gemeinheiten, weil sie in ihrer eigenen Welt keinen Platz haben. Sie kennen sich damit gar nicht aus und möchten auch nichts darüber lernen.

Bittet die Lehrer, noch mehr darauf zu achten, dass Konflikte auf dem Schulhof anders gelöst werden. Andererseits macht fast jedes Kind früher oder später die Erfahrung, dass es Ungerechtigkeit auf diesem Planeten gibt, denn noch nicht alle Menschen sind aufgewacht. Tröstet sie damit, dass ein neues Zeitalter begonnen hat, in dem die Kraft der Liebe immer stärker werden wird – wie die Sonne, die gerade aufgegangen ist und bald immer wärmer scheinen wird. Bestärkt eure Kinder in der Gewissheit, dass sie die Kraft der Liebe in sich tragen und alles schaffen können. Bestärkt sie in dem Wissen, dass sie nie allein sind und unter dem Schutz der Mutter Gottes stehen. Wir Engel begleiten sie auf ihrem Schulweg und stehen ihnen auch in den Pausen bei.

Für ihren Papa ist meine Tochter ein und alles. Ich gebe zu, dass ich eifersüchtig bin. Was kann ich tun?

Das Problem, das du beschreibst, hat ganz klein angefangen und sich zu einer Lawine entwickelt. Tief in dir wohnt das Gefühl, ungeliebt zu sein. Dieses Gefühl war schon da, bevor deine Tochter zur Welt kam. Es geht soweit zurück, dass du dich nur unbewusst an all die Situationen aus deiner Kindheit erinnerst, in denen du dich zurückgesetzt fühltest. Weil du immer in dem Glauben gelebt hast, nicht gut genug zu sein, und weil immer Zweifel an dir genagt haben, lehnst du dich mittlerweile selbst ab. All das kommt nun zum Vorschein angesichts der selbstverständlichen Liebe, die deine Tochter mit ihrem Papa leben kann. Mach diese Liebe nicht kaputt, sondern verstehe die Botschaft, die dein Kind für dich hat: Du bist liebenswert!

Neuntes bis zwölftes Lebensjahr

Mein Sohn stört ständig den Unterricht, zappelt und rennt im Klassenzimmer herum. Wir wissen nicht weiter, die Lehrerin auch nicht.

Es ist so wichtig, dass ihr erkennt, warum euer Kind zappelt und herumläuft, denn das sind nur die Symptome. Wir haben die Autorin mit so viel Wissen zu dieser Frage in Verbindung gebracht, dass es an anderer Stelle in diesem Buch eine Schatzkiste für Eltern und Lehrer gibt, die es euch sehr einfach machen wird, euren Kindern zu helfen. (Diese und die beiden folgenden Fragen wurden zwar in Zusammenhang mit Kindern in diesem Alter gestellt, aber ADS/ADHS-Symptome sind altersunabhängig. Mehr Informationen dazu finden Sie ab Seite 215.)

So viel dürfen wir euch aber schon hier sagen: Eure Kinder brauchen eure Hilfe, denn allzu oft werden sie nicht verstanden. Sie werden von unwissenden Eltern und hilflosen Lehrern in eine schwierige Situation gebracht, in der sie sich nicht anders zu helfen wissen, als laut und deutlich auf sich aufmerksam zu machen. Wie ein Baby, das schreit, zeigen euch auch ältere Kinder mit ihrem Verhalten, dass sie eure Unterstützung brauchen. Geht der Sache auf den Grund, findet euch nicht mit Symptomen ab, und bestraft eure Kinder nicht damit, dass ihr sie von Medikamenten abhängig macht.

Wie erkennt man ADS?

Der Begriff ADS ist neuerdings sehr in Mode gekommen und besagt in der Regel nichts weiter, als dass eure Kinder euch nicht zuhören, dass sie weder eure Regeln noch eure Lernangebote verstehen und annehmen wollen. Doch warum hört ihr euren Kindern nicht zu? Warum erkennt ihr ihre Talente, ihre Fähigkeiten, ihre Empfindlichkeiten und ihre Besonderheiten nicht? Warum sucht ihr stattdessen nach Zauberformeln, wie ihr sie behandeln sollt, und nach Checklisten, die ihr abhaken könnt, damit sie in eine bestimmte Kategorie passen. Es gibt in der Tat »Experten-Empfehlungen«, standardisierte Listen und alle möglichen Daumenregeln, die oft ausreichen, um darüber zu entscheiden, wie euer Kind gefügig gemacht werden kann, damit es besser in ein bestehendes System passt. Wir können euch solche Listen nicht geben, denn sie sind von Menschen erdacht und dienen nur dazu, deren eigene Unsicherheiten erträglicher zu machen. Warum habt ihr so viel Angst?

Fangt an zu verstehen, dass diese »problematischen« Kinder Platz und Verständnis brauchen, damit sie sich entfalten können. Zwingt sie nicht noch mehr zu vergessen, indem ihr sie mit dem Wissen vergangener Zeiten füllt, wo es doch in Wirklichkeit darum geht, so viel Neues entstehen zu lassen. Diese Kinder wissen viel, denken schnell, und nur weil sie euch lieben, versuchen sie, »brav« zu sein und in eure Welt zu passen. Aber das fällt ihnen schwer, und zwar deshalb, weil sie tief drinnen fühlen, dass sie eine wichtige, dringliche Aufgabe haben, die sie unbedingt erledigen müssen. Dieses Gefühl der Dringlichkeit macht sie nervös. Sie zappeln und wollen sich von der unsichtbaren Leine losreißen.

Wie schön sind ungezähmte Wildpferde, die frei auf der Weide herumrennen, im Gegensatz zu den gezähmten, die an einer Leine im Kreis laufen. Liebt ihr eure Kinder genug, um sie frei sein zu lassen? Vertraut ihr darauf, dass sie alles Wissen bereits in sich tragen?

Welche Auswirkungen hat Ritalin?

Mit solchen Medikamenten sperrt ihr die Kinder sozusagen hinter Schloss und Riegel und verbaut ihnen damit den Zugang zu sich selbst. Stellt euch vor, euer Licht, eure Seele säße in einem tiefen Burgverlies und wäre dazu verurteilt, ihre Tage in Dunkelheit und Einsamkeit zu verbringen. Dann bekommt ihr ein Gefühl für das, was mit dem passiert, was eure Kinder so besonders und einzigartig macht. Sicher, ein Kind, das ein solches Medikament einnimmt, wird äußerlich ruhiger und gefügiger, aber es lernt weder mehr noch besser. Dafür leidet es. Im Übrigen gewöhnen sich auch kleine Körper an Medikamente. Das hat langfristig zur Folge, dass es für diese Kinder früher oder später ganz normal ist, Medikamente zu nehmen. Wie sollte man sonst leben können? Und bald schon leben sie in einer künstlichen, von Drogen kontrollierten Welt. Die Frage »Wer bin ich eigentlich?« wird dort nicht mehr gestellt. Es ist unsere Aufgabe, die gefangenen Kinderseelen zu befreien. Bitte helft uns!

Wir haben uns getrennt und unsere Tochter leidet am meisten. Wie können wir ihr helfen?

Indem ihr eurer Tochter noch mehr Aufmerksamkeit und Liebe schenkt, obwohl wir wissen, dass ihr damit beschäftigt seid, eure eigenen Wunden zu heilen. Könnt ihr verstehen, dass alles, was ist, in Wirklichkeit untrennbar ist? Könnt ihr fühlen, dass die Energie der Liebe die längste Haltbarkeitszeit im Universum hat, denn aus ihr ist alles entstanden. Auch eure Tochter. Es wird sie trösten, dass sie aus Liebe entstanden ist und dass die Liebe ihrer Eltern immer in ihr weiterleben wird, auch wenn diese sich verlaufen haben und sich erst wieder selbst finden müssen, bevor sie erkennen können, dass sie unzertrennbar sind. Es ist vernichtend für ein Kind, die Trennung der eigenen Eltern mitzuerleben und die unschönen Szenen, die damit verbunden sind, denn oft hat dies zur Folge, dass sich das Kind selbst entwurzelt und ungeliebt fühlt, was gleichzusetzen ist mit einer lebensbedrohlichen Situation. Unterschätzt nicht, was es für ein Kind bedeutet, wenn es gezwungen wird, sich einen Elternteil auszusuchen und den anderen womöglich von sich zu stoßen. So etwas teilt das Herz in zwei Teile, und das darf nicht geschehen. Erinnert euch an den Kern eurer Liebe. Sie ist unsterblich.

Ich bin alleinerziehende Mutter. Wie wichtig ist ein männliches Vorbild für meinen Sohn?

Vorbilder sind dazu da, kopiert zu werden. Aber wollt ihr denn nicht, dass euer Sohn ein Unikat ist? Er hat sich bewusst ausgesucht, diese besondere Erfahrung zu machen, und trifft im täglichen Leben weitere Entscheidungen darüber, welche Attribute ihm an männlichen Wesen gefallen oder auch nicht. Er hat die freie Wahl, sich inspirieren zu lassen, und jede Möglichkeit, sich zu entfalten, auch oder gerade weil sein Vater und er nicht in derselben Wohnung leben. Wie ein kleiner Baum, der sonst nur im Schatten des großen Baumes stehen würde, kann er sich dem Licht entgegenrecken, groß werden und entfalten. Und genau das wollte er. Damit, dass das ängstliche schlechte Gewissen der Mütter dafür sorgen will, dass es bald einen adäquaten Ersatz für den großen Baum gibt, haben schon viele kleine Bäume große Schwierigkeiten bekommen. Versteht ihr das?

Mein Kind klagt oft über Bauchweh. Wir vermuten Stress in der Schule. Was können wir tun?

Der Bauch eures Kindes tut weh, weil es seit Jahren nicht ausdrücken kann, was es fühlt, und nicht sagen darf, was es denkt. Seid ihr nun schockiert? Oder habt ihr den Mut genau hinzuschauen, und zwar zuerst bei euch. Habt ihr eine angstfreie, liebevolle Atmosphäre geschaffen, in welcher der Selbstausdruck des Kindes gefördert wurde? Der Bauch ist der Mülleimer der Seele. Unverdaute Wünsche, Zorn, Ärger und Kummer werden dort gespeichert und verursachen auf Dauer Komplikationen und Unwohlsein auf der Körperebene. Es lohnt sich also, diesen Mülleimer regelmäßig zu leeren, zum Beispiel durch aktives Zuhören und indem ihr eure Kinder in allem bestärkt, was sie tun und fühlen. Beurteilt sie nicht, denn es gibt kein Richtig oder Falsch. Leider werden sie ständig beurteilt, vor allem in den Schulen. Und das verursacht Stress, der den Seelenmülleimer irgendwann zum Überlaufen bringt. Helft euren Kindern mit Liebe.

Leeren des Seelenmülleimers

Bevor Sie lange Gespräche führen, durch die vielleicht noch mehr Druck im Seelenmülleimer entsteht, sollten Sie ihn energetisch leeren. Wählen Sie dafür eine Zeit, in der alles andere unwichtig ist, zum Beispiel abends vor dem Einschlafen.

Atmen Sie gemeinsam mit Ihrem Kind drei bis vier Mal tief ein und aus und denken Sie dabei an den Seelenmülleimer, den Sie beide im Bauch haben. Sie können visualisieren, was dort alles drin ist, aber vielleicht wissen Sie auch einfach, dass es mal wieder Zeit ist, ihn zu lehren.

Bitten Sie um die Hilfe der Engel und rufen Sie die Erzengel Jophiel, Chamuel, Gabriel und Raphael. Bitten Sie die Engel, alle schweren Energien, alle Sorgen und Ängste, allen Kummer und Ärger aus Ihrem Seelenmülleimer zu holen und in liebevolle Energien zu verwandeln. Visualisieren Sie dabei, wie die Engel den Deckel des Mülleimers öffnen und alles entfernen, was sich darin befindet.

Es kann auch sein, dass Sie mehr als einen Mülleimer haben. Bitten Sie die Engel, alle krankmachenden und Schmerz verursachenden Energien zu entfernen. Beobachten Sie dann, wie Erzengel Raphael die Mülleimer mit einem Schlauch ausspritzt, aus dem grün-goldenes Heilwasser fließt, das den physischen Körper und die ganze Aura gründlich reinigt. Dann kommen die Engel der Sanftmut und füllen jede Zelle mit Licht, Freude und Liebe, die nun überall deutlich spürbar werden. Es fühlt sich gut an. Anschließend bitten Sie die Engel, sämtliche Energieöffnungen zu verschließen und zu versiegeln. Ihr Kind und auch Sie fühlen sich jetzt stark, gut und erleichtert. Diese Übung ist für alle Familienmitglieder geeignet. Spätestens wenn mal wieder jemand Bauchweh hat oder schlechte Stimmung herrscht, ist es Zeit, sie zu wiederholen.

❉ ❉ ❉

Wie lange darf unser Sohn abends aufbleiben? Was ist in diesem Alter angemessen?

Wenn sich das Kind die Augen reibt und gähnt, ist das ein sicheres Zeichen dafür, dass es müde ist. Oft wollen Kinder aber auch dann noch nicht ins Bett, wenn sie müde sind, weil sie tagsüber noch nicht alles bekommen haben, was sie brauchen. Sie warten dann zum Beispiel auf eine liebevolle Umarmung, auf die Aufmerksamkeit der Eltern, auf Interesse an dem, was sie erlebt haben. Daher ist es wichtig, abends nicht sprachlos nebeneinander vor dem Fernseher zu sitzen und abzuwarten, bis das Kind erschöpft einschläft oder den Kampf um Liebe und Aufmerksamkeit verliert. Euer Kind braucht eure ungeteilte Aufmerksamkeit und liebevolle Einschlafrituale, auch wenn es jetzt schon »groß« ist. Schickt eure Kinder nie hungrig zu Bett, auch und vor allem nicht hungrig nach Liebe. Wenn sie »satt« sind, schlafen sie nämlich gut und schnell ein. Die Nachtruhe ist für die Entwicklung eines Kindes sehr wichtig. Stellt also auch sicher, dass sich der Körper eures Kindes an feste Schlafenszeiten gewöhnt. Wenn ein Kind seelisch und körperlich im Gleichgewicht ist, wird es zu einer bestimmten Zeit müde und wacht zu einer bestimmten Zeit von allein auf. Wenn ein Kind abends nicht schlafen will oder kann und morgens nur schwer aufsteht, ist es nicht im Gleichgewicht. Dann solltet ihr nach den Ursachen für dieses Ungleichgewicht forschen.

Wie viele Süßigkeiten sind normal?

Eine gute Frage. Ihr könntet auch fragen: Wie viel Gift ist für unsere Kinder normal? Wie viele Schwermetalle, Lebensmittelfarben, chemische Zusatzstoffe und Zucker dürfen wir unseren Kindern geben? Wenn ihr bedenkt, dass die Kinder der neuen Zeit hundertmal sensibler sind als ihr, habt ihr eine Vorstellung von der Tolerierbarkeit solcher Stoffe. Der eine Riegel Schokolade, den ihr euch »gönnt«, wirkt bei euren sensiblen Kindern, als hätten sie hundert Schokoladenriegel gegessen. Versteht ihr das Ausmaß der Wirkung? Industriezucker schadet den Nervenzellen eurer Kinder, macht sie zappelig und nervös. Und da wundert ihr euch über ihr unangebrachtes Verhalten. Oft versuchen Eltern ihre Kinder mit noch mehr Schokolade oder Eis zu beruhigen. Das wirkt dann so, als würdet ihr Benzin in ein Feuer schütten, um es zu löschen. Das macht doch auch keinen Sinn, oder?

Ist Übergewicht bei Kindern in diesem Alter problematisch?

Probleme bekommen die Kinder häufig vor allem durch die Nebenwirkungen des Übergewichts: durch das Gefühl, anders zu sein und nicht dazuzugehören, oder durch das Gefühl, dass etwas mit ihnen nicht stimmt. Die westliche Welt ist voll von übergewichtigen und gleichzeitig seelisch unternährten Kindern. Sehr häufig leiden sie sehr unter ihrem Übergewicht, denn sie haben von den Erwachsenen auch gelernt, dass sie das weniger liebenswert macht, weniger attraktiv. Das ist ein schlimmes Urteil, das die Kinder dann noch zusätzlich mit sich herumtragen. Sie wären vor allem froh, wenn sie dieses Urteil, diese Glaubenssätze der Eltern, also das ganze energetische Gewicht, das auf ihrer Seele lastet, abgeben könnten. Die Engel sagen: »Lerne, deinen Körper zu lieben. Er ist der Tempel Gottes, der dich einhüllt, dich beschützt und dir dient.«

(Den Zusammenhang zwischen Zucker und ADS-Symptomen beschreibe ich ab Seite 233.)

KAPITEL 8

Jugendliche und junge Erwachsene

Ich rede mit Gott in mir. Er ist nicht im Himmel.

Manuel, 13

Dreizehntes bis achtzehntes Lebensjahr

Muss man bei Jugendlichen kontrollieren, ob die Hausaufgaben gemacht wurden?

Viel leichter geht es, wenn ihr eure Kinder von Anfang an zu Selbstständigkeit und Eigenverantwortlichkeit erzieht. Ein Babysitter ist wirklich nur für Babys. Sobald die Kinder fünf Jahre und älter sind, haben sie den Zusammenhang zwischen Ursache und Wirkung verstanden. Sie wissen, dass es ihre Aufgabe ist, ihre Hausaufgaben sorgfältig zu erledigen.

Natürlich könnt ihr sie ermuntern, euch zu zeigen, was sie alles Tolles leisten, sie dafür loben und eure Anerkennung aussprechen. Denn es sind viele und vielfältige Aufgaben in ganz unterschiedlichen Bereichen, die eure Kinder erfüllen. Wenn etwas mal nicht geklappt hat oder tatsächlich vergessen wurde, kann es jederzeit nachgeholt werden. Ihr könnt auch eure Hilfe anbieten, aber Kontrolle erzeugt nur unnötigen Druck. Schafft euren Kindern Freiräume, denn in der Schule sind sie oft sehr stark eingeschränkt.

Mein Sohn hat angefangen zu rauchen, weil das angeblich cool ist. Was sollen wir tun?

Solange euer Kind fürchtet, ohne Zigaretten nicht cool zu sein, wird es ihm schwerfallen, diese Angewohnheit abzulegen. Es ist ein seelisches Bedürfnis, cool zu sein, das heißt, von anderen akzeptiert oder geliebt zu werden und vor allem dazuzugehören. Was ihr eurem Sohn vermitteln könnt, ist ein Bewusstsein dafür, dass man auch ohne Hilfsmittel »cool« und liebenswert sein kann. Zum Beispiel ist es cool, ein toller Sportler zu sein oder andere sinnvolle Hobbys zu haben, die man auch mit anderen zusammen ausüben kann.

Auf diese Weise findet jedes Kind Anschluss an Gleichgesinnte, und es wird leicht dazuzugehören. Erklärt eurem Sohn, dass sich die Vorstellung davon, was cool ist, ändert wie die Mode. In den sechziger Jahren waren Hippies »cool«, in den siebziger Jahren Punks. Alles ändert sich. Wer also bestimmt wirklich, was es bedeutet, cool zu sein?

Ihr könnt eurem Sohn natürlich auch vor Augen führen, wie nachhaltig Zigaretten die Gesundheit schädigen können. Wer einmal ein Bild von einem Mann gesehen hat, der im Rollstuhl saß, weil sein Raucherbein abgenommen werden musste, wird so schnell nicht vergessen, wie uncool das Rauchen sein kann.

Wie oft sollten wir unseren Kindern Übernachtungsbesuch erlauben?

Es ist für Kinder ein spannendes Abenteuer, andere Familien und ihre Gewohnheiten kennenzulernen. Ein Abenteuer sollte jedoch nie zum Dauerzustand werden. Am besten hat man nur dann Übernachtungsbesuch, wenn sich auch die Eltern um die Gäste kümmern und ihnen vielleicht erklären können, was in ihrem Haushalt besonders ist. Damit sind keine Verbote oder Regeln gemeint, sondern vielmehr Informationen wie: »Wir frühstücken alle gemeinsam um 8.00 Uhr, da gibt es Brötchen und Rühreier. Dazu bist du herzlich eingeladen.« Natürlich können sich auch alle auf den Gast einstellen, damit es für ihn genauso ist wie zu Hause, aber dann fällt der Reiz des Abenteuers weg.

Wenn die Kinder größer sind und eine Freundin oder einen Freund haben, kann es vorkommen, dass die gelegentlichen Übernachtungsbesuche zum gemeinsamen Probewohnen ausarten. Es ist verständlich, dass verliebte Teenager am liebsten Tag und Nacht zusammen sein wollen, und das möglichst ungestört. Gegenseitiges Verständnis und Toleranz sind gefragt, wenn es darum geht, die unterschiedlichen Bedürfnisse zu respektieren. Vertrauen zu schaffen, ist hier das Wichtigste, denn die fast erwachsenen Kinder werden die Situationen kreieren, die für sie wichtig sind, zu Hause oder woanders.

Mein Sohn hat einen Freund, dessen Eltern wohl beide Alkoholiker sind. Sollen wir ihm verbieten, dorthin zu gehen?

Es ist nicht unser Anliegen, Verbote zu ermutigen. Die Gefahren sind in diesem Umfeld genauso real wie Schlangen im Urwald. Das heißt, diese Situation stellt eine potenzielle Gefahr für euren Sohn dar. Als Lichtkind hat er jedoch den Auftrag, Heilung und Liebe zu bringen. Darum hat sich sein Freund an ihn gewandt. Versucht, seine Eltern selbst kennenzulernen, damit ihr beurteilen könnt, wie gefährlich die Situation wirklich ist. Es kann entweder sein, dass die Eltern bereits von ihrer Suchtkrankheit geheilt sind, oder aber, dass sie professionelle Hilfe brauchen. Überlasst es nicht euren Kindern, darüber zu entscheiden, aber helft ihnen mit Erklärungen, damit auch sie verstehen.

Meiner Tochter fällt es sehr schwer, ihren Körper zu akzeptieren. Sie hat Essstörungen. Wie können wir ihr helfen?

Liebe Eltern, eure Tochter hat angefangen, sich selbst zu zerstören, weil sie sich nicht liebenswert fühlt. Die Ursache dafür liegt weit zurück, und es braucht viel Sorgfalt und Liebe, um ihre Unsicherheit und den großen Schmerz, der in ihr steckt, zu heilen. Wir raten euch, alles Essen, das sie zu sich nimmt, zu segnen und darum zu bitten, dass ihr Körper diese Energie zu ihrem besten Wohl aufnimmt. Doch wir lassen euch nicht im Stich und werden dafür Sorge tragen, dass eure Tochter wieder Freude findet und lachen kann. Versteht, dass sie sich abgetrennt fühlt vom Fluss der Liebe und deshalb so große Schmerzen erleidet. Habt Vertrauen und macht ihr Mut, denn nur wenn sie es wünscht, wird sie heil werden. Bindet auch die Freundinnen eurer Tochter in diesen Prozess ein, und bittet sie um Unterstützung, denn das Umfeld hat einen großen Einfluss auf sie. Wir werden eure Tochter mit allem versorgen, was sie braucht. Bitte visualisiert lilafarbene Energie, die ihren Wandlungsprozess zur Gesundheit unterstützt, in ihrem Körper und um sie herum. Seht, wie ihr Flügel wachsen und sie sich aus der Situation befreien kann.

Unser Sohn kommt immer später nach Hause. Wir verlieren die Kontrolle über ihn. Was können wir tun?

Euer Sohn versucht, sich auf die eigenen Füße zu stellen, doch zu Hause wird er wie ein kleiner Junge behandelt. Bitte tut alles, damit er sich wie ein junger Mann fühlen kann, denn sonst wird er immer mehr Abstand suchen und letztlich ohne euch zum Mann werden. Wenn ihr ihm jedoch seinen Freiraum lasst, wird er euch respektieren. Erklärt ihm, dass ihr unruhig seid und nicht schlafen könnt, bis er nach Hause gekommen ist. Versucht euch darauf zu verständigen, dass er euch mitteilt, wann er nach Hause kommt. Lasst ihn die Uhrzeit bestimmen und macht ihm klar, dass er sich an diese Vereinbarung halten sollte, wenn er euch nicht beunruhigen will. Erklärt ihm, dass Liebe, Vertrauen und Respekt die Basis für ein harmonisches Zusammenleben bilden.

Unsere älteste Tochter schminkt sich auffällig. Wie können wir das verbieten?

Eure Tochter sucht noch nach ihrer eigenen Identität und probiert verschiedene Möglichkeiten aus. Wir empfehlen eine professionelle Schminkberatung durch eine dritte Person, die ihr erklärt, mit welchen Mitteln sie ihre Persönlichkeit am besten unterstreichen kann. Eure Tochter wird selbst erkennen, dass das bisher gewählte Make-up unvorteilhaft ist. Ihr könnt ihr auch Bilder von Fotomodellen zeigen – geschminkt und ungeschminkt.

Mein Sohn verbringt, wenn möglich, den ganzen Tag vor dem Computer und im Internet. Sollen wir eingreifen?

Erlaubt eurem Sohn, sich in dieser seiner Welt zu entfalten, doch prüft nach, was genau er am Computer macht. Sind es Spiele? Spielt er allein oder mit anderen? Welche

Webseiten besucht er? Staunt über seine Kenntnisse und fördert seine Fähigkeiten, erklärt ihm aber auch, dass sein Leben durch den Computer aus dem Gleichgewicht geraten kann. Findet in gemeinsamen Gesprächen heraus, welche anderen Hobbys interessant wären und ihm Spaß machen könnten. Durch die sitzende Tätigkeit kann ein sich noch entwickelnder Körper in Funktion und Wachstum eingeschränkt werden. Es ist also unerlässlich, durch Bewegung und Aktivität einen Gegenpol zu schaffen.

Unsere Tochter hat einen älteren Freund. Wir machen uns Sorgen, dass sie schwanger werden könnte. Was können wir tun?

Ihr könnt eurer Tochter helfen, indem ihr ihr die Bedeutung der Sexualität erklärt, vor allem auf der energetisch-seelischen Ebene. Erklärt ihr, wie wichtig es ist, dass sie gut auswählt, bevor sie sich auf diesen tiefen Ebenen mit einem anderen Menschen verbindet. Sprecht auch über die Auswirkungen, die eine frühe Schwangerschaft auf ihr Leben haben könnte.

Doch eure Angst und die Sorgen, die ihr euch macht, sind unangebracht, denn sie erzeugen nur Misstrauen und Verbote. Angst ist das Gegenteil von Liebe. Wenn sich eure Tochter nach Liebe sehnt, versucht ihr zu zeigen, dass ihr sie wirklich liebt. »Wie kann ich dir helfen? Was kann ich für dich tun?« sind Fragen, die das zum Ausdruck bringen. Erinnert euch an eure eigene Jugend und vermeidet eine Situation, in der sich eure Tochter unsicher, verlassen und in die Enge getrieben fühlen könnte.

Seine Schulleistungen werden immer schlechter. Am liebsten möchte unser Sohn alles hinschmeißen. Was können wir tun?

Oft werden die wirklichen Gründe für eine kontinuierliche Verschlechterung der schulischen Leistungen überhaupt nicht berücksichtigt. Hat es Veränderungen in der Familie oder im Freundeskreis gegeben? Was beschäftigt euren Sohn so sehr, dass in seinem Leben kein Raum mehr für die Schule ist? Er ist offensichtlich mit seinen Gedanken ganz woanders. Was wünscht er sich am meisten? Welche besonderen Fähigkeiten hat er? Werden diese Fähigkeiten in der Schule gefördert? Vielen Kindern geht es mit der Schule so wie Erwachsenen, die ihren Arbeitsplatz hassen, sich aber – aus welchen Gründen immer – gezwungen sehen, weiterhin jeden Tag dorthin zu gehen. Dieser Zwang führt zu ständigem Unwohlsein und manchmal sogar zu Krankheitssymptomen. Könnte es sein, dass sich euer Sohn auch am falschen »Arbeitsplatz« befindet? Gibt es Alternativen? Was wünscht er sich für die Zukunft? Habt ihr seine Interessen und Neigungen wirklich erkannt und gefördert? Vielleicht muss sich gar nicht so viel verändern, dass er sich in der Schule wieder wohl fühlen kann. Wenn er Erfolg hat und entsprechende Anerkennung bekommt, wird er auch wieder mehr Spaß haben. Konzentriert euch auf das Positive und nicht auf das Negative (die schlechten Noten). Habt ihr eurem Sohn schon einmal gesagt, dass ihr stolz und dankbar seid, seine Eltern sein zu dürfen? Betont immer wieder, was ihr an ihm schätzt. Vielleicht kann er gut zeichnen, singen oder Tennis spielen. Mit all dem könnte man im Berufsleben erfolgreich sein. Schulische Leistungen sagen nichts über den Wert eines Menschen aus, aber es kommt ziemlich oft vor, dass die negativen Beurteilungen der Lehrer das Selbstwertgefühl eines Kindes zerstören. Bitte achtet besonders darauf, dass dies nicht geschieht, denn Selbstwert und die Selbstliebe bilden das Fundament für das weitere Leben eures Kindes.

Uns nervt, dass unsere Tochter ständig telefoniert. Wie können wir das einschränken?

Liebe Eltern, hier geht es doch wohl eher darum, dass ihr eure Tochter kontrollieren und darüber bestimmen wollt, mit wem und wie oft sie telefoniert. Warum nervt es euch, dass sie ständig telefoniert? Wenn es rein praktische Gründe wären, könntet ihr zum Beispiel dafür sorgen, dass sie einen eigenen Apparat bekommt. Aber ihr seid genervt, weil von euch verlangt wird, immer mehr loszulassen. Freunde und Freundinnen sind eurer Tochter wichtiger als ihr, und das schmerzt euch. Doch je mehr ihr versucht, diesen Prozess aufzuhalten, desto mehr wird euer Kind versuchen, Abstand von euch zu bekommen. Der Abnabelungsprozess ist auch für eure Tochter schmerzhaft. Daher sucht sie die Nähe anderer Menschen. Das Telefonieren erzeugt dieses Gefühl der Nähe – zur besten Freundin, zum besten Freund. Bitte geht behutsam mit eurer Tochter um und sprecht über eure Gefühle, damit ihr nicht vergesst, warum ihr wirklich betrübt seid.

Unser Sohn hat schon mehrfach Drogen ausprobiert. Wie können wir ihn davon abhalten?

Liebe Eltern, eure Frage ist sehr wichtig, denn euer Kind hat letztlich keine Möglichkeit, die Auswirkungen von Drogen zu verstehen. Noch ist es wie ein Spiel, das ausprobiert wird, doch schon bald könnte sich euer Sohn in diesem Spiel verlieren. Erklärt ihm, dass die Drogen im schlimmsten Fall über sein Leben bestimmen und ihn zwingen können, Dinge zu tun, die er eigentlich gar nicht tun will. Es ist, als würde er seinen freien Willen abgeben. Wenn jemand Angst hat, Entscheidungen zu treffen, möchte er vielleicht, dass jemand oder etwas diese Entscheidungen für ihn trifft. Zukunftsängste und Unsicherheit können das Motiv sein, aus dem jemand die eigene Verantwortung abgibt. Helft eurem Kind, bessere Entscheidungen für sich selbst zu treffen, und zwar in jeder Beziehung.

Es gibt ständig Streit, weil sich unsere Tochter nichts mehr von uns sagen lassen will. Sie wohnt noch zu Hause. Wie können wir die Situation verbessern?

In jeder Lebensgemeinschaft ist es wichtig, auf die Bedürfnisse des jeweils anderen einzugehen. Warum lässt sich eure Tochter nichts mehr von euch sagen? Vielleicht weil sie kein Vertrauen mehr in das hat, was ihr sagt? Wann wurde dieses Vertrauen gebrochen? Habt ihr gelernt, die Wünsche eurer Tochter zu respektieren und ihr zu vertrauen? Menschen meinen oft, sie hätten das Recht, über einen anderen Menschen zu bestimmen oder zu urteilen. Dadurch entsteht viel Schmerz. Eure Tochter hat diesen Schmerz erfahren und leidet darunter. Wenn sie könnte, würde sie ausziehen und in ihrer eigenen Wohnung leben, doch dazu ist es noch zu früh. Toleranz ist ebenfalls ein wichtiges Erfolgsrezept für den Umgang miteinander. Wenn ihr eure Tochter liebevoll behandelt und ihr zeigt, dass auch ihr verletzlich seid, wird es einen Weg der Verständigung geben.

Gibt es Möglichkeiten, Jugendliche vor schlechtem Umgang zu bewahren?

Was ist gut? Was ist schlecht? Wer kann das beurteilen? Wenn es Erfahrungen gibt, die aus eurer Sicht wünschenswert wären oder auch nicht, dann bedenkt, dass dies eure Sicht ist. Wir verstehen euch gut, doch auch aus dieser Frage sprechen Angst und Besorgnis, dass euer Kind Leid erfahren könnte und damit auch ihr selbst. Es ist unwahrscheinlich, dass ein Kind, das sich geliebt fühlt und glücklich ist, zu »schlechtem« Umgang neigt. Es könnte schon eher sein, dass ihr mit eurer allzu großen Angst genau das anzieht, wovor ihr Angst habt. Das ist das Gesetz der Resonanz, das wir euch ins Bewusstsein bringen möchten. Öffnet euer Herz für alle Jugendlichen und seht ihr Licht. Seht das Schöne in ihnen und helft ihnen, es auch selbst zu sehen.

Es fällt uns schwer, unserem Kind bei der Berufswahl zu helfen. Wie bekommen wir Klarheit?

Klarheit bekommt ihr, wenn eure Ängste ganz in den Hintergrund treten und eure Dankbarkeit für die besonderen Fähigkeiten eures Kindes im Vordergrund steht. Lasst auch bitte eure eigenen Wertvorstellungen von Gut und Richtig, von vermeintlicher Sicherheit und gesellschaftlicher Akzeptanz beiseite und überlegt gemeinsam, welches die wahren Interessen und Talente eures Kindes sind. Ermutigt euer Kind, einen Schritt in diese Richtung zu gehen. Der zweite folgt dann unweigerlich. Ihr braucht heute noch gar nicht zu wissen, wie dieser zweite Schritt aussehen wird.

Ungeahnte Möglichkeiten bilden ein Entscheidungsfeld, in dem sich euer Kind bewegen wird. Bedenkt lediglich den ersten Schritt und vergesst nicht: Es ist wichtig, dass euer Kind Freude dabei empfindet. Diese Freude ist nämlich der Motor für den zweiten Schritt. Begleitet euer Kind bei diesen Schritten, doch gehen sollte es allein und ohne jede Beschränkung durch euch. Auf dem Weg der Freude wird euer Kind von uns getragen und breitet schließlich seine eigenen Flügel aus. Ist das nicht herrlich?

TEIL 3

Rat und Hilfe aus der Engelpraxis

KAPITEL 9

Harmonie im Kinderzimmer

Wenn du zur Erde kommst, kommt ein Engel mit dir. Du wirst nie allein gelassen.

Helen, 7

Egal wie alt ein Kind ist, es braucht immer ein harmonisches und schützendes Umfeld. Idealerweise ist das ein Raum, wo es sich ungestört in sein eigenes Energiefeld zurückziehen kann. Viele der neuen Kinder sind deutlich sensibler als Erwachsene und empfinden es als sehr anstrengend, sich mit den Energiefeldern ihrer Eltern, Lehrer und der Umwelt insgesamt auseinanderzusetzen. Stellen Sie sich das Energiefeld (Aura) Ihres Kindes wie eine große, weiße Wolke vor, die sich mit anderen, vielleicht grauen oder sogar schwarzen Wolken vermischt. Ihr Kind nimmt im Kontakt mit anderen Menschen und Wesen winzig kleine Energieteilchen in sein eigenes Energiefeld auf, und irgendwann fühlt es sich in seiner eigenen Haut – man könnte auch sagen in seiner eigenen Energiewolke – nicht mehr wohl. Babys und Kleinkinder reagieren darauf, indem sie nörgeln und schreien, bei extremer energetischer Verschmutzung sogar mit

Schnupfen, Fieber und anderen Krankheiten. Hier handelt es sich aber gar nicht um echte Krankheiten, sondern vielmehr um verzweifelte Reinigungsversuche der kleinen Körper, die unnötig wären, wenn die Eltern mehr über das Energiesystem und die Möglichkeiten der energetischen Reinigung wüssten.

Bevor Sie sich nun intensiv mit Ihren Kindern und deren Zimmern beschäftigen, denken Sie bitte zunächst an Ihre eigene energetische Reinigung. Lernen Sie, mithilfe der Erzengel Ihr Chakra-System zu reinigen, energetische Schnüre zu durchtrennen sowie Seelen und Wesenheiten aus Ihren Wohnräumen und dem Energiefeld all Ihrer Mitbewohner zu entfernen. In meinem ersten Buch und auf der dazugehörigen CD Quantum-Engel-Heilung habe ich viele Techniken zur energetischen Reinigung ausführlich vorgestellt.

Die Reinigungstipps und -techniken, die mir die Engel für dieses Buch übermittelt haben, werden Ihren Kindern helfen, sich vor Fremdenergien zu schützen und diese wieder loszulassen, wenn sie doch einmal versehentlich aufgenommen wurden. Das wirkt sich nachweislich positiv auf ihren Schlaf und damit auch ihre allgemeine Gesundheit aus.

Schutz vor Fremdenergien

In den ersten Wochen und Monaten sind Kinder besonders offen und sämtlichen Umwelteinflüssen schutzlos ausgeliefert. Bitte nehmen Sie Ihr Kleinkind daher möglichst nicht mit in überfüllte Kaufhäuser, laute Konzerte, zu Krankenbesuchen, auf Friedhöfe, Beerdigungen etc.

Kinder fühlen alle Energieformen, denen sie ausgesetzt sind, sehr intensiv. Dazu gehören negative Gedankenformen (wie sie beispielsweise entstehen, wenn die Eltern sich anschweigen oder streiten) und Emotionen ebenso wie geistige Wesenheiten. Das gilt auch für Verstorbene, die besonders oft in Krankenhäusern und Friedhöfen »herumgeistern«, weil sie noch nicht realisiert haben, dass sie verstorben sind.

Achten Sie auch darauf, dass die Besuche von Freunden, Nachbarn und Verwandten, die alle unbedingt das neugeborene Baby sehen wollen, nicht überhand nehmen. Diese Besuche sind nämlich nicht nur eine Zumutung für die Mutter, die vielleicht keine Lust hat, kurz nach der Geburt ständig Gäste zu bewirten, sondern haben auch noch einen anderen Nachteil: Jeder Besucher bringt dem Kind – meistens unbewusst – »etwas Unsichtbares« mit. Damit sind die Energieformen gemeint, die an den Menschen und ihren Mitbringseln kleben und dann wohl möglich im Kinderzimmer landen. Verlassen Sie sich auf Ihre Intuition, wenn es darum geht, zu spüren, welche Menschen und Geschenke angenehme und positive Energien mitbringen und welche nicht. Sie können die Engel auch bitten, eine Lichtdusche an Ihrer

Wohnungstür zu installieren, um ungewollte Energien fernzuhalten.

Seien Sie sich ebenso darüber im Klaren, dass besonders ältere Menschen (inklusive der liebenden Großeltern) und Leute, die ihr Energiefeld niemals reinigen, regelrechte Energieräuber sein können. Es ist zwar normal und auch wünschenswert, dass wir alle im energetischen Austausch miteinander stehen, doch wenn Energiefelder unterschiedlicher Frequenz aufeinandertreffen, sorgt das Gesetz der Resonanz dafür, dass sie sich angleichen. Wenn nun Ihr süßes Lichtkind mit seiner hohen Frequenz eine Weile bei der Oma auf dem Arm war, wird sich die Oma in der Regel immer besser fühlen, während das Kind vielleicht immer müder und schlapper wird. Nicht umsonst bezeichnen ältere Menschen Kinder oft als »Jungbrunnen«. Mir fällt dazu nur ein: Liebe Großeltern, bitte tanken Sie direkt an der göttlichen Quelle auf.

Auch bei Schulkindern beobachtet man häufig, dass sie völlig kraftlos und schwach nach Hause kommen. Wenn Kinder eine geschwächte und löchrige Aura haben (etwa durch Dauerstress oder die Einnahme von Medikamenten wie Ritalin), sind sie leichte Beute für Energieräuber (menschliche oder geistige). Die meisten Kinder wissen nicht, wie sie ihre Aura reinigen, reparieren und sich selbst wieder mit Energie aufladen können. Eine Möglichkeit, die sich gut in den Alltag integrieren lässt, ist ein Salzbad. Als weitere Übungen empfehle ich das »Kristallbett« (siehe Seite 187) und die »weißgoldene Lichtkugel« (siehe Seite 259). »Schwimmen mit Delfinen« ist eine hilfreiche und wohltuende Traumreise, besonders wenn die Kinder sich unwohl fühlen, gestresst, traurig oder krank sind (siehe S. 289 und CD Quantum-Engel-Kinder).

Salzbad für Kinder

Verwenden Sie Salz vom Toten Meer, das Sie in Drogerien erhalten. Als Dosierung empfehle ich: für Babys und Kleinkinder einen Teelöffel, für größere Kinder bis zum 12. Lebensjahr einen Esslöffel pro Lebensjahr, jedoch nicht mehr als 250 Gramm auf eine durchschnittliche Badewanne voll warmem Wasser (Badetemperatur). Teenager und Jugendliche können bis zu 500 Gramm pro volle Badewanne nehmen, je nach Alter und Größe. Zusätzlich zum Badesalz kann ein für Kinder geeignetes Schaumbad ins Wasser gegeben werden, das jedoch auf jeden Fall frei von Farb- und Schadstoffen sein muss.

Baden Sie Ihr Kind je nach Alter und Befinden zwischen drei und fünfzehn Minuten lang. Achten Sie darauf, dass das Wasser überall hinkommt, aber nicht in die Augen. Duschen Sie das Kind nach dem Bad gründlich ab. Es wird sich nun viel wohler und deutlich erleichtert fühlen, denn durch das Salzbad wird die gesamte Aura von Fremdenergien befreit. Bitte baden Sie Ihr Kind nicht kurz vor dem Schlafengehen, denn dieses Bad wirkt auf angenehme Weise energetisierend. Wenn Sie mehrere Kinder haben, sollten diese nur einzeln baden. Ich empfehle, während des Badens ein Gebet zu sprechen.

Gebet zur energetischen Reinigung von Kindern
Gott, bitte sende mir Engel, die mein Kind jetzt von allen schädlichen Energien reinigen. Ich bitte darum, dass die Aura meines Kindes geklärt und gestärkt wird.

Im Anschluss an das Bad können Sie ihr Kind mit ihrem selbst angefertigten Sternenelixier einreiben (siehe Seite 112).

Praktische Tipps für mehr Harmonie im Kinderzimmer

Es gibt viele kleine, aber sehr effektive Hilfsmittel, die mehr Harmonie ins Kinderzimmer bringen und Kinder fast »automatisch« glücklicher machen. Probieren Sie sie aus.

Harmonie strahlt von den Wänden

Vielleicht haben Sie von den Forschungen des japanischen Wissenschaftlers Masaru Emoto gehört, der Wasserkristalle aus unterschiedlichen Quellen bei –5° C und in 200- bis 500-facher Vergrößerung fotografiert hat. Auf diese Weise untersuchte er auch Wasser, das er zuvor mit verschiedenartiger Musik beschallt oder in Gefäßen aufbewahrt hatte, die mit Worten wie »Liebe, Frieden, Harmonie« oder aber »Angst, Krieg« und so weiter beschriftet worden waren.

Die Ergebnisse waren beeindruckend: Auf den Fotografien war deutlich zu erkennen, welche Energieform jeweils auf das Wasser eingewirkt hatte. Positive Begriffe und harmonische Musik hatten schöne und regelmäßige Kristallmuster hervorgebracht, während unter dem Einfluss negativer Begriffe und entsprechender Musik zackige, unruhige Muster entstanden waren. Es ist leicht nachvollziehbar, dass sich solche Energieformen entsprechend auf den menschlichen Organismus auswirken – entweder heilend oder krankmachend. Dieses Prinzip kann man auch im Kinderzimmer zur Anwendung bringen, denn nicht nur Wasserkristalle speichern Gedanken, Emotionen und andere Energien, sondern auch Wände. Das können Sie sicher besonders leicht nachvollziehen, wenn Sie in einem Altbau wohnen. Wissen Sie, was diese Wände, zwischen denen Ihr Kind nun schlafen soll, in all den Jahren an Erlebnissen und Informationen gespeichert haben? Die Wirkung solcher Informationen können Sie neutralisieren, indem Sie, am besten schon bevor das Zimmer tapeziert wird, Begriffe wie *Harmonie*, *Liebe*, *Zufriedenheit*, *Gesundheit*, *Glück*, *guter Schlaf*, *Gottes Schutz* oder auch die Namen der Erzengel (z. B. Michael, Raphael, Uriel, Gabriel) in großen Buchstaben direkt auf die Wände schreiben. Die Tapete kann dann anschließend darüber geklebt werden.

Wenn Sie nun schon alles tapeziert und eingerichtet haben, können Sie diesen Tipp auch anders umsetzen, zum Beispiel, indem Sie die oben genannten oder auch andere Begriffe auf ein Blatt Papier schreiben und dieses unter das Bett oder die Matratze Ihres Kindes legen. Worte wie *Konzentration*, *Selbstbewusstsein* und *gutes Gedächtnis* können Sie auf ein Blatt Papier schreiben, das Sie dann unter den Stuhl kleben, auf dem Ihr Kind sitzt, wenn es Hausaufgaben macht.

Wenn Sie Probleme mit Fremdenergien haben, können Sie Ihre Tür- und Fensterrahmen rot streichen und *Gott behütet (Name des Kindes)* darauf schreiben. Natürlich können Sie auch mit Ihrem »Lichtfinger« schreiben. Stellen Sie sich einfach vor, dass helles Licht aus Ihrem Zeigefinger strömt wie aus einem Zauberstab. Mit diesem Licht schreiben Sie dann auf die Wände und auf alles, was Sie energetisch aufladen möchten.

Lassen Sie sich von den Engeln inspirieren und helfen.

Harmonie durch lichtvolle Reinigung

Die erfahrenen Lichtarbeiter unter Ihnen wissen natürlich, dass man auch auf der rein geistigen Ebene für Harmonie sorgen kann. Sie können zum Beispiel das ganze Kinderzimmer regelmäßig von den Engeln energetisch reinigen und harmonisieren lassen, indem Sie einfach darum bitten und den Vorgang visualisieren. Dazu können Sie wie folgt vorgehen:

Atmen Sie mehrmals tief ein und aus, und finden Sie die Quelle der Ruhe und Harmonie in sich selbst. Lassen Sie sich Zeit dafür.

Bitten Sie Ihre Schutzengel und die Schutzengel Ihres Kindes/Ihrer Kinder zu kommen und Ihnen einen Weg der Harmonisierung zu zeigen, der speziell für Ihre Situation geeignet ist.

Entspannen Sie sich, und schließen Sie die Augen. Warten Sie, bis die Engel Ihnen in Bildern zeigen, was Sie selbst tun können, und/oder beobachten Sie, was die Engel tun. Diese Methode ist dann genau auf Sie und Ihr Kind/Ihre Kinder abgestimmt.

(Ich gebe hier lediglich ein Beispiel für das, was Sie visualisieren könnten, wenn Sie eventuell keine Bilder sehen. Es kann zum Beispiel auch sein, dass Ihnen andere geistige Wesen – Zwerge, Feen oder Elfen – zur Hilfe kommen. Seien Sie auch dafür offen.)

Stellen Sie sich nun vor, wie viele Helfer aus der geistigen Welt Gottes in das Kinderzimmer kommen. Sehen Sie zum Beispiel, wie die Engel alle Wände, Fenster, Türen, Möbel etc. mit einer hellen, leuchtenden Lichtflüssigkeit abwaschen und auf diese Weise alle für das Kind negativen Energieformen transformieren.

Atmen Sie tief ein und aus, und beobachten Sie, was weiter geschieht.

Sehen Sie, dass sich in der Mitte des Zimmers eine große Lichtsäule gebildet hat, zu der die Engel alle Energien bringen, die sich störend auf Ihr Kind auswirken könnten. Sie werden mit Kraft angesaugt und lösen sich im Lichtstrahl auf. Gleichzeitig fließen goldglänzende Energieteilchen durch diesen Lichtkanal in das Kinderzimmer. Sie bilden einen feinen Schutzfilm und versiegeln alles, was sich in dem Zimmer befindet.

Harmonie, Ruhe, Geborgenheit und Liebe breiten sich aus. Stellen Sie sich jetzt vor, wie sich der ganze Raum mit rosa-goldener Energie füllt und das Kinderzimmer in einen Ort der Ruhe und Erholung verwandelt, wo Ihr Kind Kraft tanken kann.

Bedanken Sie sich bei all Ihren Helfern.

Sie können diese Übung zum Beispiel machen, wenn Ihr Kind schläft. Dann reinigen und reparieren die Engel seine Aura und füllen sie mit frischer göttlicher Energie.

Ihre geistigen Helfer sind Ihnen auch gern beim Reinigen Ihrer ganzen Wohnung oder Ihres Hauses behilflich. Machen Sie diese Übung anfangs Zimmer für Zimmer, und zwar regelmäßig – bis Sie schließlich in der Lage sind, alle Räume auf einmal zu visualisieren.

Eine weitere Möglichkeit besteht darin, das Stück »Entfernung von Seelen und Wesenheiten« von der CD *Quantum-Engel-Heilung* in dem Raum zu spielen, den Sie reinigen möchten. Stellen Sie den CD-Spieler auf Zimmerlautstärke, und falls Sie wirklich gar keine Zeit haben, brauchen weder Sie noch Ihr Kind im Raum zu sein, während er läuft. Wenn Sie später zurückkommen, werden Sie merken, dass sich die Energie des Raumes »wie von selbst« harmonisiert hat. Sie fühlt sich klarer, reiner und friedlicher an.

Harmonie durch das blau leuchtende Kristallbett

Eine weitere Übung, die mir die Engel in einer Meditation vermittelt haben, können die Kinder auch selbst machen. Besonders Lichtkinder werden sie sofort verstehen. Sie brauchen sich nur zu erinnern. Hier die Anleitung:

Du liegst in deinem Bett und bittest Gott, die Mutter Maria und die Engel um Hilfe bei der Aktivierung deines Lichtbetts. Dazu kannst du dir vorstellen, wie die Matratze, auf der du liegst, in einem hellen, bläulichen Licht zu leuchten beginnt – so ähnlich wie eine Sonnenbank im Solarium. Dieses Licht besteht aus feinsten Leuchtkristallen und strahlt durch deinen Körper hindurch. Und du sagst: »Lieber Gott, liebe Mutter Maria, liebe Engel, bitte reinigt mein ganzes Wesen von allen möglichen Fremdenergien und füllt mich ganz mit göttlichem Licht, das ich bin.«

Wenn Sie mögen, können Sie Ihrem Kind erklären, dass es aus ganz vielen kleinen Lichtteilchen besteht, aus Millionen winzig kleiner Lichtpunkte, die von den Engeln poliert werden, damit es Liebe fühlen und Licht ausstrahlen kann. Zusätzlich können Sie die Erzengel Michael, Gabriel, Raphael und Uriel bitten, sich an den vier Ecken des Bettes aufzustellen und Ihr Kind zu beschützen.

Wenn das Kind noch sehr klein ist, kann es auch einfach sagen: »Ich bin Licht. Ich bin Liebe.« Das genügt.

Sollte Ihr Kind noch nicht sprechen können, sagen Sie: »Du bist Licht. Du bist Liebe.«

Durch diese Übung kann sich das Kind wieder ganz auf seine eigene hohe Frequenz einschwingen. Es schläft gut, wacht erfrischt und gestärkt auf, kann sich in der Schule gut konzentrieren, hat Spaß und ist geschützt.

Es ist auch möglich, dass Ihr Lichtkind Ihnen plötzlich ganz viel von Kristallen, Engeln und Lichtbetten erzählt, die es in früheren Leben benutzt hat. Vielleicht muss es aber auch gar nichts dazu sagen, weil es so klar in seinem Gottesbewusstsein ist. Lassen Sie sich überraschen!

Harmonie durch Abbau von Elektrosmog und Erdstrahlen

Elektrosmog ist ein Teil der modernen, technisierten Welt und macht natürlich auch vor unseren sensiblen Kindern nicht Halt. Kinderzimmer sind nicht selten mit Fernseher, Computer, Stereoanlage, Radio und Playstation ausgerüstet. (Am besten wäre es, diese Geräte zumindest nachts außerhalb des Kinderzimmers aufzubewahren.) Hinzu kommt die Belastung durch Mikrowellengeräte, Handy-Sendemasten, Sonnenfleckenaktivitäten und Erdstrahlen. Die Kinder nehmen diese disharmonischen Schwingungen auf und reagieren darauf oft mit Schlafstörungen, Bettnässen, Angst, Aggressivität und einem geschwächten Immunsystem, das zu Krankheiten führt.

Bitte achten Sie auch darauf, dass Sie keinen Radiowecker mit rot leuchtender Digitalanzeige im Kinderzimmer haben (bitte auch nicht an Ihrem eigenen Schlafplatz). Diese Wecker geben eine höchst gefährliche Strahlung ab. Aus meiner Praxis kenne ich einen Fall, wo ein Firmeninhaber allen Mitarbeitern zu Weihnachten ein solches Gerät geschenkt hat. Ab März war die gesamte Belegschaft mehr oder weniger krank. Die Symptome reichten von Kopfschmerzen über Schwindel, Schlafstörungen, Halswirbelsyndrom bis zur Epilepsie. Drei Fälle von jugendlicher Epilepsie (so die ärztliche Diagnose) konnten durch einfaches Entfernen des Radioweckers geheilt werden, also ganz ohne Medikamente.

Es lohnt sich auch, sich näher mit dem Thema Elektrosmog und Erdstrahlen zu befassen, denn auch sie können die Ursache für Neurodermitis, Pseudokrupp, Lernstörungen, Bettnässen und Asthma bei Kindern sein. Sie müssen nun jedoch nicht gleich in Panik geraten und jedes elektrische Gerät aus Ihrem Haus entfernen. Zum Beispiel geht keine Gefahr von normalen Lichtleitungen aus, denn sie sind parallel verlegt, sodass sich die magnetischen Felder beider Leiter aufheben. Abzuraten ist jedoch von Halogenlampen. Sie gehen 50 Mal in der Sekunde (in den USA 60 Mal) an und aus. Dieses Flimmern ist für das Auge zwar nicht sichtbar, aber doch belastend. Außerdem erzeugen die üblichen trafobetriebenen Halogenlampen ein starkes elektromagnetisches Feld. Für das Kinderzimmer empfehlen sich Lampen mit Vollspektrumlicht, das weitgehend dem natürlichen Sonnenlicht entspricht und sich sehr positiv auf die Gemütslage auswirkt.

Bedenklich ist auch die Dauerbelastung durch Magnetfelder. Sie gehen beispielsweise von Transformatoren aus, die generell nichts im Kinderzimmer zu suchen haben. Oft sind die Metallteile der genannten Elektrogeräte gefährlicher als der Strom, der durch sie fließt, weil sie unter ungünstigen Umständen pathogene Erdstrahlung (z. B. Wasseradern oder Gitterstrukturen) reflektieren. Im Internet finden Sie weitere hilfreiche Informationen zu diesem Thema, zum Beispiel über den Berufsfachverband der Geopathologen.

Es gibt mehrere Methoden der Abschirmung und Umleitung von Erdstrahlen. Unter anderem können programmierte Kristalle und andere Schutzschilder zur Schlafplatzentstörung eingesetzt werden.

Ich persönlich empfehle in jedem Fall, Gott und die Engel um Hilfe zu bitten, zum Beispiel in einem kurzen Gebet:

Ich bitte um den Schutz Gottes und der Engel für mich,
meine Kinder und alle meine Familienangehörigen.
Helft Ihnen, gesund zu bleiben, und schützt sie vor schädlichen und krankmachenden Einflüssen.
Danke. Amen.

Harmonie durch Feng Shui

Feng Shui ist ein uralter chinesischer Begriff, der »Wind und Wasser« bedeutet. Er beschreibt die Kunst, in Harmonie mit der sichtbaren und unsichtbaren Umgebung zu leben. Im alten China waren die Menschen stets bemüht, Harmonie herzustellen, das heißt, positive Kräfte zu stärken und negative zu vermeiden. Heute gibt es weltweit Feng-Shui-Experten, die beispielsweise von Architekten zu Rate gezogen werden, wenn ein Neubau geplant ist.

Viele Kinder leiden unter Schlafstörungen, weil die Energien in ihrem Zimmer nicht in Harmonie sind, wodurch zum Beispiel Unruhe und Ängste ausgelöst werden. In vielen Fällen sind Dekoration und Farbgebung des Zimmers und seiner Einrichtung viel zu stimulierend. Wählen Sie eher beruhigende Farben, zum Beispiel Erd- oder Pastelltöne, und vermeiden Sie leuchtendes Rot, Blau, Gelb oder Schwarz sowie Bilder von Superhelden, Geistern, Ufos etc. Spiegel können negativen geistigen Wesenheiten als Portale dienen und haben daher im Kinderzimmer nichts verloren. Zum Schutz gegen solche Wesenheiten empfehle ich zusätzlich das folgende Gebet:

Ich bitte Gott und die Engel, alle möglichen Portale
der negativen geistigen Welt in diesem Zimmer für immer
zu schließen.
Danke. Amen.

Auch ein Bett, das am falschen Platz oder in einer ungünstigen Beziehung zu anderen Möbelstücken steht, kann die Ursache für Schlafstörungen sein. Daher sollten Sie, bevor Sie Ihrem Kind womöglich beruhigende Medikamente verabreichen, seinen Schlafplatz genauer unter die Lupe nehmen. Achten Sie darauf, dass möglichst keine Ecken und Kanten von Möbelstücken auf das Bett zeigen. Wenn das Problem von frei hängenden Regalböden verursacht wird, können Sie deren Ecken und Kanten mit Kantenschützern »entschärfen«.

Regale sollten generell nicht am Kopfende des Bettes angebracht werden, und wenn sie sich doch dort befinden, ist die Situation umso ungünstiger, je geringer der Abstand zwischen dem Regal und dem Kopfende des Bettes ist. Ziehen Sie also in Erwägung, das Regal über dem Bett ganz zu entfernen.

Auch Deckenbalken, die sich direkt über dem Schlafplatz befinden, können ein ernstzunehmendes Problem darstellen, weil sie die Aura und somit den energetischen Schutz des Kindes möglicherweise stark beeinträchtigen. Das wirkt sich auf Dauer schwächend auf das Immunsystem aus, und das Kind wird anfälliger für Krankheiten. Ähnlich sieht es aus, wenn das Bett genau gegenüber der Tür steht. In diesem Fall sollten Sie das Bett an einen anderen Platz stellen oder zumindest verrücken.

Das Bett sollte auch nicht so vor einer Ecke des Kinderzimmers stehen, dass sich zwischen den Wänden und der Bettkante oder dem Kopfende ein Dreieck bildet, das vielleicht noch nicht einmal gleichschenklig ist. Durch diesen leeren Raum können Strukturgeister angelockt werden, was viele Lichtkinder als sehr beunruhigend empfinden. Als Strukturgeister bezeichnet man Geister, die sich entlang sichtbarer oder unsichtbarer Strukturen bewegen. Sie lassen sich in mehrere Gruppen einteilen, und viele von ihnen haben einen ungünstigen Einfluss auf Menschen. Dazu gehören zum Beispiel Dachgeister, Tunnelgeister, lineare Wegegeister und Kellergeister.

Wenn sich leere Ecken zwischen Bett und Wand absolut nicht vermeiden lassen, sollten Sie diese ausfüllen. Das Bett sollte auch nicht direkt unter einem Fenster stehen, denn Kinder reagieren besonders empfindlich auf vorbeiziehende Energien. Mitten im Raum steht das Bett ebenfalls ungünstig. Ideal positioniert ist es mit der Längsseite an einer Wand, nicht direkt unter dem Fenster und nicht gegenüber der Tür.

Achten Sie auch darauf, dass auf der anderen Seite dieser Wand keine elektrischen Geräte stehen (zum Beispiel ein Kühlschrank). Auch der Hauptsicherungskasten, in dem alle Stromleitungen zusammenlaufen, sollte sich keinesfalls Wand an Wand mit dem Kinderzimmer befinden.

In einem Kinderzimmer, das im Erdgeschoss direkt über einem Öltank im Keller liegt, könnten sich ungünstige feinstoffliche Energien auf dic Aurastruktur des Kindes auswirken. Es wird dann unter Umständen regelrecht vergiftet und fühlt sich entsprechend schlecht.

Ein Bett, dessen Kopfende unter der Schräge einer Treppe liegt, kann arealgebundene Naturgeister anziehen, die den Schlaf des Kindes stören. Das bedeutet, dass es morgens möglicherweise wie gerädert aufwacht und sich nur schlecht auf die Schulaktivitäten konzentrieren kann. Wenn Sie das Bett nicht verstellen können, sollte das Kind wenigstens so schlafen, dass seine Füße zur Treppenschräge zeigen.

Wenn das Kind unter einer Deckenschräge schläft, besteht eine hilfreiche Feng-Shui-Maßnahme darin, ein schwarz-weißes Ying-Yang-Symbol (Durchmesser: 10 cm) in die Mitte der Schräge zu malen. Der Effekt bleibt allerdings aus, wenn Sie einfach nur ein Bild des Ying-Yang-Symbols aufhängen oder einen Sticker aufkleben. Es ist ganz wichtig, dass Sie beim Aufmalen Ihre Energie und Ihr Bewusstsein einbringen und die Engel zusätzlich um Schutz für Ihr Kind bitten.

Viele Kinder wünschen sich ein Hochbett. Das ist entweder ein einzelnes Bett in luftiger Höhe oder ein doppelstöckiges Bett, in dem zwei Kinder schlafen. Zu Letzterem ist zu sagen, dass besonders sensible Kinder lieber allein in einem Zimmer schlafen sollten. Für das einzelne Hochbett gilt: Wenn der Raum darunter leer bleibt, bildet sich eine kugelförmige Energiestruktur, durch welche die Aura eines schlafenden Kindes trichterförmig nach unten gezogen wird. Das beeinflusst besonders das zweite und das dritte Chakra. Das Kind, das in einem solchen Bett schläft, fühlt sich am nächsten Morgen wahrscheinlich unausgeruht und nervös. Achten Sie also darauf, dass der Raum unter dem Hochbett nicht leer bleibt. Um die Leere zu kaschieren, genügt es übrigens nicht, den unteren Teil des Bettes mit einem Vorhang zu verkleiden. Auch sollten dort nicht einfach nur Stofftiere, Spielkisten und Krimskrams untergebracht werden. Kreieren Sie gemeinsam mit Ihrem Kind eine Oase der Ruhe und Harmonie im Kinderzimmer. Hängen Sie ein Engelbild oder ein anderes Symbol der Liebe über dem Schlafplatz auf, damit sich Ihr Kind auch nachts beschützt und geborgen fühlt.

Harmonie durch Räuchern

Das Räuchern ist eine traditionelle Methode zur Reinigung von Räumen, die in vielen Kulturen bekannt ist. Die westlichen Kulturen haben das Räuchern mit Salbei von den Indianern Nordamerikas übernommen, die es als *smudging* bezeichnen. Allerdings wissen viele Menschen nicht, dass sie beim Räuchern in jedem Fall die geistige, also unsichtbare Welt mit einbeziehen sollten (zum Beispiel Erzengel Michael). Es geht nämlich immer vor allem darum, Energiestrukturen zu transformieren, zum Beispiel Gedanken, Gefühle, Erinnerungen, feinstoffliche Wesenheiten und unerwünschte Geister, die sich an die Bausubstanz oder die Einrichtungsgegenstände angeheftet haben.

Vielen Kindern macht es Spaß, ihr Kinderzimmer selbst mit Räucherwerk zu reinigen. Lassen Sie Ihr Kind zunächst als Helfer an der unten beschriebenen Zeremonie teilnehmen und zeigen Sie ihm genau, wie es geht. Später kann das Kind die Zeremonie in seinem eigenen Zimmer selbst leiten. Doch auch dann sollten Sie immer dabeibleiben, damit keine Brandgefahr entsteht.

Sie können zum Räuchern zum Beispiel weißen Salbei (als Kräuterbündel) sowie Weihrauch, Adlerholz oder Copal (Harz) benutzen. Außerdem brauchen Sie ein geeignetes Räuchergefäß mit entsprechendem Untersatz sowie spezielle Holzkohletabletten und eine Metallzange. Die Räucherwaren und das Zubehör erhalten Sie sowohl in Esoterikläden als auch in christlichen Geschäften, zum Beispiel Klosterläden. Wenn Sie keinerlei Zugang zu solchen Geschäften haben, können Sie Räucherwaren und Zubehör auch über das Internet bestellen, zum Beispiel bei www.labdanum.de.

Bestimmen Sie einen geeigneten Zeitpunkt für die Räucherzeremonie, zum Beispiel mit dem Pendel oder dem Biotensor, wenn Sie damit Erfahrung haben. Verlassen Sie sich ansonsten auf Ihre Intuition, oder fragen Sie die Engel. Denken Sie daran, dass es auch gute Hausgeister gibt. Sprechen Sie mit ihnen, damit sie sich nicht irrtümlich aufgefordert fühlen, das Haus zu verlassen. Sie können Ihre Räucherzeremonie auch ein bis zwei Tage vorher ankündigen.

Bevor Sie mit der eigentlichen Zeremonie beginnen, öffnen Sie alle Fenster, Türen, Schränke und Schubladen und sprechen ein Gebet wie das folgende:

Gott, ich bitte dich, sende mir Engel, die mir helfen, diesen Raum energetisch zu reinigen und zu harmonisieren. Ich bitte um die Entfernung aller krankmachenden Energien und um göttlichen Schutz für mich/mein Kind.

Nun zünden Sie das Räucherwerk an und übergeben das Räuchergefäß mit dem feuerfesten Untersatz Ihrem Kind – natürlich nur, wenn es dafür alt genug ist. Das vermittelt ihm ein Gefühl der Selbstsicherheit und das Bewusstsein, dass es unerwünschten Energien gegenüber nicht machtlos ist. Idealerweise führen Sie Ihr Kind dann im Uhrzeigersinn durch den Raum, wobei dieser von oben nach unten und von innen nach außen geräuchert wird. Dabei verteilt sich der Rauch im ganzen Raum und zieht auch in sämtliche Schränke und Schubladen. Stellen Sie sicher, dass auch Tür- und Fensterrahmen mitgeräuchert werden. Tische und Stühle werden von oben und von unten geräuchert. Auch der Mülleimer und die Heizung werden nicht vergessen.

Trauen Sie Ihrer Intuition. Trauen Sie Ihrem Kind. Sie können nichts falsch machen! Visualisieren Sie während der ganzen Zeremonie, wie die Engel negative Energieformen entfernen, die mit dem Rauch aus dem Fenster ziehen. Fragen Sie die Engel und Ihr eigenes Gefühl, wann der Reinigungsvorgang abgeschlossen ist. Nehmen Sie sich soviel Zeit, wie Sie und Ihr Kind brauchen. Schließlich entsorgen Sie die Asche und die Reste des Räucherwerks.

Der Raum, den Sie gereinigt haben, fühlt sich nun klar und harmonisch an. Sie werden den Unterschied deutlich spüren – und Ihr Kind auch.

Es empfiehlt sich, diese Zeremonie in regelmäßigen Abständen (alle vier Wochen bis drei Monate) zu wiederholen. Idealerweise sollten Sie alle Räume der Wohnung beziehungsweise des Hauses in die Reinigungszeremonie einbeziehen, denn auch Ihr Kind hält sich nicht nur im Kinderzimmer auf. Bewährt hat sich folgende Reihenfolge: Küche, WC, Bad, Flure und Treppenhaus (Ihrer Wohnung), dann die übrigen Räume. Wenn Sie ein Haus mit mehreren Etagen haben, beginnen Sie auf der Etage, wo die Küche liegt. Wenn Sie mit Ihrer Wohnung fertig sind, können Sie die Flure und das Treppenhaus des Hauses sowie Keller, Dachboden und Garage räuchern. Wenn Sie in einem Mehrfamilienhaus wohnen und das ganze Haus räuchern möchten, trauen Sie sich ruhig, die Hausbewohner anzusprechen. Immerhin bieten Sie allen einen kostenlosen Engel-Reinigungsservice, der die Gesundheit fördert. Menschen, die beispielsweise unter Schlafstörungen leiden, werden das bald merken. Beginnen Sie in der Küche der untersten Wohnung und räuchern Sie sich dann in der oben angegebenen Reihenfolge bis nach oben durch. Es wäre schön, wenn Sie zum Beispiel in der Küche der jeweiligen Wohnung ein Engelbild aufstellen könnten.

Sollten die anderen Hausbewohner dies nicht wünschen, weil sie zum Beispiel kein Verständnis dafür haben, bitten Sie einfach das Hohe Selbst der Hausbewohner um Erlaubnis. Mithilfe der Engel können

Sie alle Wohnungen und das gemeinschaftlich genutzte Treppenhaus auch auf geistigem Wege von negativen und krankmachenden Energien reinigen.

Harmonie durch Pflanzen

Für die meisten Lichtkinder ist es wichtig, viel Zeit in der Natur zu verbringen. Daher sind Waldkindergärten für kleine Kinder geradezu ideal. Pflanzen und freundliche Naturgeister helfen allen Kindern, sich von Fremdenergien zu reinigen, energetisch ins Gleichgewicht zu kommen, Ängste abzubauen und durch erhöhte Sauerstoffaufnahme das Konzentrationsvermögen zu steigern.

Im Haus und in der Wohnung können großblättrige Pflanzen einen Teil dieser Aufgaben übernehmen, zum Beispiel Bananenstauden. Kinder können auch Patenschaften für Zimmerpflanzen übernehmen. In unserer Familie gab es zwei große Bananenstauden, die im Jahr, in dem unser Kind geboren wurde, einen Ableger bekamen. Als unser Sohn groß genug war, hat er diese junge Pflanze regelmäßig mit mir zusammen gegossen. Er weiß, dass sie für ihn gekommen ist, und ist besonders stolz auf die für deutsche Verhältnisse mittlerweile recht große Pflanze und ihre neuen Ableger, die ebenfalls gut wachsen.

Pflanzen sollten bei sensiblen Kindern nicht direkt im Kinderzimmer stehen, wohl aber in der Nähe des Kinderzimmers oder auch neben dem Fernseher, wenn sich das Kind dort regelmäßig längere Zeit aufhält. Sie tragen nämlich auf wundervolle Weise zur Verbesserung und Harmonisierung des Raumklimas bei.

Harmonie durch Kristalle

Blättern Sie mit Ihrem Kind ein bebildertes Kristallbuch durch und fragen Sie es, welcher Kristall oder Heilstein ihm besonders gut gefällt. Intuitiv wird das Kind den Stein auswählen, der es am besten stärkt und schützt. Sie können es Ihrem Kind auch durchaus selbst überlassen, einen Platz für diesen Kristall im Kinderzimmer zu finden. Als mein Sohn drei Jahre alt war, gab ich ihm einen Kristall in die Hand, woraufhin er fast vorwurfsvoll sagte: »Mama, ich brauche doch vier Kristalle.« Erstaunt fragte ich ihn, wofür er diese vier Kristalle denn brauche.

»Die muss ich an die vier Ecken von meinem Bett legen, weißt du das denn nicht?«

Dann wählte er seine Kristalle ganz intuitiv aus und baute, ohne es so zu nennen, ein Kristallgitternetz um sein Bett, das wie ein Schutzschild wirkte.

Vertrauen Sie der Intuition Ihrer Kinder. Sie verfügen über mehr Wissen und Weisheit, als wir Erwachsenen uns vorstellen können.

Generell kann ich zur Harmonisierung des Kinderzimmers Quarzkristalle, zum Beispiel Engel-Aura- oder Aqua-Aura-Kristalle, Rosenquarze und Amethyste empfehlen. Alle Kristalle freuen sich, wenn sie regelmäßig ein paar Stunden lang Sonnenlicht tanken dürfen, damit auch sie sich reinigen und energetisch neu aufladen können.

Harmonie durch Musik

Angenehme Musik, leise gespielt, wirkt sich harmonisierend auf die Energie eines Raumes aus. Dazu eignet sich beispielsweise Musik von Mozart, Barockmusik, Meditationsmusik sowie indische Gandharva-Ved-Musik. Besonders wenn Räume leer stehen (etwa wenn Sie und Ihre Kinder im Urlaub sind), können vagabundierende Geistwesen angelockt werden. Deshalb ist es empfehlenswert, melodische Musik auch über längere Zeiträume (mehrere Tage und Wochen) abzuspielen, damit Ihre Kinder auch noch gut schlafen, wenn sie zurückkommen. Es gibt CD-Player, die man so einstellen kann, dass sie ein bestimmtes Stück oder eine Reihe von Stücken ständig wiederholen. Im Kinderzimmer empfiehlt es sich, die harmonisierende Musik so leise abzuspielen, dass sie gerade noch vernehmbar ist. Auch zur Förderung der Konzentration, etwa beim Erledigen der Hausaufgaben, ist leise Musik hilfreich.

Eine an einem Kinderkrankenhaus in New York *(Schneider Children's Hospital)* durchgeführte Studie hat ergeben, dass ADHS-Kinder unter dem Einfluss angenehmer Musik besser und konzentrierter rechnen konnten. Die Musik half ihnen offenbar, sich zu entspannen, wodurch Lernblockaden aufgelöst wurden und ihre Energien wieder frei fließen konnten. Laut dieser Studie ist Jazz, Rock- oder Popmusik für solche Zwecke ungeeignet. Auch ist davon abzuraten, im Kinderzimmer ständig das Radio laufen zu lassen, denn dies dürfte sogar einen höchst ungünstigen Effekt haben.

Wenn Ihre Kinder, vor allem die Teenager nun mal gern Pop-, Rockmusik oder Musik aus den aktuellen Charts hören, sollten Sie mit ihnen gemeinsam auf die Texte der betreffenden Stücke achten, die manchmal sehr negative Energien transportieren. Wann immer Gewalt, Sex und Drogen in Musikstücken verherrlicht werden, sollten Sie Ihren Kindern klar machen, was diese Musik in ihrem Unterbewusstsein bewirkt. Musik kann nämlich sowohl zu Depressionen, Disharmonie und Zerstörung führen als auch zu Zufriedenheit, Harmonie und Heilung.

Harmonie durch Düfte

Natürliche Aromaöle und Blütenessenzen können eine harmonisierende Wirkung auf Ihr Kind haben, wobei es natürlich darauf ankommt, wie sensibel das Kind ist und vor allem, welche Düfte es mag. Bestimmte ätherische Öle werden zur Stimmungsaufhellung benutzt, andere wirken energetisierend (Öle aus Zitrusfrüchten) oder aber beruhigend und Schlaffördernd (Lavendel).

In der sehr umfangreichen Literatur über die sogenannte Aromatherapie wird zum Teil detailliert erklärt, wie sich Duftstoffe auswirken können. Beachten Sie aber auch, dass Ihr Kind möglicherweise allergisch auf bestimmte ätherische Öle reagiert.

Sie können ein Duftkissen für Ihr Kind herstellen, indem Sie wenige Tropfen eines ätherischen Öls (zum Beispiel Baldrian oder Lavendel) auf ein kleines Kissen träufeln. Dies hat eine beruhigende und Schlaffördernde Wirkung, sofern Ihr Kind den Geruch nicht als unangenehm empfindet. Achten Sie jedoch immer darauf, dass die Duftstoffe hundertprozentig naturrein sind.

Als mein Sohn noch sehr klein war, hat er sehr gern ein von mir getragenes Halstuch mit in sein Bettchen genommen, weil es, wie er sagte, »so schön nach Mama« roch. Damit kuschelte er sich dann immer ganz beruhigt ein. Wenn Ihr Kind häufig nicht einschlafen kann, können Sie den folgenden »Trick« ausprobieren. Er funktioniert auch bei ganz kleinen Babys und bei Kindern, die Heimweh haben, zum Beispiel wenn sie auf Klassenfahrt oder im Krankenhaus sind.

Legen Sie ein Kleidungsstück, das Sie getragen haben, zum Beispiel ein T-Shirt, in das Bett Ihres Kindes. Allein der Duft nach Papa oder Mama reicht oft aus, damit sich das Kind beschützt und geborgen fühlt.

KAPITEL 10

Lichtkinder wollen anders erzogen werden

Meine Lieblingsfarben sind Silber und Gold oder weißes Licht.

Gabriel, 6

Eine junge Mutter erzählte mir von ihren Versuchen, ihr Kind von Anfang an »richtig« zu erziehen. Im Vier-Stunden-Rhythmus wurde es gestillt, zu festen Zeiten gewickelt und gebadet. Alles sollte nach Plan verlaufen und perfekt funktionieren. Doch irgendwas »stimmte mit dem Kind nicht«, denn es schrie mehr, als die Eltern verkraften konnten. Dabei hatten sie doch alles so gemacht, wie es im Baby-Buch stand und im Schwangerschaftskurs erklärt worden war. Auch ihre eigene Mutter hatte die junge Frau um Rat gefragt, zum Beispiel, als ihr Baby nach einer Stunde immer noch nicht aufgehört hatte zu schreien.

»Du musst es einfach in seiner Wiege schreien lassen, irgendwann hört es von alleine auf«, war der pädagogisch wertvolle Rat der frischgebackenen Oma gewesen. Also ließen sie das Baby schreien und schreien, denn schließlich war schon längst offizielle Schlafenszeit, und auch dem Vater war es nicht gelungen, das Baby zu beruhigen. Mit angespannten Nerven warteten beide Eltern darauf, dass endlich abendliche Ruhe einkehre. Doch vergebens, der kleine Sohn schrie immer weiter und wurde dabei immer lauter. Es gelang ihm tatsächlich, drei bis vier Stunden ununterbrochen zu schreien – eine enorme Leistung für ein acht Wochen altes Kind. Die Eltern hofften immer noch, er würde irgendwann aufgeben, bis die Mutter diesem nervenaufreibenden Kampf ein Ende bereitete und das Kind auf den Arm nahm, wo es sich alsbald beruhigte. Es wollte einfach nur Liebe und Nähe spüren …

Die Erziehungsmethode der Oma hatte also nicht gewirkt, und auch in den folgenden Jahren wurde immer deutlicher, dass sich dieses Kind nicht gefügig machen ließ, dass es nicht erpressbar war und sich auch nicht unter Androhung von Strafe dazu bewegen ließ, im traditionellen Sinn zu gehorchen.

Ist das nun normal? Ja, liebe Eltern, das ist normal. Es mag Sie vielleicht erstaunen, aber die heutigen Kinder sind wirklich anders, und mit den alten Erziehungsmethoden kommen Sie bei ihnen nicht weiter.

»Was sollen wir nur mit unserem Kind machen?«, fragen viele verzweifelte Eltern, die das ihnen bekannte alte Programm von »Zucht und Ordnung« auch auf ihr eigenes Kind anwenden wollten. Doch Lichtkinder funktionieren nicht auf Knopfdruck. Vielen Eltern kommt es vor, als sei die alte Fernbedienung für Kinder kaputt, und eine neue Möglichkeit des Zugangs müsse erst noch gefunden werden.

Ziel der meisten Erziehungsmethoden ist es, dass sich ein Kind an das bestehende System anpasst und das tut, was Eltern, Erzieher und Lehrer gern hätten.

Sind Evolution, Bewusstseinserweiterung und Fortschritt möglich, wenn alles immer so bleibt, wie es war? Können die dringend notwendigen Veränderungen auf diesem Planeten stattfinden, wenn das Althergebrachte nicht hinterfragt wird?

»Solange du die Füße unter meinen Tisch stellst, tust du, was ich dir sage.« Diesen Satz haben viele der heutigen Eltern von ihren eigenen Eltern gehört. Sie etwa auch? Diejenigen, die heute selbst Kinder haben, erinnern sich oft noch gut daran, wie sie als Kind funktionieren mussten. Viele der jungen Mütter haben das sogenannte »Brave-Mädchen-Programm« entwickelt, auf das ich in meinem Buch *Quantum-Engel-Heilung* näher eingehe. Die Väter haben früh gelernt, ihre Emotionen nicht zu zeigen, damit sie sich nicht als Heulsusen lächerlich machen. Kennen Sie das aus Ihrer Familie?

In dem seltensten Fall werden junge Männer und Frauen gut darauf vorbereitet, selbst Eltern zu sein. Ihrer eigenen Muster und Programme sind sie sich meistens nicht bewusst, und dass ihnen die Engel sowohl bei ihrer eigenen Heilung als auch bei der Erziehung ihrer Kinder liebevoll helfen können, wissen leider auch viel zu wenige.

Viele Eltern sehen sich heute mit großen Herausforderungen konfrontiert: Berufstätigkeit, veränderte Familienverhältnisse (Scheidungen, Single-Haushalte, Patchworkfamilien etc.), zunehmender Stress und hohe Anforderungen an sich selbst und ihre Kinder. Das erzeugt Druck, der oft ungefiltert an die Kinder weitergegeben wird. Doch die neuen Kinder nehmen diesen Druck oft einfach nicht an. Sie lassen sich nicht mit Fernsehverbot, Stubenarrest und gestrichenem Nachtisch beeindrucken. »Ich hatte sowieso keine Lust auf Nachtisch und Fernsehen. Ich bin gern in meinem Zimmer, dort habe ich wenigstens meine Ruhe.« So oder so ähnlich kontern sie gelassen. Leider bringt dieses, von den Eltern häufig als Sturheit und Ungehorsam interpretierte Verhalten eine Menge Probleme mit sich. Schreien, Wutausbrüche und Schläge sind jedoch auf gar keinen Fall die Lösung.

Sehen Sie es lieber so: Diese Kinder leben zwar in einem kleinen Körper, aber es sind alte Seelen, die über erstaunliches Wissen und große Weisheit verfügen.

Daher ist es ganz wichtig, sie mit Liebe und Respekt zu behandeln. Indem Sie sich fragen: »Könnte es möglich sein, dass mein Kind in dieser Situation mehr weiß als ich, dass es recht hat mit seinem Verhalten und seinen Behauptungen?«, geben Sie sich selbst die Chance, von Ihrem Kind zu lernen.

Behandeln Sie Ihr Kind, wie Sie einen Erwachsenen behandeln würden: gleichwertig. Sie haben nicht automatisch mehr zu sagen und das Recht, alles zu bestimmen, nur weil das Kind von Ihnen abhängig ist. Natürlich lernen Kinder noch, sich in dieser Welt zurechtzufinden. Vielleicht kommt es auch vor, dass sie mal etwas kaputt machen. Nehmen Sie es bitte mit Humor.

Kinder sind wichtiger als Dinge! Seien Sie jeden Tag dankbar dafür, dass Sie Ihr Kind bekommen haben und es Ihnen nicht wieder genommen wurde. Sie dürfen mit Ihrem Kind zusammen sein. Das ist ein Geschenk Gottes. Versuchen Sie also nicht, es nach Ihren Vorstellungen zu formen oder gar zu brechen. Lassen Sie es so sein, wie es ist!

Wenn Sie sich die Mühe machen, einem Kind ganz sachlich zu erklären, dass Sie traurig sind und Ihr Herz weh tut, wenn es zum Beispiel etwas kaputt macht, frech ist, einfach wegläuft, lügt etc., wird es dies leichter verstehen können. Die neuen Kinder sind sehr mitfühlend, und wenn Sie mutig genug sind, Ihre eigenen Schwächen und Ihre eigene Verwundbarkeit zu zeigen, wird das Kind liebevoll reagieren. Gefühle zu zeigen ist übrigens etwas ganz anderes, als durch Schuldzuweisung emotionalen Druck auszuüben, etwa nach dem Motto: »Wenn du so weitermachst, wird die Mama noch krank.«

Schuld ist gerade in Deutschland ein großes Thema, vor allem nach den schrecklichen Ereignissen des Dritten Reichs und des Zweiten Weltkriegs.

Familienaufstellungen (nach Bert Hellinger) sind eine gute Möglichkeit, energetische Systeme sichtbar zu machen. Dabei wird oft sehr deutlich, dass Erwachsene und Kinder mit den aus ihren Herkunftsfamilien übernommenen Emotionen völlig überfordert sind. Die Familienaufstellungen, die ich kennen gelernt habe, enden damit, dass Energien wie Schuld, Verantwortung etc. symbolisch (zum Beispiel mit einem Kissen) an die vorherige

Generation zurückgegeben werden. Doch die vorherige Generation hat diese Energien ja ursprünglich weitergegeben, weil sie selber darunter litt oder damit überfordert war und sie einfach nicht mehr tragen konnte.

Eine Aufstellung kann, wie gesagt, sehr hilfreich sein, bietet aber aus meiner Sicht allein noch keine Lösung für das energetische Problem. Der entscheidende Schritt fehlt, weil die Energien ja nicht einfach weg sind. Sie können jedoch mithilfe der Engel transformiert werden. Am wirksamsten ist es, sie gemeinsam mit den dazugehörigen Mustern und Programmen zu lösen und neue Energien zu implementieren. Erst dann kann die endgültige Heilung erfolgen.

Es ist also wichtig, Kinder beispielsweise mit der Hilfe von Erzengel Michael aus den energetischen Fesseln früherer Familienschicksale zu befreien. Wie Familienaufstellungen mit Engeln funktionieren, erklären wir in unseren Workshops und Ausbildungen. Eine Heilsitzung mit einem erfahrenen Quantum-Engel-Heiler kann aber auch schon sehr hilfreich sein.

Liebe Eltern, kümmern Sie sich zunächst um die Heilung Ihrer eigenen Energien, damit Sie Ihre Kinder nicht automatisch in die alten Verstrickungen hineinziehen und so Angst und Leid statt Liebe weitergeben.

Angst ist das Gegenteil von Liebe

Wenn Sie Ihre eigenen Schmerzen und Ängste lieber verbergen und stattdessen Strenge und Autorität zeigen wollen, werden Sie nie die Chance haben, Harmonie, Liebe und Verständnis in Ihren Kindern zu wecken.

In einer Konfliktsituation, die es immer einmal geben kann, sollten Sie das Kind auch fragen, warum es sich so verhalten oder etwas getan hat. Fragen Sie, was ihm vielleicht weh tut, Stress oder Kummer macht und wie Sie helfen könnten. So kann erneut eine Verbindung von Herz zu Herz entstehen, in der die Liebe frei fließt und gegenseitiges Verständnis Heilung bringt.

Viele Missverständnisse und schwierige Situationen resultieren aus alten und neuen emotionalen Verletzungen, die wiederum mit Ängsten verbunden sind. Kein Kind kommt bösartig und gemein auf diese Welt. Denken Sie daran: Sie haben einen Seelenvertrag abgeschlossen und dadurch die Möglichkeit bekommen, Ihre Mission zu erfüllen und sich stets zu erinnern, wer Sie wirklich sind und wer Ihr Kind ist.

Sehen Sie es so: Wenn Ihr Lichtkind wieder einmal einen Ihrer berühmten roten Knöpfe drückt, gibt es Ihnen eine Chance zu erkennen, was bei *Ihnen* noch nicht geheilt ist. Daran, ob Sie mir in diesem Punkt zustimmen können oder ob ich damit eher auf Ablehnung und Widerstand stoße, lässt sich ablesen, inwieweit Sie bereit sind, über sich selbst nachzudenken und Heilung anzunehmen. Lesen Sie ruhig weiter. Ich meine es gut mit Ihnen und spreche aus Erfahrung.

Die Älteren unter Ihnen werden sich sicher noch an das HB-Männchen aus der Werbung erinnern, das immer in die Luft ging und dann zur beruhigenden Zigarette griff. Es gibt etwas viel Besseres: Bitten Sie die Engel um Hilfe, Unterstützung und Heilung. Machen Sie regelmäßig transformierende Energie-Meditationen, und heilen Sie sich selbst und Ihr inneres Kind. (Entsprechende Anleitungen finden Sie auf meinen CDs *Quantum-Engel-Heilung*, *Quantum-Engel-Liebe* und *Quantum-Engel-Kinder*.) Es ist so traurig, dass vor allem die älteren, kriegsgebeutelten Generationen ihre verwundeten Herzen oft nicht heilen konnten und nun mürrisch und verbittert durch die Welt gehen.

Anette, eine ganz entzückende Mutter und Quantum-Engel-Heilerin und ihr liebevoller Ehemann erzählten mir von ihren beiden außergewöhnlichen Lichtkindern (zweieinhalb Jahre und ein Jahr alt), die ich im Anschluss an unseren Workshop sogar persönlich kennenlernen durfte. Beide Kinder haben so klare, leuchtend blaue Augen, dass viele Erwachsene bei ihrem Anblick entweder zu Tränen gerührt sind oder ein wenig betreten sagen: »Das Kind schaut mir bis in die Seele.« Beide Kinder haben vor allem bei traurigen, alten oder verbitterten Menschen schon immer besondere Reaktionen ausgelöst. Sie strahlten diese Menschen so lange an, bis diese nicht anders konnten, als auch mal wieder zu lächeln. Das ältere Kind war erst ein Jahr alt, als es beim Spazierengehen Leute auf diese Weise zum Lächeln brachte. Und wenn ihm das gelungen war, rief es ihnen immer »Jajajaaaaa« hinterher, als wollte es sagen: »So ist es schon viel besser.« Seit dieses Kind zwei Jahre alt ist, gibt es Heilmassagen und hat ein Faible für Kristalle und Edelsteine. Es ist sehr klar, dass beide Kinder auf die Welt gekommen sind, um den Menschen Liebe, Licht und Heilung zu bringen. Sie lachen viel, sind fröhlich und strahlen pure Liebe aus.

Das wünschen sich Lichtkinder von ihren Eltern und Erziehern:

- dankbar sein, dass Kinder da sind
- Kindern zuhören können
- Kinder informieren und einbeziehen
- selbst stressfrei, angstfrei und ohne Druck sein
- freundlich sein, nicht befehlen
- veraltete Erziehungsmethoden und Systeme loslassen
- eigene Erwartungen an Kinder loslassen
- Individualität und Talente der Kinder fördern
- Weisheit und Wissen der Kinder erkennen
- Spiritualität der Kinder unterstützen
- bereit sein, von den Kindern zu lernen und sich helfen zu lassen
- Kinder beratend unterstützen, wenn sie es möchten
- Gefühle zeigen, eigene Schwächen und Fehler eingestehen
- eine Verbindung von Herz zu Herz aufbauen und pflegen
- liebevoll, humorvoll und respektvoll sein

- Zeit für die Kinder haben
- mit Kindern spielen und Spaß haben
- selbst Kind sein
- Kinder gleichwertig behandeln
- Kinder ernst nehmen
- Kinder so annehmen und lieben, wie sie sind
- Alle Eltern sollten sich immer wieder die Frage stellen: *Wie kann ich selbst Liebe leben und meinem Kind möglichst viel davon geben?*

Während ich diese Zeilen schreibe, flackern die Lampen in meinem Zimmer ganz intensiv, und der ganze Raum ist erfüllt von Lichtkugeln und Lichtblitzen. Ich glaube, Engel und Lichtkinder lassen Sie auf diesem Wege ganz herzlich grüßen.

KAPITEL 11

Hyperaktive und übersensible »Störenfriede«

Im Himmel ist es wunderschön, aber es gibt dort keine Häuser und keine Autos. Du kannst durch alle Menschen durchgucken. Du kannst dort fliegen.

Natalie, 8

Lichtkinder haben es oft nicht leicht, sich in dieser Welt zurechtzufinden. Daher zeigen manche von ihnen ein ungewöhnliches Verhalten, das von Erwachsenen häufig falsch verstanden wird – oder gar nicht eingeordnet werden kann. Über feinstoffliche Auslöser ungewöhnlichen Verhaltens habe ich in den letzten Kapiteln ausführlich berichtet. In diesem Kapitel geht es in erster Linie um die stofflichen Auslöser eines Verhaltens, das als »auffällig« bezeichnet wird und häufig dazu führt, dass die betreffenden Kinder den Stempel »hyperaktiv« bekommen. Dieses Kapitel könnte Ihren Blick auf Bereiche lenken, die Ihnen bisher noch gar nicht aufgefallen sind. Mir kommt es darauf an, den Kindern zu helfen und den Erwachsenen neue Lösungswege zu zeigen. Dabei sehe ich die Quantum-Engel-Heilung keineswegs als allein heilbringende Methode an, obwohl ich sicher weiß, wie sehr uns die Engel helfen können. Generell geht es in meiner Arbeit mehr darum, die Ursachen der Probleme oder Krankheiten zu finden, und weniger um die Behandlung von Symptomen. Außer meiner eigenen stelle ich in diesem Buch noch andere Heilmethoden kurz vor, aber es gibt natürlich noch viel mehr hilfreiche Methoden, von denen Sie einige vielleicht schon kennengelernt haben. Ich selbst lerne ständig dazu, besonders wenn mir die Engel Informationen zukommen lassen. Daher bin ich sicher, dass in Zukunft noch viel Neues auf uns alle wartet. Die Beispiele und Informationen, die Eingang in dieses Buch gefunden haben, wurden mir von Engeln und Erdenengeln geschickt, weil Sie als Leser genau diese Informationen brauchen.

Diagnose ADS/ADHS

Bei der neuen Generation spiritueller Lichtkinder wird immer häufiger Aufmerksamkeitsdefizitstörung (ADS) oder Aufmerksamkeitsdefizitstörung mit Hyperaktivität (ADHS) diagnostiziert. Diese Kinder nehmen offenbar anders wahr und verhalten sich anders, als Erwachsene es für »normal« halten. Aber ist das wirklich eine Krankheit, die man »heilen« kann, indem man die Kinder unter Medikamente stellt? Sind die Diagnosen immer berechtigt? Und welche Ursachen gibt es für dieses außergewöhnliche Verhalten?

Bekannte ADS/ADHS-Symptome, die vor allem in der Schule auffallen, sind:

- Die Kinder wechseln sehr häufig zwischen verschiedenen Aktivitäten hin und her.
- Es mangelt ihnen an Ausdauer bei der Erledigung von Aufgaben, die ihnen meistens von Erwachsenen gestellt werden (z. B. Hausaufgaben).
- Sie sind extrem ablenkbar.
- Sie fallen durch motorische Unruhe (rennen, hüpfen, zappeln, mit den Füßen wippen) auf.
- Sie reden oft übermäßig viel.
- Sie platzen mit Antworten heraus, bevor die Fragen zu Ende gestellt sind.
- Sie unterbrechen und stören andere häufig.
- Es fällt ihnen schwer, ruhig sitzen zu bleiben, wenn es verlangt wird.
- Es mangelt ihnen auch beim Spielen an Ausdauer.

Die meisten Lehrer sind mit solchen »Kandidaten« überfordert, besonders wenn sie gleich mehrere davon in einer Klasse haben. Die Eltern sind ebenfalls überfordert. Vor allem berufstätige, alleinerziehende Elternteile sind darauf angewiesen, dass die Kinder »funktionieren«, keine Probleme machen und möglichst nicht krank sind. Auf der Suche nach schneller Hilfe wenden sich die verzweifelten Eltern oft zuerst an Psychologen und Ärzte, die den Kindern in der Regel Medikamente verschreiben, zum Beispiel Ritalin. Diese Psychopillen (auch als

Pflaster erhältlich) wirken bei Hyperaktivität scheinbare Wunder und machen aus einem Zappelphilipp vorübergehend einen aufmerksamen Schüler.

Natürlich sind Eltern nicht begeistert, wenn sie ihren Kindern Medikamente verabreichen müssen, doch aus Unwissenheit über mögliche Nebenwirkungen und aus Angst um ihre Kinder tun sie, was aus ihrer Sicht das Beste ist. Dafür bezahlen ihre Kinder später oft einen hohen Preis.

Die bekanntesten Nebenwirkungen von Ritalin sind:

- Wachstumsstörungen
- Verkrampfungen und Nervenzuckungen
- verkleinerte Hirnanhangsdrüse, Schilddrüse, Hoden und Nebennieren
- verringertes Gehirngewicht
- Psychosen, Wahnvorstellungen, hypomanische und manische Symptome
- visuelle und auditive Halluzinationen (vergleichbar mit der Wirkung von LSD)
- Angstzustände
- Schlaflosigkeit
- psychische Abhängigkeit
- Aggressivität

Ritalin (Methylphenidat) ist eine dem Amphetamin ähnliche Substanz, und Amphetamine sind zum Beispiel auch in Drogen wie Ecstasy (MDMA) oder Speed enthalten. In den USA wird Ritalin offiziell in dieselbe Medikamentengruppe eingeordnet wie Kokain (FDA, class 2). Das bedeutet einen sehr hohen Grad an Toxizität sowie große Gefahr der Abhängigkeit und des Missbrauchs. Ritalin wird nicht nur von Ärzten verschrieben, sondern auch illegal von Drogendealern verkauft. An amerikanischen Colleges ist es zur Droge Nummer eins geworden. Mehr als sechs Millionen amerikanischer Kinder nehmen psychotrope Medikamente gegen ADHS, Depressionen und sonstige psychische Erkrankungen. An manchen Schulen stehen zwanzig Prozent der Kinder ständig unter Einwirkung ärztlich verordneter Medikamente. In diesem Zusammenhang ist vielleicht interessant, dass die Schulen pro *special needs child*, also pro Kind, das eine Behinderung oder auch ADS/ADHS hat, zusätzliche, oft dringend benötigte Gelder vom Staat beziehen. Außerdem sind sozial schwache Familien in den USA berechtigt, pro »ADS-Kind« mehrere hundert Dollar im Monat als zusätzliche staatliche Unterstützung zu beziehen. Es kommt häufig vor, dass eine vierköpfige Familie offiziell mindestens drei ADS-Kinder hat. Zufall?

Im »Land der unbegrenzten Möglichkeiten«, meiner zweiten Heimat, gab es Elterngruppen, die sich vehement für die Gabe von Ritalin einsetzten. Carolina von Hehenkamp berichtet im Anhang ihres Buches *Der Indigo-Ratgeber* (Seite 311 ff.) darüber, dass Mütter und Väter ergreifende öffentliche Reden hielten, in denen sie kundtaten, wie ihren Kindern durch dieses Medikament geholfen werden konnte. Sie beschreibt, dass Informationskampagnen an Schulen und in den Medien mit »aufopferndem Eltern-Einsatz« durchgeführt wurden und wie 1996 ein bekannter Fernsehreporter aufdeckte, dass diese Elterngruppen (Non-Profit-Organisationen!) in Millionenhöhe von Ciba-Geigy (heute Novartis), dem Hersteller von Ritalin, gesponsert worden waren. Das ist keineswegs ein Einzelfall. Auch andere Selbsthilfegruppen und Elterninitiativen werden weltweit gesponsert. Es bleibt also spannend in der Welt der Erwachsenen. Doch wo bleiben unsere Kinder?

Wie sieht es eigentlich in Deutschland, Österreich und der Schweiz aus? Welche Fördergelder fließen hier? Ich überlasse es Ihnen, einen Blick hinter die Kulissen des Zusammenspiels von Pharmaindustrie, Interessenverbänden und Politik zu werfen. Ich kann Ihnen jedoch verraten, dass der Ritalin-Konsum im deutschen Sprachraum und weiteren fünfzig Ländern in den letzten fünf Jahren ebenfalls drastisch gestiegen ist. Eine Mutter berichtete mir, dass sie von den Lehrern und der Leitung einer deutschen Schule vor die Wahl gestellt worden war, ihr zehnjähriges Kind medikamentös behandeln zu lassen oder es von der Schule zu nehmen.

Warum erwähne ich das? Es geht mir nicht darum, mich grundsätzlich gegen das Medikament Ritalin oder den Wirkstoff Methylphenidat auszusprechen. Immerhin gibt es auch Berichte von ADSH-Betroffenen, Ärzten und Psychologen, die dokumentieren, dass sich der Einsatz des oben genannten Wirkstoffs bei ADS/ADSH bewährt hat. Ich möchte Eltern lediglich auf die Möglichkeit einer Fehldiagnose aufmerksam machen und sie ermutigen, selbst nach den Ursachen sogenannter »Störenfried«-Symptome zu suchen. Vor allem aber möchte ich deutlich machen, dass Lichtkinder besonders sensibel und spirituell sind und eine andere Art der Erziehung brauchen (siehe auch Seite 241 f.). Es ist mehr als traurig, dass diese Kinder wegen ihrer besonderen Fähigkeiten und Wahrnehmungen zu Außenseitern abgestempelt, das heißt, sozial isoliert werden und unnötig leiden müssen.

Könnte es vielleicht sein, dass ein Kind noch nicht spricht und scheinbar nur in seiner eigenen Welt lebt, weil es telepathisch kommuniziert? Das wäre für Lichtkinder recht typisch. Wäre es eventuell möglich, dass ein aktives Kind, das trotz hoher Intelligenz unzureichende schulische Leistungen erbringt, nicht unbedingt gleich mit Medikamenten »geheilt« werden muss?

Sollten Sie einen »Störenfried« kennen, bei dem ADS/ADHS oder Autismus diagnostiziert wurde, bitte ich Sie, diese Diagnose zunächst infrage zu stellen. Prüfen Sie auch andere mögliche Auslöser des außergewöhnlichen Verhaltens.

Eine Anekdote: Ein Kind ist beim Arzt und sagt: »Herr Doktor ich habe Magenschmerzen.«

»Da hab ich was für dich«, sagt der Arzt und gibt ihm einen Löffel Saft.

Das Kind ist nach zwei Tagen wieder da und sagt: »Herr Doktor ich habe immer noch Magenschmerzen.«

»Da muss ich dir wohl was Stärkeres verordnen«, sagt der Arzt und gibt ihm Schmerzpillen mit nach Hause.

Wenige Tage später ist das Kind erneut beim Arzt und klagt über starke Magenschmerzen.

»Also das tut mir leid mein Kleiner, da habe ich wohl etwas Falsches diagnostiziert«, sagt der Arzt. »Bitte komm ab sofort dreimal die Woche und hole dir eine Spritze ab.«

Das Kind geht zu seiner Oma und sagt: »Oma, ich habe Magenschmerzen.«

Die Oma fragt genauer nach: »Hast du die Magenschmerzen denn gleich morgens?«

»Ja, immer gleich nach dem Aufstehen, wenn mein großer Bruder mir mit voller Wucht in den Magen haut. Dann fängt es an.«

Die Moral dieser Geschichte ist: *Finden Sie die Ursachen, statt die Symptome zu behandeln!*

In den folgenden Fallgeschichten haben Eltern nach den Ursachen gesucht und andere Wege für ihre Kinder gefunden.

Martin

Der achtjährige Martin war ein Albtraum von Kind. Er war als Baby ein Schreikind gewesen und schon als Kleinkind ständig aggressiv und frech. Er machte alles kaputt, was er in die Finger bekam; brüllte, wenn ihm etwas nicht passte, und so weiter. Seine musisch veranlagte, harmoniebedürftige Mutter konnte ihr eigenes »Monster-Kind«, wie sie es nannte, nicht verstehen. Sie war verzweifelt. Seit Martin etwa drei Jahre alt war, wurde sein soziales Verhalten als auffällig und schwierig bezeichnet. Im Kindergarten schlug er andere Kinder und legte sich sogar mit den Kindergärtnerinnen an. In der Schule war es mehr als schwierig, ihn unter Kontrolle zu bekommen. Auch der Wechsel in eine andere Klasse hatte nichts genützt. Der nächste Schritt sollte in einer psychiatrischen Behandlung und der Gabe von Medikamenten bestehen.

Wie durch ein Wunder kam die Mutter vorher mit ihrem Kind in meine Praxis. Martin schaute mich nicht an und wollte nichts mit mir zu tun haben. Er senkte den Kopf, verschränkte die Arme und war äußerst mürrisch. Ich beschloss, mit der Mutter allein eine Quantum-Engel-Heilung durchzuführen, um die Ursache für Martins Verhalten von den Engeln zu erfahren. Natürlich klärte ich sie auch über die Möglichkeiten der energetischen Reinigung, der Neutralisierung von Störzonen und so weiter auf, doch die wahre Ursache für Martins Probleme zeigte sich erst während der Behandlung mit den Engeln. Mir wurden Bilder übermittelt, auf denen ich Mutter und Kind im Badezimmer sah. Besonders eindringlich wiesen mich die Engel auf die Zahnpasta hin und zeigten mir immer wieder pinkfarbene Wolken. Ich fragte die Mutter also nach Martins Badezimmer-Routine, und es stellte sich heraus, dass sie sich damit stets besonders viel Mühe gegeben hatte. Sie sah ihrem Sohn beim Zähneputzen genau zu und machte ihm, seit er ein Baby war, fast jeden Abend ein Wohlfühlschaumbad. Als sie davon berichtete, fühlte ich große Hitze in mir aufsteigen. Ich wusste, dass wir der Sache näher gekommen waren, als mir die Engel ein Stoppschild zeigten und das Wort *Allergie* sagten. Ich schlug der Mutter vor, ihrem Kind schadstoffarme, natürliche Zahnpasta zu geben und auf den pinkfarbenen Badeschaum zu verzichten.

Fünf Tage später meldete sie sich wieder bei mir. Sie wollte unbedingt in meine Praxis kommen und ihren Sohn mitbringen. Am nächsten Tag kamen die beiden, und der Junge überreichte mir einen großen Blumenstrauß. »Danke, dass die Engel meiner Mama und mir geholfen haben«, sagte er lächelnd. Wie die Mutter berichtete, war das Kind auf einmal wie ausgewechselt – anhänglich, lieb und nett, auch zu anderen Kindern. In unserem Gespräch erklärte ich ihr noch einmal, dass durch die rote Farbe – Bestandteil sowohl der Zahnpasta als auch des Badezusatzes – offensichtlich eine allergische Reaktion ausgelöst worden war, die sich auf das Nervensystem des Kindes ausgewirkt hatte. Obwohl diese Mutter wie alle Eltern nur das Beste für ihren Sohn wollte, hatte sie ihn unwissentlich über Jahre jeden Tag ein bisschen mehr vergiftet.

Kleine Auslöser – große Wirkungen

Die neuen Lichtkinder sind so viel sensibler als frühere Generationen. Daher fällt es Eltern oft schwer sich vorzustellen, dass beispielsweise ein kleines Kaubonbon Hyperaktivität, Aggressivität oder sogar einen epileptischen Anfall auslösen kann. Doch genau das war bei dem Sohn meiner Freundin Susanne der Fall. Immer wenn er mit Farbstoff überzogene Schokodrops aß, warf er sich kurze Zeit später auf die Erde, verdrehte die Augen und hatte einen Anfall. Beide Eltern und auch die Ärzte waren zunächst ratlos, bis Susanne schließlich herausfand, dass das Kind auf die in Lebensmitteln enthaltene Farbe oder andere Zusatzstoffe allergisch reagierte. Winzige Mengen genügten, um in seinem Körper eine regelrechte Katastrophe auszulösen. Also stellte Susanne die Ernährung ihres Sohnes um. Zunächst eliminierte sie sämtliche künstlichen Farben und Aromen, Antioxidanzien (BHA, BHT, TBHQ) sowie Acetylsalicylsäure (Aspirin) und ernährte ihr Kind von nun an ausschließlich mit natürlichen, vollwertigen Lebensmitteln, wobei sie auf Zucker ganz verzichtete. Damit hatte sie sehr großen Erfolg.

Jan

Auch in Jans Fall wussten die Eltern nicht mehr weiter. Mit zwölf Jahren war er immer noch Bettnässer und fand sich jede Nacht in der gleichen Notsituation wieder. Er konnte weder bei Freunden übernachten noch auf Klassenfahrt gehen – und dafür schämte er sich und litt furchtbar. Ärzte, Psychologen und Therapeuten hatten vergeblich versucht, eine Ursache für sein Problem und vor allem eine Behandlungsmöglichkeit zu finden. Die letzte Empfehlung war, ihn nachts alle vier Stunden zu wecken und zur Toilette zu begleiten – eine zermürbende Prozedur für die berufstätigen Eltern und den schulpflichtigen Jan, der nun auch noch unter Schlafstörungen litt. Er hatte jeden Abend Angst, ins Bett zu gehen und wieder etwas falsch zu machen, was er selbst überhaupt nicht unter Kontrolle hatte.

Die Eltern baten mich um eine Quantum-Engel-Heilung, die telefonisch stattfand. Die Engel zeigten mir das traurige Kind sowie Milch und Käse als Verursacher seines Problems. Da ich mit mehreren Ärzten zusammenarbeite, bat ich Jans Eltern, bei einem von ihnen einen Allergietest durchführen zu lassen. Der Test bestätigte, was die Engel mir gezeigt hatten, und der Arzt gab den Eltern die Empfehlung, sämtliche Milchprodukte aus dem Speiseplan ihres Sohns zu streichen. Innerhalb von drei Tagen hatte sich sein Immunsystem umgestellt und das Bettnässen gehörte für immer der Vergangenheit an.

Timo

Eine Mutter aus München schreibt mir ihre Geschichte: Bei meinem Sohn Timo stellte ein Neurologe die Diagnose: ADS mit Hyperaktivität. Der Arzt empfahl Ritalin. Ich wusste nicht, was ich tun sollte und wollte erstmal vieles darüber lesen. Dann bekam ich eine Infektion am Knie (übertragener Virus von meinem Sohn), musste eine Woche lang liegen und hatte plötzlich Zeit zum Lesen. Nach dieser Woche ging ich wieder ins Büro, wusste immer noch nicht genau, was ich wegen der ADS-Diagnose tun sollte – und bekam prompt einen Rückfall.

Nach einer weiteren Woche »Auszeit«, in der ich die restlichen Bücher las, war ich entschlossen, meinem Sohn kein Ritalin zu geben, und schon war ich wieder vollends gesund. (Buchempfehlung: *Eine andere Art die Welt zu sehen* von Thom Hartmann).

Ich ging mit meinem Sohn zur Heilpraktikerin, und er bekam ein Konstitutionsmittel, auf das er ansprach. Nun konnte ich ihn erstmals problemlos erreichen und »normal« mit ihm reden. Die Käseglocke von früher war weg. Er hörte mich schon nach (einmaligem) Wiederholen des Gesagten, also ohne dass ich ihn anschreien oder schütteln musste. Leider war die Wirkung des Mittels nach kurzer Zeit irgendwie aufgebraucht, und wir fielen wieder in das schreckliche Tal mit der »Käseglocke« darüber, um erst nach neuerlicher Gabe des Mittels den Aufstieg wieder zu schaffen. Mein Sohn quälte sich, weil er jetzt merkte, dass er immer wieder ins Tal fiel. Er kannte ja nun auch die Höhen. Es war so schrecklich, von meinem siebenjährigen Kind zu hören: »Mama, ich mag nicht mehr leben.«

Mir fiel auf, dass sich die Stimme meines Sohnes mit der Gabe des Mittels irgendwie veränderte. Da wurde ich durch »Zufall« auf einen Vortrag mit dem Titel »ADS ist keine Sache des Gehirns, sondern der Stimme« aufmerksam. Ich ging hin und kam in Kontakt mit Stimmenanalyse und Horchtherapie (www.horchtherapie.de).

Wir machten die Horchtherapie. Dabei wird man über Kopfhörer mit Musik von Mozart und mit gregorianischen Gesängen beschallt. Im Verlauf der Therapie werden immer mehr Frequenzen ausgefiltert, bis man schließlich so hört wie damals im Mutterleib. Dann werden die Frequenzen stufenweise wieder hinzugenommen – eine Art akustische Wiedergeburt.

Fazit: Mein Sohn braucht seither weder Ritalin, das er ohnehin nie bekommen hat, noch das homöopathische Konstitutionsmittel. Die Käseglocke ist und bleibt weg!

Mein Sohn ist ein impulsiver und bewegungsfreudiger Mensch. Das ist seine Art und das ist auch in Ordnung. Er war und ist nicht krank. Dass er ein Aufmerksamkeitsdefizit hatte, kann ich mir vorstellen, aber die Neuprogrammierung durch Horchtherapie konnte dieses Defizit ausgleichen.

Ich habe mal gelesen, Mozart habe Engelmusik geschrieben. Dazu kann ich nur sagen: Ja! Ich bin mir sicher, dass mein Sohn genau das erlebt hat: Liebe und Hilfe von den Engeln, die bei dieser Musik wunderbare Arbeit machen.

Ich wünsche mir inständig, dass auch andere Eltern von den Engeln geführt werden und sich führen lassen. Wir brauchen alle kein Ritalin. Wir brauchen Aufmerksamkeit und Liebe.

Diagnose Autismus

In Timos Fall lag offensichtlich eine Fehldiagnose vor. Bei dem in sich gekehrten Kind, das laut seiner Mutter wie »unter einer Käseglocke« lebte und nicht ansprechbar war, hätte man vielleicht auch Autismus statt ADHS diagnostizieren können. Beides wäre in Timos Fall trotz seiner Symptome falsch gewesen. Eine medikamentöse Behandlung mit entsprechenden Nebenwirkungen hätte also fatale Folgen haben können.

Die typischen Verhaltensmerkmale bei Autismus sind:

- Vermeiden von Blickkontakt
- Vermeiden von Körperkontakt
- Abkapselung und Rückzug in eine eigene Welt
- bizarre Bewegungen
- wie gehörlos wirken
- späte und auffällige Sprachentwicklung (Echolalie)
- kein kreatives Spielen
- außergewöhnliche Begabung in Teilbereichen
- Fixierung auf spezielle Themen
- keine Angst vor gewöhnlichen Gefahren

Internationale Untersuchungen haben ergeben, dass von 10.000 Kindern fünf bis sechs von frühkindlichem Autismus betroffen sind, Jungen drei- bis viermal häufiger als Mädchen.

Einem größeren Publikum ist das Phänomen Autismus vielleicht aus dem Film *Rainman* bekannt, in dem Dustin Hoffmann einen autistischen Mann spielt, der außergewöhnliche Begabungen im Rechnen hat, aber sonst völlig in seiner eigenen geistigen Welt lebt.

Auffällig ist, dass die Diagnose Autismus in den letzten zehn Jahren um ein Vielfaches häufiger gestellt wurde als früher. Wie kommt es zu dieser plötzlichen Epidemie? Könnte es sein, dass das außergewöhnliche Verhalten der neuen Kinder dazu geführt hat, dass man sie in bekannte Schubladen stecken wollte? Doch auch das folgende Beispiel zeigt, dass sie da nicht hingehören.

Viktoria

Mit zweieinhalb Jahren sprach Viktoria noch kein Wort. Zuerst nahm der Kinderarzt an, sie könne nicht gut hören und setzte eine Hörhilfe ein. Als sich auch dadurch selbst nach mehreren Monaten nichts an Viktorias Kommunikation änderte, diagnostizierte er Autismus. Die Eltern waren verzweifelt. Viktoria war doch sonst so fröhlich und liebevoll und auf ihre Art durchaus in der Lage, die Eltern zu verstehen. Sie konnte lediglich nicht sprechen und interessierte sich auch nicht für Kinderbücher. Gern saß sie am Fenster und schien von einer anderen Welt zu träumen. Sie liebte ihren Hund und manchmal schien es, als unterhalte sie sich mit ihm. Es sah so aus, als reagiere der Hund auf telepathische Botschaften, die Viktoria ihm schickte. Zum Beispiel brachte er ihr seine Spielsachen, wenn sie mit ihm spielen wollte.

Als Viktoria vier Jahre alt war, sagte sie plötzlich die ersten Wörter und kurz darauf sprach sie komplette Sätze. Es war, als sei sie plötzlich aus einer anderen Welt gekommen. Mit sieben Jahren wurde sie eingeschult und heute hat sie weder beim Sprechen noch beim Lesen Schwierigkeiten.

Wie dieser Fall deutlich zeigt, sollte man mit schwerwiegenden Diagnosen wie Autismus oder Asperger-Syndrom sehr vorsichtig sein. Hunderte von Beispielen auf der ganzen Welt zeigen, dass Lichtkinder, Kristallkinder, oder wie man sie auch immer nennen mag, oft erst sehr spät zu sprechen beginnen. Ganz im Gegensatz zu autistischen Kindern sind sie aber durchaus anhänglich und wünschen Körperkontakt. Verständlicherweise sind Eltern beunruhigt, wenn ihre Kinder nicht sprechen können oder wollen. In den diversen Spiel- und Krabbelgruppen trifft man nur allzu häufig junge Mütter, deren größtes Hobby es zu sein scheint, stolz davon zu berichten, was ihr Kind schon alles Tolles kann. Lassen Sie sich davon nicht irritieren. Die neuen Lichtkinder sind es gewohnt, telepathisch zu kommunizieren und die Sprache des Herzens zu sprechen. Erklären Sie Ihrem Kind, dass in dieser Welt bisher nur wenige Menschen telepathisch miteinander kommunizieren. Erklären Sie ihm auch, dass die telepathischen Botschaften zwar immer ankommen, es manchmal aber auch hilfreich sein kann, sich über das gesprochene Wort mit anderen Menschen zu verständigen.

Stärken Sie Ihr Kind mit den folgenden Sätzen:

- Du bist neu in dieser Welt.
- Lass die Welt auf dich wirken, nimm dir Zeit dafür.

- Du bist einzigartig.
- Du bist wertvoll.
- Du hast besondere Gaben und Fähigkeiten.
- Du hast besondere Aufgaben in dieser Welt.
- Mama und Papa unterstützen dich.
- Wir lieben dich so, wie du bist.
- Wir sind stolz auf dich.
- Wir sind glücklich und dankbar, weil du zu uns gekommen bist.

Häufige Ursachen für ungewöhnliches Verhalten bei Kindern

Wie schon an mehreren Beispielen gezeigt wurde, sind die neuen Kinder sehr sensibel. Ihre Stimmungen und ihr Wohlbefinden werden stark von ihrem Umfeld (zum Beispiel im Kinderzimmer) beeinflusst, aber auch von dem, was sie essen und trinken.

Bevor Sie also zu Medikamenten greifen, empfehle ich, einen Allergietest machen zu lassen und gegebenenfalls die Ernährung des Kindes umzustellen beziehungsweise Substanzen, auf die es allergisch reagiert, zu meiden. Stellen Sie sicher, dass auch eine möglicherweise verspätet auftretende allergische Reaktion von dem Test berücksichtigt wird. Manchmal reagieren Kinder erst bis zu drei Tage später mit ungewöhnlichem Verhalten auf eine Substanz, die sie zu sich genommen haben.

Eine große Anzahl von vermeintlichen »Störenfrieden« unter den sensiblen Lichtkindern zeigen allergische Reaktionen auf

- Lebensmittelfarben
- Milchprodukte
- weißen Zucker
- Weißmehl
- künstliche Aromen
- Antioxidanzien
- Koffein, Teein
- Pestizide, Umweltgifte
- Acetylsalicylsäure (Aspirin)
- Konservierungsmittel
- Wandfarben
- Formaldehyd
- Schwermetalle (häufig durch Impfungen und Zahnfüllungen in den Körper gelangt)

In einigen Fällen werden auch die Verhaltenssymptome bei Unterzuckerung (Hypoglykämie) mit ADHS verwechselt. Wenn ein Kind morgens nach dem Aufstehen oder von einer Minute auf die andere plötzlich unruhig, wütend und reizbar ist, liegt das häufig an Unterzuckerung, die sich durch vollwertige Ernährung und kleine Zwischenmahlzeiten (etwa alle zwei Stunden Obst oder Brot) vermeiden lässt. Verzichten sollte das Kind jedoch auf Süßigkeiten und zuckerhaltige Getränke. Wenn Kinder mit Hypoglykämie-Symptomen Hungergefühle äußern, sollten Sie darauf unbedingt eingehen, auch wenn die nächste Hauptmahlzeit erst in einer Stunde ist. Überwinden Sie Ihrem Kind zuliebe Ihre eigenen Befürchtungen, es könne durch die Zwischenmahlzeit schon satt werden und dann vielleicht das Mittagessen stehen lassen. Wenn es unter Hypoglykämie leidet, braucht Ihr Kind unverzüglich eine gesunde Form von Zucker. Achten Sie auch darauf, dass Ihr Kind nie zur Schule geht, ohne gut gefrühstückt zu haben. Wenn Sie auf eine vollwertige Ernährung mit frischen Zutaten achten, wird es sich bald wesentlich besser fühlen.

In anderen Fällen zeigen die Kinder ADHS-Symptome, weil sie zu viel Zucker, beispielsweise in Form von Süßigkeiten, zu sich genommen haben. Das war auch bei Conny der Fall.

Conny

Die Tagesmutter von Conny berichtete mir, dass Connys Eltern große Schwierigkeiten mit ihrer Tochter gehabt hatten und deshalb zu ihr gekommen waren. Das Kind galt als schwer erziehbar, nervös und aggressiv. Die berufstätigen Eltern hatten eine eigene Bäckerei und waren darauf angewiesen, dass die fünfjährige Tochter tagsüber betreut wurde. Der einzige Kindergarten am Ort hatte Conny jedoch nach mehreren Versuchen abgelehnt, weil sich die Kindergärtnerinnen mit der Betreuung des Mädchens überfordert fühlten. Die Tagesmutter, die eine Gruppe von acht Kindern betreute, hatte zunächst ebenfalls große Bedenken, das Mädchen in ihre Gruppe aufzunehmen. Die Eltern baten sie inständig, es zu versuchen und die Tagesmutter willigte schließlich unter der Bedingung ein, dass ihre Regeln befolgt wurden. Regel Nummer eins lautete: Keine Süßigkeiten und keinen weißen Zucker mehr für Conny. Das Kind war bis dahin gewohnt gewesen, sich hauptsächlich von Bäckereiprodukten und Süßigkeiten zu ernähren. Nun bestand die Tagesmutter darauf, Conny morgens nüchtern in Empfang zu nehmen. Sie frühstückte in der Gruppe mit den anderen Kindern und nahm auch das Mittag- und Abendessen im Haus der Tagesmutter ein.

Innerhalb von vier Wochen war aus der ehemals schwer erziehbaren Conny ein liebes Mädchen geworden, das ganz friedlich mit den anderen Kindern spielen konnte. Die Eltern waren natürlich glücklich, bis der Vater eines Abends ganz verzweifelt bei der Tagesmutter anrief: »Conny flippt wieder aus. Was sollen wir bloß tun?« Die Tagesmutter setzte sich umgehend ins Auto und fuhr hin. Conny war in der Küche. Wie ein wild gewordener Orang-Utan rüttelte sie an den Schranktüren, warf die Töpfe hinaus, leerte sämtliche Schubladen und veranstaltete ein unglaubliches Chaos. Selbst die Tagesmutter konnte das Kind kaum beruhigen, erfuhr aber immerhin, dass Conny wieder dieses »komische Gefühl im Bauch« hatte. Es stellte sich heraus, dass das Kind zur Belohnung von seinen Eltern einen kleinen Schokokuchen bekommen hatte. Die Tagesmutter handelte sofort, stopfte dem wütenden Kind Hüttenkäse in den Mund und gab ihm Milch zu trinken, und innerhalb von zwanzig Minuten beruhigte es sich. Die erstaunten Eltern versprachen der Tagesmutter, Conny nie mehr Zucker »zur Belohnung« zu geben.

Andere Ursachen für Verhaltensauffälligkeiten

Ist »zuckerfrei« die Patentlösung?

Manche Eltern achten sehr darauf, dass ihre Kinder so wenig Zucker wie möglich zu sich nehmen, was sicher gut ist. Doch nicht alles, wo »zuckerfrei« oder »light« draufsteht, ist automatisch gesund. Im Gegenteil. Ich warne eindringlich vor Softdrinks, Kaugummi und ganz allgemein vor Nahrungsmitteln, die den Süßstoff Aspartam enthalten, denn auch Aspartam kann ADHS-ähnliche Symptome hervorrufen. Aspartam verändert den Stoffwechsel der Nervenzellen im Gehirn. Aspartam wurde ursprünglich als Mastmittel eingesetzt, weil es das Sättigungszentrum des Gehirns außer Funktion setzt und die Fettablagerung fördert. Langzeituntersuchungen haben ergeben, dass Aspartam Kopfschmerzen, Hirnschäden, Multiple Sklerose (MS), Epilepsie, Parkinson, Alzheimer, diabetisches Koma, Hautwucherungen, Blindheit, Schwindel, Hirntumore, Depressionen und viele andere Beschwerden verursachen kann. Aspartam ist weltweit in ca. 9000 Produkten enthalten. (Weitere Informationen zu Aspartam finden Sie im Internet, zum Beispiel unter: www.zentrum-der-gesundheit.de/ia-aspartam-suessstoff.html.)

Wenn Hormone »verrückt« spielen

Können Sie sich vorstellen, dass bei Kindern aufgrund schlechter schulischer Leistungen und den daraus resultierenden Reaktionen von Eltern, Lehrern und Mitschülern viel Stress entsteht? Die Kinder werden beschimpft, geächtet, nicht ernst genommen und häufig sogar als Idioten abgestempelt. Wissenschaftliche Studien belegen, dass das Stressniveau vieler Kinder bereits im Grundschulalter dramatisch hoch ist. Dies ist häufig eine Ursache für Hormonstörungen, die dann wiederum ein auffälliges Verhalten auslösen, das mit ADHS in Verbindung gebracht wird. Die Ursache dieses Symptoms wird oft nicht erkannt, und die »Verhaltensstörung« wird als Symptom medikamentös behandelt. So gut wie alle Frauen kennen sich mit zyklusbedingten hormonellen Veränderungen und den daraus resultierenden Stimmungsschwankungen bestens aus. Doch sind wir deswegen verhaltensgestört? Haben wir deswegen ADHS und müssen Ritalin nehmen?

Weitere Ursachen

Auch ein Mangel an Vitaminen oder Mineralien kann »Verhaltensstörungen« auslösen. Viele Menschen leiden unter solchen Mangelerscheinungen, ohne sich dessen bewusst zu sein. Ein Mangel an Vitamin B_{12} kann beispielsweise große Stimmungsschwankungen auslösen – ein Verhalten, das leider auch oft fälschlich mit ADHS verwechselt wird, weil selten jemand an Vitamin- oder Mineralstoffmangel denkt und zu wenig analytische Tests gemacht werden.

Fazit: Verhaltensauffälligkeiten können zahlreiche Ursachen haben. Lassen Sie also entsprechende Tests machen und verlassen Sie sich nicht nur auf die Beobachtungen und Annahmen anderer!

Tests zur Identifizierung von Ursachen und Auslösern auffälligen Verhaltens:

- Allergietest (inklusive verspäteter Reaktionen)
- Bluttest (Hormone)
- Haaranalyse (Vitamine, Mineralien, Schwermetalle)

»Und was ist mit emotionalen Ursachen, beispielsweise ausgelöst durch die Trennung der Eltern?«, fragen Sie nun vielleicht. Die Leser meiner früheren Bücher wissen, dass ich mich auf Energietherapie und Kommunikation mit Engeln spezialisiert habe. In über neunzig Prozent aller Fälle habe ich auf diesem Weg alle möglichen Ursachen identifizieren und die größten Heilerfolge erzielen können. In meinem Buch *Quantum-Engel-Heilung* finden Sie detaillierte Informationen über die Entstehung von Emotionen (z. B. Ängsten), Verhaltensmustern und Programmen und erfahren, wie man mithilfe der Engel Energien so transformieren kann, dass Krankheiten und andere ungewollte Symptome verschwinden.

Auch die von mir ausgebildeten Quantum-Engel-Heiler erzielen mithilfe der Engel wundervolle Resultate. Einige haben sich auf die Behandlung von Kindern spezialisiert, andere auf die Begleitung von Schwangerschaften und Geburten. Wieder andere wirken in Schulen und klären Eltern und Lehrer darüber auf, wie sie den Schülern bestmöglich helfen können. Darüber erfahren Sie auf den folgenden Seiten noch mehr.

KAPITEL 12

Erziehung und Schule für die neue Zeit

Ich weiß, wie Gott aussieht.
Gott ist weiß und Gott ist alles.
Tobias, 5

In zahlreichen Interviews mit Lehrern und Erziehern hat sich gezeigt, dass ein großer Bedarf an zeitgemäßen, kindgerechten Ansätzen für Schule und Unterricht besteht. Obwohl auch ich der Ansicht bin, dass wir dringend neue Erziehungsmodelle brauchen, geht es mir in diesem Kapitel nicht darum, alternative Schulmodelle vorzustellen. Vielmehr möchte ich praxisnahe Hilfestellung für bestehende Situationen anbieten. Lehrer sind in der Regel in ein starres Schulsystem eingebunden mit festen Lehrplänen und vorgegebenen Lernzielen, die erreicht werden müssen. Es ist ihnen nicht ohne Weiteres möglich, ganz eigene Vorstellungen umzusetzen oder gar die Lehrpläne zu ändern. Dennoch gibt es auch innerhalb dieser »System-Klammer« einen gewissen Freiraum und unterschiedliche Gestaltungsmöglichkeiten. Dieses Kapitel enthält einige Erfahrungsberichte, die als Anregungen für den Schulalltag und den Umgang mit

Kindern dienlich sein können. Einige Inspirationen und Informationen aus der Praxis – besonders in Zusammenhang mit ADS/ADHS-Kindern – habe ich von Steve Plog erhalten, dem ich hier ausdrücklich danken möchte (www.k12academics.com). Ebenso danken möchte ich allen Lehrern, die ihre wertvollen Erfahrungen mit mir geteilt haben.

Für mich ist klar, dass Kinder, Eltern und Lehrer eines gemeinsam haben: Sie alle wünschen sich weniger Schulstress und ein harmonisches Miteinander. Doch wie kann das erreicht werden?

Voraussetzung ist gegenseitiges Verständnis. Erst wenn das gegeben ist, kann man anfangen, nach möglichen Lösungen zu suchen.

In diesem Zusammenhang habe ich folgende Fragen gestellt: Was sind die größten Herausforderungen für Lehrer? Welche Tipps können Lehrern helfen, vor allem im Umgang mit Lichtkindern? Worunter leiden Lichtkinder am meisten? Wie kann man ihnen helfen? Womit haben Eltern ihre Schwierigkeiten? Was können Eltern tun? Und nicht zuletzt: Wie können die Engel bei all dem helfen?

Oft bedarf es nur kleiner Veränderungen, die – wie der Flügelschlag eines Schmetterlings – große Auswirkungen auf die ganze Welt haben können.

Was sind die größten Herausforderungen für Lehrer?

- Die Kinder haben vermehrt Konzentrationsschwierigkeiten.

- Die Kinder sind sensibler, träumen mehr und/oder stören den Unterricht.

- Die Anzahl der Kinder, die Unterstützung brauchen, nimmt zu.

- Die Anzahl der Kinder, die sich nicht an Regeln halten, nimmt zu.

- Die Anzahl der Kinder mit einem alleinerziehenden Elternteil und/oder aus so genannten Patchworkfamilien nimmt zu.

- Die Verkürzung der Schulzeit von maximal dreizehn auf maximal zwölf Jahre erhöht den Leistungsdruck.

- Die meisten Kinder haben viel Taschengeld, was häufig zur Folge hat, dass sie mehr Süßigkeiten und zuckerhaltige Getränke kaufen und konsumieren.

- Kindern wird zu früh zu viel Eigenverantwortung abverlangt. Eine gewisse Verwahrlosung ist zu beobachten.

- Lehrer müssen immer mehr erzieherische Aufgaben übernehmen.

- Das Aggressivitätspotenzial der Kinder steigt.

- Mehr Kinder nehmen Psychopharmaka und andere Drogen.

Das klingt, als braue sich ein gefährliches Gewitter zusammen, dachte ich, als manche Lehrer mir von ihrem Schulalltag berichteten. Oder sind diese Zustände eher mit der bedrohlichen Erderwärmung vergleichbar? In jedem Fall ist ein deutlicher Klimawandel zu erkennen, der sich zwar schleichend vollzieht, aber mittlerweile immer größere Auswirkungen hat. Dies bestätigen vor allem die Lehrer, die ihren Beruf schon seit Jahrzehnten ausüben.

Die Interviews zeigen deutlich, dass die heutigen Lehrer weit mehr leisten müssen, als nur den Lernstoff zu vermitteln. Und damit sind sie oft überfordert. Klar ist außerdem, dass sich die Entwicklung unserer Kinder, ähnlich wie das Klima, auf die Zukunft unseres gesamten Planeten auswirken wird. Wir sind also bei einem wichtigen Thema, das uns alle angeht.

Auch wenn Sie zu den glücklichen Eltern gehören, deren Kinder »problemlos« sind, sollten Sie nicht aus den Augen verlieren, dass auch Ihre Kinder von der Situation an ihrer jeweiligen Schule betroffen sind. Es nützt also nichts, den Kopf in den Sand zu stecken und so zu tun, als ginge Sie das nichts an. Wir alle haben die Möglichkeit, zur Verbesserung der Bedingungen an unseren Schulen beizutragen, und das ist dringend erforderlich!

Was kann Lehrern helfen, vor allem im Umgang mit Lichtkindern?

Dem Einfluss von Computerspielen und Fernsehen ist es zu verdanken, dass die heutigen Kinder in kürzester Zeit auf Hunderte von Informationsimpulsen reagieren können. Dadurch erhöht sich der Dopaminspiegel im Gehirn, woran sich die Kinder jedoch gewöhnt haben. Wenn es nun diesen Kindern in der Schule zu langweilig wird und als Folge davon ihr Dopaminspiegel stark absinkt, fangen sie an zu zappeln oder unterhalten sich mit anderen Kindern, auch während des Unterrichts. Als Lehrer neigt man dann dazu, das soeben Gesagte zu wiederholen, um sicherzustellen, dass alle Kinder den Unterrichtsstoff begriffen haben. Wenn ein Lehrer jedoch zu oft wiederholt und dabei auch noch langsam spricht, schalten vor allem die klugen, schnell denkenden Kinder automatisch ab. Wenn Kinder sich melden und nicht oft genug drankommen, werden sie nervös und frustriert und schauen vielleicht aus dem Fenster, statt an die Tafel. Das ist eigentlich eine durchaus normale Reaktion, die aber, wenn sie zur Gewohntheit wird, unter anderem dazu führen kann, dass bei diesen Kindern irgendwann ADS/ADHS diagnostiziert wird, fälschlicherweise natürlich.

Im Durchschnitt verarbeiten Erwachsene die Informationen von etwa 250 Wörtern pro Minute. Die heutigen Lichtkinder verarbeiten jedoch mit Leichtigkeit 450 Wörter pro Minute. Es ist daher verständlich, dass es vielen dieser Kinder oft einfach zu langweilig ist. Sie sind unterfordert, denn sie brauchen mehr Reize beziehungsweise Informationsimpulse pro Minute. Die könnten sie zum Beispiel dadurch bekommen, dass sie sich während des Unterrichts bewegen. Es hat sich bewährt, einen zusätzlichen Stehtisch im hinteren Teil des Klassenraums aufzustellen, an dem sich jeweils ein Kind 10 bis 15 Minuten lang aufhalten kann. Obwohl die meisten Kinder im Stehen von einem Fuß auf den anderen treten, fällt es ihnen nachweislich leichter, sich zu konzentrieren. In der *Results Academy* in Houston, Texas, wird das Stehtisch-Modell erfolgreich eingesetzt, und die Kinder können sich nachweislich besser konzentrieren (www.resultsproject.net).

Wenn Sie als Lehrer merken, dass die Kinder während Ihres Unterrichts immer unaufmerksamer werden, sollten Sie eine dreiminütige Aktivpause einlegen. Öffnen Sie die Fenster, und lassen Sie die Kinder im Klassenraum herumlaufen. Hilfreich sind auch gezielte Übungen, die beide Gehirnhälften synchronisieren, sogenannte Gehirngymnastik (www.braingym.com). Viele neue Kinder benutzen ihre intuitive rechte Gehirnhälfte stärker als die analytische linke. Die Übungen des Brain-Gym-Programms fördern das Lernen mit dem ganzen Gehirn. Sie können auch Blockaden lösen und das Lernverhalten insgesamt positiv beeinflussen. Einzelne

Übungen aus diesem Programm können auch ganz gezielt zur Förderung von Lese- und Rechtschreibfähigkeiten sowie von Fähigkeiten wie Ordnen, Lesen, Rechnen, Buchstabieren und für erhöhte Aufmerksamkeit eingesetzt werden.

Eine weitere Möglichkeit, die Aufmerksamkeit zu steigern, besteht darin, jedes Kind etwa 40 ml Wasser trinken zu lassen. Diese Menge genügt, um beide Gehirnhälften eine Stunde lang zu synchronisieren, und das hilft Kindern, besser zu lernen. Besonders vor Klassenarbeiten sollten Sie darauf achten, dass die Kinder ausreichend Wasser getrunken haben.

Im letzten Kapitel habe ich ausführlich über die auslösenden Faktoren von ADS/ADHS-Symptomen geschrieben. Kinder mit Konzentrationsschwächen lernen wesentlich leichter, wenn Lehrer klare Strukturen haben und den Unterrichtsstoff in kleinere Abschnitte unterteilen.

Meine Empfehlung an Lehrer ist: Informieren Sie die Eltern in einem Elternbrief und/oder berufen Sie einen Elternabend ein, dessen Hauptthema »Vorbereitung auf den Unterricht« sein sollte. Sprechen Sie in diesem Zusammenhang bitte auch das Thema Ernährung an, zum Beispiel die Auswirkungen von Süßigkeiten, von Zucker und anderen Giften. Bei besonders auffälligen Kindern ist es ratsam, engen Kontakt zu den Eltern zu halten, bis sich das Verhalten des Kindes geändert hat. Es ist Aufgabe der Eltern, ihr Kind so auf die Schule vorzubereiten, dass Lehrer eine Chance haben, den Unterrichtsstoff zu vermitteln.

Aufgabe der Lehrer ist es, den Klassenraum so vorzubereiten oder vorbereiten zu lassen, dass die Kinder in angenehmer Atmosphäre entspannt und leicht lernen können. Lichtkinder reagieren besonders sensibel, wenn sie zum Beispiel auf einer geopathischen Störzone sitzen, zu nah an der Heizung oder unter einer flackernden Neonleuchte, wenn die elektromagnetische Belastung oder der Lärmpegel zu hoch ist und zu viel Unordnung im Klassenzimmer herrscht.

Lesen Sie dazu bitte auch das Kapitel »Harmonie im Kinderzimmer« (Seite 182 f.) und führen Sie energetische Reinigungen im Klassenraum durch. Dafür gibt es viele Methoden. Probieren Sie einfach aus, welche für Ihre Bedürfnisse am besten geeignet ist.

Viele Kinder sind vor allem am Montagmorgen emotional unausgeglichen. Einige von ihnen haben schmerzhafte familiäre Erfahrungen gemacht oder Enttäuschungen erlebt (Scheidungskinder vielleicht bei dem Elternteil, bei dem sie nicht immer leben). Anstatt nun die ganze Schulklasse durch disziplinarische Maßnahmen zu Ruhe und Aufmerksamkeit zwingen zu wollen, sollten Sie als Lehrer lieber eine heilsame Traumreise oder Meditation anbieten (ca. 20 Minuten). Passende Anleitungen finden Sie auf der CD zu diesem Buch. Danach werden sich die Kinder viel wohler fühlen und gern dem Unterricht folgen.

Ein ehemaliger Seminarteilnehmer (Daniel W.) ist seit zwanzig Jahren Lehrer. Er erklärte mir, worauf es aus seiner Sicht im Schulalltag ankommt:

Wir müssen den Mut haben, uns Zeit zu nehmen, um wirkliche Werte zu entwickeln und unsere Beziehung zu uns selbst, zum Lehrstoff und zu den Mitschülern und Lehrpersonen aufzubauen und zu pflegen.

Dem kann ich nur zustimmen. Ein möglicher Schritt in diese Richtung wäre zum Beispiel, den Kindern nach der Schulstunde kurze Einzelgespräche anzubieten, sie zum Gespräch zu ermutigen und sich einfach mal Zeit für sie zu nehmen. Auch ein Kummerkasten beziehungsweise – positiv ausgedrückt – eine »Inspirationsbox« wäre hilfreich. Dort können die Kinder anonym zum Ausdruck bringen, was sie sich wünschen und was ihnen helfen könnte. Im Klassenverband können diese Vorschläge dann diskutiert und umgesetzt werden.

Tipps für Lehrer auf einen Blick

- Sprechen Sie schneller.
- Achten Sie auf klare Strukturen und eindeutige Anweisungen.
- Unterteilen Sie Aufgaben in kleinere Abschnitte (Vergesslichkeit).
- Stellen Sie einen Stehtisch in den Klassenraum.
- Bieten Sie dreiminütige Aktivpausen (Brain-Gym) an.
- Lassen Sie die Kinder Wasser trinken.
- Elternbrief / Elternabend (Thema: Vorbereitung auf den Unterricht)
- Sorgen Sie für Harmonie im Klassenraum.

- Bieten Sie Traumreisen und Meditationen an.
- Bieten Sie Einzelgespräche an.
- Stellen Sie eine Inspirationsbox zur Verfügung.
- Achten Sie auf Ihre Gedanken und Ihre Erwartungshaltung.

Lehrer berichten über ihre Erfahrungen mit Energien und Engeln

Eine Lehrerin aus der Schweiz (Prisca G.) bittet die Engel um Unterstützung und Vorbereitung auf den Unterricht. Sie schrieb: »Für mich ist es wichtig und wertvoll, unsere geistigen Helfer täglich anzurufen und um Hilfe zu bitten. In der Schule finde ich es manchmal heikel, direkt mit den Kindern so zu arbeiten, denn es gibt noch einige kritische Stimmen, und man braucht viel Fingerspitzengefühl. Nach meiner Erfahrung ist es aber gut möglich, auf einer höheren Ebene zu arbeiten, um die Schüler, die Eltern und das Fachpersonal zu unterstützen, und letztendlich auch mich selber als Lehrperson.

Bei verhaltensauffälligen Schülern löse ich mithilfe des Erzengels Michael jeweils vor der Schulstunde vorhandene Fremdenergien oder bitte in einer schwierigen Situation die Schutzengel der Kinder um sofortige Hilfe, was zu meiner Freude auch meistens klappt. Vor problematischen Sitzungen berufe ich allein im stillen Kämmerlein eine Schulengelkonferenz ein. Ich bitte die Schutzengel aller am Gespräch beteiligten Personen, zum

Wohle aller Beteiligten zur bestmöglichen Lösung beizutragen. Die Gespräche verlaufen seither stets bestens.«

Ein anderer Lehrer (Ignaz Z.) berichtet von seiner energetischen Arbeit mit Kindern:

»Nach den Herbstferien habe ich mit einem ersten Ritual am Morgen begonnen. Ich lasse um jedes Kind einen goldenen Reifen entstehen, sobald es ins Klassenzimmer kommt und mir »Guten Morgen« sagt. Dann lese ich aus einem Buch vor. Nach der Pause aktiviere ich die Lichtsäule (siehe »Errichten einer Lichtsäule mit Erzengel Michael«, Seite 253), die sich schon seit ein paar Monaten im Schulzimmer befindet (ca. 10 m Durchmesser), stelle mich hinein und nehme eine Energiedusche. Den Schülern erkläre ich, dass dadurch alle »komischen« Gefühle vom Licht angezogen werden und dann weg sind. Nach der Reinigung zeigte ich ihnen noch, wie sie einen Schutzpanzer anziehen können. Ein Junge kam auf die gute Idee, einen goldenen Mantel anzuziehen. Zusätzlich setzen wir uns noch einen unsichtbaren Helm mit Visier auf den Kopf. Alle Kinder machen dabei mit, und es war sehr humorvoll. Ein anderer gewitzter Junge kam auf die Idee, ein imaginäres Licht-Shampoo zu benutzen. Dies möchte ich von jetzt an regelmäßig einsetzen.«

Einer Lehrerin (Gabi F., 34 Jahre) fiel die erste Unterrichtsstunde immer besonders schwer. Jeden Morgen, wenn sie den Klassenraum betrat, überfiel sie eine große Müdigkeit, obwohl sie nachts ausreichend Schlaf bekommen hatte. Sie versuchte sich mit Kaffee aufzuputschen, aber auch die Kinder schienen müde zu sein und beteiligten sich kaum am Unterricht. In einem Beratungsgespräch empfahl ich ihr, das Klassenzimmer energetisch zu reinigen und über Nacht harmonisierende Mozartmusik darin laufen zu lassen. Sie führte die energetische Reinigung mithilfe der CD *Quantum-Engel-Heilung* durch und ließ noch in derselben Nacht ihren CD-Player mit Mozarts Klaviersonaten dort laufen. Später erzählte sie: »Ich war sehr erstaunt, dass mich am nächsten Morgen nicht das bekannte Müdigkeitsgefühl überkam. Auch bei meinen Schülern konnte ich eine deutliche Veränderung wahrnehmen. Sie waren viel munterer, fröhlicher und arbeiteten deutlich besser mit.«

Ein aufgeschlossener Chemielehrer (Klaus P.) interessierte sich sehr für das Thema energetische Reinigung, hatte aber Schwierigkeiten zu visualisieren oder mit den Engeln zu meditieren. Er wollte eine praktische, einfache Lösung. Ich empfahl ihm, eine mittelgroße Schüssel mit Salzwasser in seinem Chemielabor aufzustellen (Salz vom Toten Meer, im Verhältnis 1:3 in Wasser gelöst). Obwohl er überhaupt nicht in Engelarbeit geübt war, glaubte er an Gott. In einem kurzen Gebet bat er Gott um Hilfe, dass das Salz alle krankmachenden und störenden Energien, die sich im Raum befänden, aufsaugen möge. Als Naturwissenschaftler war er nun ganz gespannt auf die »Versuchsergebnisse«. Er staunte nicht schlecht, als sich das Wasser innerhalb von 48 Stunden braun verfärbte. Er wiederholte den »Versuch« noch mehrere Male mit ähnlichen Ergebnissen. Zusätzlich stellte er fest, dass ihm der Unterricht mehr Spaß machte und die Kinder fröhlicher waren.

Eine sehr beliebte Lehrerin (Lisa M.) spricht folgendes Gebet vor dem Unterricht. Sie hat damit viele schöne Erfahrungen gemacht:

Gebet um Unterstützung (für Lehrer)
Gott, ich bitte dich, mir heute die Engel der Harmonie und der Klarheit in meinen Unterricht zu senden. Bitte hilf mir, sodass die Kinder leicht und freudig dem Unterricht folgen, wir uns in der Klasse wohl fühlen und alle voneinander lernen können.
Danke. Amen.

❄ ❄ ❄

Errichten einer Lichtsäule mit Erzengel Michael

Diese Übung kann bewirken, dass Lehrer und Schüler ihre gemeinsame Zeit in der Schule als sehr viel stressfreier empfinden.

Schließen Sie die Augen und atmen Sie mehrmals tief ein und aus. Entspannen Sie sich.

Bitten Sie nun Erzengel Michael und seine Helfer, eine riesige Lichtsäule im Klassenraum zu errichten. Sie reicht bis hoch in den Himmel und bis tief in die Erde. Ihr Durchmesser ist so groß, dass das ganze Klassenzimmer hineinpasst. Visualisieren Sie das helle Licht dieser wunderschönen Lichtsäule. Nehmen Sie wahr, dass sich viele Engelwesen darin befinden, die dabei helfen, alle störenden und krankmachenden Fremdenergien aufzulösen beziehungsweise an einen anderen Ort zu bringen.

Sie können diese mentale Lichtsäule auch auf das ganze Schulgebäude ausdehnen. Kurz bevor Sie morgens die Schule betreten, wenden Sie sich an Erzengel Michael und sagen: »Ich bitte um die Aktivierung der Lichtsäule. Danke.« Erfahrungsgemäß bewirkt die hilfreiche Energie der Lichtsäule, dass die Kinder den ganzen Tag ausgeglichen, zufrieden und somit auch aufnahmebereiter sind.

❄ ❄ ❄

Worunter leiden Lichtkinder am meisten?

Anschreien, Ungerechtigkeit, Beschuldigungen, Beleidigungen und Respektlosigkeit treffen Lichtkinder oft direkt ins Herz. Sie sind diese Umgangsformen nicht gewohnt und können auch nicht nachvollziehen, warum sie so behandelt werden. Viele der neuen Kinder sind besonders sensibel sowie liebes- und harmoniebedürftig. Autoritären Lehrern und älteren/stärkeren Kindern fühlen sie sich oft hilflos ausgeliefert.

Es kommt an allen Schulen vor, dass Kinder von ihren Mitschülern, zum Beispiel in den Pausen oder auf dem Schulweg, geschubst, erpresst oder gar misshandelt werden. Eine Umfrage bei Tausenden von Kindern (1. bis

8. Klasse) ergab, dass sich 70 Prozent von ihnen in der Schule nicht sicher fühlen und Ängste und Unsicherheit verspüren. Erst wenn sie älter sind, reagieren Kinder statt mit Tränen und Schweigen mit Verweigerung, Protest oder ihrerseits mit Gewalt. Für Eltern und Lehrer ist es daher äußerst wichtig, auf das Gefühlsleben der Kinder zu achten und gezielt nachzufragen, was sich täglich ereignet. Eine von mir sehr geschätzte Grundschullehrerin beginnt jeden Schultag mit einer kurzen Gesprächsrunde. Sie hat einen kleinen Redestab, den immer das Kind in der Hand hält, das gerade spricht. Die anderen hören nur zu. Wenn das eine Kind alles gesagt hat, wird der Stab an das nächste weitergeben. Jedes Kind beginnt seine Rede mit: »Mir ist heute wichtig …« Die Lehrerin bekommt so schnell einen Überblick und ein sicheres Gefühl dafür, was die Kinder emotional bewegt und was ihnen wichtig ist.

Es kommt darauf an, frühzeitig zu erkennen, was in der Klasse vor sich geht, damit einzelne Kinder im Unterricht nicht einfach abschalten, Lernstörungen entwickeln oder sogar die Schule schwänzen.

Wie kann man Lichtkindern helfen?

Sie können den Kindern am meisten dadurch helfen, dass Sie ihr Selbstbewusstsein und ihr Selbstwertgefühl stärken, denn daran hapert es oft. Konzentrieren Sie sich auf die besonderen Fähigkeiten und Talente des jeweiligen Kindes, auch wenn diese überhaupt nichts mit dem Unterricht zu tun haben. Jedes Kind macht mindestens eine Sache besonders gern und gut, vielleicht Tennisspielen oder Witze erzählen. Es gibt genug Prominente, die ihre Talente zum Beruf gemacht haben (Boris Becker, Otto usw.). Wenn Menschen ihr Talent oder ihre Berufung zum Beruf machen, haben sie damit in der Regel auch Erfolg und werden glücklich, egal was es ist. Selbstverständlich soll in der Schule Wissen vermittelt werden, und Lehrpläne wollen erfüllt sein. Aber gibt es auch den Unterricht, der gezielt Talente fördert und das Selbstwertgefühl stärkt? In welchem Zeugnis werden die besonderen Fähigkeiten des Kindes lobend erwähnt?

Helfen Sie den Kindern, ihre Talente zu entdecken und zu entfalten. Ermutigen Sie auch die Eltern, die Talente ihrer Kinder zu fördern.

Das Notensystem teilt Kinder automatisch in Kategorien ein. Kinder, die regelmäßig schlechte Noten schreiben, fühlen sich wie schlechte Menschen, mit denen etwas nicht in Ordnung ist. Sie wollen dann automatisch sein wie die guten Schüler und glauben nicht, dass auch sie selbst besondere Fähigkeiten und Aufgaben haben. Vielleicht nehmen Sie sich einmal Zeit für ein kreatives Klassenprojekt, in dem die Talente der Kinder zum Ausdruck kommen können. Sie werden staunen, welche Fähigkeiten jedes einzelne Kind hat, und vielleicht sehen Sie Ihre Klasse plötzlich in einem ganz anderen Licht.

Was ein Lehrer über die Kinder denkt, hat einen großen Einfluss auf ihre Leistungen.

Dies ist das Ergebnis einer Studie, die an der Harvard Business School durchgeführt wurde. Steve Plog, Mitbegründer der Results Academy, hat mir davon berichtet.

In einem Versuch wurden Schüler in drei gleichgroße Gruppen unterteilt, denen jeweils ein Lehrer zugeordnet wurde. Die Lehrer bekamen eine kleine Einführung zu ihrer Gruppe.

Lehrer 1 erfuhr, dass die Schüler seiner Gruppe sehr begabt seien – sogenannte »A-students«, also Einser-Kandidaten, von denen am Ende des Schuljahrs Top-Noten erwartet werden.

Lehrer 2 bekam gesagt, bei den Schülern seiner Gruppe handle es sich um mittelmäßig begabte Kinder, um »C-students«, was in etwa unseren Dreier-Kandidaten entspricht.

Lehrer 3 wurde mitgeteilt, er habe die Gruppe der Problemkinder mit Lernschwierigkeiten, die nur schlechte Noten schreiben. Das sind im amerikanischen System die »F-students«.

Das Ergebnis dieses Versuchs ist sehr interessant: Die Leistungen aller Schüler entsprachen dem, was der jeweilige Lehrer erwartete, weil man ihn zuvor entsprechend informiert hatte. Die Lehrer wussten allerdings nicht, dass man sie in zwei von drei Fällen falsch informiert hatte, denn vor diesem Versuch waren alle Schüler auf dem gleichen Leistungsniveau gewesen. Sie waren alle »C-students«. Die Unterschiede zwischen den Gruppen bestanden also lediglich in den Köpfen der Lehrer.

Die erste Gruppe hat sich im Verlauf des Versuchs von »C-students« zu »A-students« entwickelt, also deutlich verbessert. Der Notendurchschnitt der zweiten Gruppe ist im Prinzip gleich geblieben, während aus den Schülern der dritten Gruppe »Problemkinder« wurden.

Was ist hier geschehen? Diese Versuchsergebnisse spiegeln Gesetzmäßigkeiten der Quantenphysik wider. Wissenschafter haben eindeutig bewiesen, dass Versuchsergebnisse nicht zuletzt auch von der Erwartungshaltung derer beeinflusst werden, die den Versuch durchführen. Und das waren in diesem Fall die Lehrer.

Liebe Lehrer, achten Sie auf Ihre Gedanken, und hinterfragen Sie Ihre Beurteilungen – was natürlich nicht einfach ist. Schon Albert Einstein hat gesagt: »Es ist schwieriger, eine vorgefasste Meinung zu zertrümmern, als ein Atom.«

Vergessen Sie auch nicht, dass viele der neuen Kinder sehr medial sind und Ihre Gedanken lesen beziehungsweise sehen können. Hellsichtige Kinder können Gedankenformen als Energiepakete sehen, die im Raum umherschweben. Das kann durchaus auch ängstigen oder unangenehm sein, je nachdem, ob es sich um schlechte, negative oder schöne und fröhliche Gedanken handelt. Sie können diesen Kindern zusätzlich helfen, indem Sie ihnen die Übung mit der weißgoldenen Lichtkugel zeigen, denn viele fühlen sich ungeschützt und einfach zu offen für Energien von außen.

❄ ❄ ❄

Die weißgoldene Lichtkugel

Setz dich ganz entspannt auf einen Stuhl und atme ein paar Mal tief ein und aus – solange, bis du dich ruhiger fühlst. Wenn du magst, schließe die Augen und stell dir in der Mitte deines Körpers ein helles, weißes Licht vor. Atme weiter tief ein und aus.

Mit der Kraft deiner Gedanken kannst du nun dem Licht sagen, dass es sich immer weiter ausdehnen soll, bis es zu einer großen weißen Lichtkugel wird. Die Kugel dehnt sich in deinem ganzen Körper aus und noch mehrere Meter darüber hinaus. Sie ist auf allen Seiten um dich herum, auch unter deinen Füßen und über deinem Kopf. Sie ist gefüllt mit reinem, weißem, strahlend hellem Licht. Das ist das Licht deiner Seele.

Bitte jetzt Gott und die Engel um zusätzlichen Schutz für deine Lichtkugel und sieh, wie deine Lichtkugel mit goldener Energie versiegelt wird. Deine Lichtkugel hat nun eine glänzende, goldene Schutzschicht. Nur reine Liebe kann diese Kugel durchdringen. Alle anderen Energien haben keinen Zutritt. Du bist jetzt den ganzen Tag geschützt. Du fühlst dich sicher und wohl in deiner weißgoldenen Lichtkugel.

Diese Übung kann jeden Morgen gemacht werden. Wenn das Kind damit vertraut ist, kann die weißgoldene Lichtkugel jederzeit mit einem Gedanken – möglichst mit der bildlichen Vorstellung der Kugel – aktiviert werden, und zwar in Sekundenschnelle. Erklären Sie dem Kind auch, dass es durch diese Lichtkugel Liebe aussenden kann. Sie wirkt dann wie ein Magnet und zieht nur liebevolle Menschen an.

❄ ❄ ❄

Ermutigen Sie Ihr Kind auch, sein Energiefeld regelmäßig zu reinigen, beispielsweise indem es sich unter der Dusche vorstellt, wie Licht alle negativen und stressigen Energien von seinem Körper wäscht. Gleichzeitig kann es sich vorstellen, dass Licht durch das Innere seines Körpers fließt. Sie als Erwachsener visualisieren, wie die Engel die Aura Ihres Kindes reinigen und es von Ängsten und negativen Energiemustern befreien, bis es ganz von weißem, strahlendem Licht umgeben ist. Eltern können diesen Reinigungsprozess unterstützen, indem sie aus tiefstem Herzen fühlen: »Mein Kind ist sicher. Es geht ihm gut.« Unter solchen Voraussetzungen ist es sehr unwahrscheinlich, dass dieses Kind Gefahren anzieht. Und wenn Sie doch noch etwas tun wollen, können Sie den Schulweg Ihres Kindes täglich als hellen Lichtpfad visualisieren und das gesamte Schulgelände gedanklich in eine helle Lichtkugel einhüllen. Sollte ein Kind keinen selbstverständlichen Zugang zu Gott und den Engeln haben, können Sie ihm erklären, dass es zwar immer Schutzengel um sich hat, aber um zusätzliche »Verstärkung von Erzengel Michael« bitten kann, wenn die Situation es erfordert. Erzengel Michael hat vor allem die Aufgabe, die Erde und ihre Bewohner von Angst und negativen Energien zu befreien. Ich bezeichne ihn als den Retter- oder Ritter-Engel. Erklären

Sie Ihrem Kind, dass jeder Engel sofort kommt, wenn man ihn in Gedanken darum bittet. Auch wenn sich das Kind kraftlos und/oder mutlos fühlt, kann es Erzengel Michael um Schutz und Hilfe bitten. Für viele Lichtkinder ist es ganz normal, mit dem eigenen Schutzengel und den Schutzengeln von Mitschülern und Lehrern zu kommunizieren. Bestärken Sie die Kinder darin!

Gebet um Schutz (für Kinder)
Lieber Gott, sende mir bitte ganz viele Engel, die mich auf meinem Schulweg und in der Schule begleiten. Bitte schick mir auch Erzengel Michael. Er soll mein persönlicher Leibwächter sein.
Danke. Amen.

Der Kampf mit den Hausaufgaben

Wenn Kinder direkt gefragt werden, was sie an der Schule stört, ist ihre häufigste Antwort: Hausaufgaben! Kinder stöhnen schon bei dem Gedanken, nach einem langen Schultag mit anschließendem Gitarrenunterricht, Ballett- oder Fußballtraining auch noch Hausaufgaben machen zu müssen. Am schlimmsten sind die Hausaufgaben, die sie übers Wochenende aufbekommen. Hausaufgaben über das Wochenende oder die Ferien sind eigentlich verboten. Dieses Verbot wird aber oft dadurch umgangen, dass es heißt: »Die Hausaufgaben – eine Riesenmenge – müsst ihr erst bis Dienstag machen.« Aber weil es so viele Hausaufgaben sind und die Kinder am Montag acht Stunden Schule haben, müssen sie dann eben doch am Wochenende ran. Das führt oft nicht nur zu einem inneren Kampf bei den Kindern, sondern auch zu einem Konflikt mit ihren Eltern, der den Familienfrieden nicht selten empfindlich stört.

Damit dieses Thema nicht zum Drama wird, sollten Sie gemeinsam mit Ihrem Kind einen Antistress-Plan erarbeiten. Helfen Sie ihm, ein Gefühl für Zeiteinteilung zu bekommen. Kinder leben immer im Hier und Jetzt, ganz anders als Erwachsene, die oft eher in der Vergangenheit oder Zukunft sind als in der Gegenwart. Für Kinder ist es nicht selbstverständlich, ihre Zeit zu planen. Das müssen sie erst lernen.

Antistress-Plan heißt natürlich nicht, dass die Hausaufgaben ausfallen oder Mama sie erledigt. Vielmehr wird Zeit zum Entspannen, Zeit zum Spielen, Zeit für Freunde, Zeit für Hausaufgaben und Zeit zum Lernen gleichermaßen eingeplant. Ich habe mit meinem Sohn einen Wochenplan erarbeitet, der all diese Zeitfelder berücksichtigt. Er hatte sich nämlich angewöhnt, die Hausaufgaben bis zum Abend aufzuschieben, wo sie sich dann wie ein unüberwindlicher Berg vor ihm auftürmten. Wie er haben viele Kinder oft das Gefühl, von ihren Pflichten regelrecht erschlagen zu werden und nie mehr freie Zeit für das zu haben, was ihnen wirklich Spaß macht. In dem neuen Zeitplan meines Sohnes haben wir unter anderem feste Zeiten für das Erledigen der Hausaufgaben und das Lernen von Vokabeln vorgesehen. Natürlich ist dieser Plan lediglich eine Orientierungshilfe, und es wird immer auch Abweichungen davon geben. Bei aller Planung sollten Sie Ihr Kind stets ermutigen, auf sein Gefühl zu hören. Wenn es sich nicht gut fühlt und erst einmal ausruhen möchte, statt gleich nach der Schule Hausaufgaben zu machen, muss auch das möglich sein. Mit Liebe, Vertrauen und Fingerspitzengefühl unterstützen Sie Ihr Kind auf die richtige Weise und stärken seine Eigenverantwortlichkeit.

Sie werden schnell merken, ob Ihr Kind seine Hausaufgaben zuverlässig macht, morgens pünktlich in der Schule ankommt, und so weiter. Manche Kinder sind in diesem Punkt Naturtalente – die Manager von morgen. Andere haben kaum ein Gefühl für Zeit, sie leben sozusagen im zeitlosen Raum.

Als mein Sohn seinen Wochenplan mit mir erarbeitete, entwickelte er schnell seine eigene Strategien: »Weil ich am Freitag früher aus der Schule komme, kann ich gleich nach dem Mittagessen die Hausaufgaben machen, dann habe ich das ganze Wochenende frei!« Darüber war er sichtlich erleichtert, denn bisher hatte er die unerfreulichen Hausaufgaben immer erst am Sonntagabend gemacht, was ihn unbewusst das ganze Wochenende über belastete. Mit seinem »Antistress-Plan« fühlt er sich nun insgesamt befreiter und glücklicher und kann seine freie Zeit bewusster genießen.

Wenn Kinder gelernt haben, sich ihre Zeit gut einzuteilen, brauchen sie eigentlich auch keinen Plan mehr. Manche Kinder haben in ihrer Freizeit allerdings so viel vor (Kindergeburtstage, Fußballturniere, Chorproben etc.), dass ein eigener Terminkalender zweckmäßig ist.

Zeitmanagement für Kinder

Entwickeln Sie einen gemeinsamen Antistress-Plan und setzen Sie dabei Ihre eigenen Prioritäten, zum Beispiel:

- Zeit zum Spielen
- Zeit für Bewegung
- Zeit für Hausaufgaben
- Zeit zum Lernen
- Zeit für wichtige Dinge
- Zeit für Hobbys
- Zeit für Freunde
- Zeit zum Entspannen
- Zeit für Mama und Papa
- Zeit für Geschwister und Großeltern

Für das Erledigen der Hausaufgaben braucht Ihr Kind einen eigenen, aufgeräumten Arbeitsplatz, an dem es ungestört ist. Manche Kinder lassen sich schon durch kleinste Geräusche ablenken, während sich andere mit gleichmäßigen Hintergrundgeräuschen wohler fühlen. Hier empfehle ich harmonische Naturgeräusche wie Meeresrauschen oder Vogelstimmen. Meditationsmusik ist nicht unbedingt geeignet, weil das Kind dabei zu sehr entspannen und vielleicht sogar einschlafen könnte.

Raten Sie Ihrem Kind, mit den Hausaufgaben für das wichtigste Fach zu beginnen. Das Fach, in dem am meisten Hausaufgaben anfallen und für das besonders viel gelernt werden muss, sollte bearbeitet werden, wenn noch am meisten Elan vorhanden ist. Hilfreich ist es auch, für Abwechselung bei den Hausaufgaben zu sorgen, also nicht hintereinander Englisch und Französisch zu üben, sondern sich zwischendurch zum Beispiel mit Kunst zu beschäftigen. Auch kleine Pausen tun Kindern gut. Es ist besser, zwischen den einzelnen Hausaufgaben kurze Spielzeiten zu erlauben, als Kinder zu zwingen, so lange sitzen zu bleiben, bis alle Hausaufgaben erledigt sind. Ein bequemer Schreibtischstuhl in der richtigen Sitzhöhe macht es übrigens leichter, die nötige Zeit mit den schriftlichen Aufgaben zu verbringen. Vokabeln lassen sich auch im Liegen lernen, zum Beispiel in einer Hängematte.

Auch Ordnung in der Schultasche ist wichtig. Stellen Sie sicher, dass Ihr Kind alte Pausenbrote, Zettel und sonstigen Krimskrams täglich ausräumt. Hefte, Bücher und Schulunterlagen sollten stets sauber und gepflegt sein.

Wenn sich die Fronten zwischen Ihnen und Ihrem möglicherweise bereits pubertierenden Kind jedoch schon so verhärtet haben, dass jegliche Zusammenarbeit unmöglich scheint, kann es hilfreich sein, einen Schüler oder Studenten zu engagieren, der bei den Hausaufgaben hilft.

Und noch ein letzter Hausaufgaben-Tipp: Vergleichen Sie die Kinder von heute nicht mit sich selbst. Sie sind definitiv anders und durchaus in der Lage, mehrere Dinge gleichzeitig zu tun (Multitasking), auch wenn das für Erwachsene oft schwer nachvollziehbar sein mag. Erlauben Sie Ihrem Kind, seinen eigenen Arbeitsstil und Eigenverantwortung zu entwickeln. Loben Sie es, und bestärken Sie seine guten Leistungen und seine Talente. Und, wenn Sie mögen, bitten Sie die Engel um Unterstützung, etwa mit dem folgenden Gebet. Sie helfen gern.

Gebet für Eltern
Gott, bitte sende mir die Engel der Konzentration, der Organisation, der Freude und des Vertrauens. Bitte hilf meinen Kindern bei der Erledigung ihrer Hausaufgaben. Engel, ich bitte euch, das Selbstvertrauen meiner Kinder zu stärken und ihnen ein Gefühl der Freude und des Erfolgs zu vermitteln.
Zeigt mir auch, wie ich sie zum besten Wohle aller unterstützen kann.
Danke. Amen.

❊ ❊ ❊

Meditation zur Auflösung von Prüfungsangst

Unter Prüfungsangst haben wohl die meisten Menschen schon einmal gelitten. Der zunehmende Leistungsdruck, der Lehrer und Schüler gleichermaßen betrifft, führt manchmal sogar dazu, dass die Betroffenen körperlich krank werden. Daher wäre es sehr hilfreich, wenn Lehrer ihre Kinder nicht nur fachlich, sondern auch energetisch auf die jeweilige Prüfung vorbereiten würden. Am leichtesten geht das mithilfe der Engel und der folgenden Übung, die von Lehrern und Eltern durchgeführt werden kann.

Machen Sie die Basismeditation (siehe Seite 303) oder entspannen Sie sich auf eine Ihnen vertraute Weise. Atmen Sie mehrmals tief ein und aus. Schließen Sie die Augen, und werden Sie ganz ruhig. Bitten Sie um Unterstützung durch die Erzengel Raphael, Michael, Gabriel und Metatron sowie durch alle Schutzengel und geistigen Helfer der Kinder. Atmen Sie während der ganzen Meditation ruhig und tief weiter.

Visualisieren Sie nun den Klassenraum. Sehen Sie die Kinder an ihren Tischen sitzen. Wenn sich einige hinlegen oder herumlaufen, ist das völlig in Ordnung. Bitten Sie die Kinder auf geistigem Wege um Erlaubnis, sie mithilfe der Engel auf die nächste Prüfung (Klassenarbeit, Vokabeltest etc.) vorzubereiten.

Bitten Sie dann zunächst Erzengel Michael, sämtliche Energien aus dem Klassenraum zu entfernen, welche die Kinder davon abhalten könnten, die Prüfung erfolgreich zu bestehen. Visualisieren Sie anschließend, wie Erzengel Michael und seine Helfer alle dunklen Energien aus dem ganzen Raum entfernen und auflösen. Visualisieren Sie auch, wie Michael energetische Schnüre und blockierende Glaubensmuster entfernt, welche die Kinder davon abhalten könnten, die Prüfungsfragen sicher und ohne Anstrengung zu beantworten.

Visualisieren Sie nun, wie Erzengel Raphael und seine Helfer jedes einzelne Kind behandeln. Prüfungsängste oder Zweifel und ihre Ursachen werden mit grün-goldener Heilenergie aufgelöst. Am Ende ist jedes Kind frei von Angst und fühlt sich gesund und wohl.

Als nächstes bitten Sie Erzengel Gabriel um Hilfe, denn er kann beim Aneignen von Wissen helfen. Visualisieren Sie, wie Erzengel Gabriel und seine Helfer mit einem großen goldenen Trichter über jedem Kind schweben und flüssiges goldenes Licht über das Kronen-Chakra in den Kopf eines jeden Kindes fließen lassen. Das goldene Licht aktiviert sämtliche Gehirnzellen, löst mögliche Denkblockaden und füllt das für die Prüfung erforderliche Wissen sanft in die Köpfe der Kinder, bis es deren ganzen Körper erfüllt. Visualisieren Sie die Kinder als strahlende Lichtwesen. Das Wissen fließt als goldene Energie leicht über ihre Hände und Stifte auf das Papier. Spüren Sie, wie alle Kinder die richtigen Antworten aufschreiben. Sie sind ganz entspannt, und es fällt ihnen leicht.

Bitten Sie nun Erzengel Metatron um Unterstützung. Er und seine Helfer stehen jedem Kind zur Seite, überwachen die ganze Prüfung und sorgen dafür, dass sich die Kinder bis zum Schluss konzentrieren können. Sollte es erforderlich sein, wird er spezielle Maßnahmen ergreifen, um dem jeweiligen Kind zu helfen.

Visualisieren Sie, wie der Lehrer/die Lehrerin entspannt im Klassenraum sitzt und alle Prüfungsarbeiten pünktlich abgegeben werden.

Visualisieren Sie als Nächstes, wie der Lehrer/die Lehrerin die Prüfungen korrigiert. Visualisieren Sie, wie ganz viele Engel bei der Bearbeitung helfen. Es ist leicht, diese Arbeiten zu korrigieren. Innerhalb kürzester Zeit ist die Benotung abgeschlossen. Die Ergebnisse sind sehr gut. Visualisieren Sie zum Schluss, wie die korrigierten Arbeiten in der Klasse ausgeteilt werden und die Kinder sich über ihre guten Noten freuen.

* * *

Lichtkinder brauchen Wurzeln und Erdung

In der heutigen Zeit des Umbruchs mangelt es Kindern oft an festen Wurzeln in der Familie. Wenn sie nicht in einer liebevollen und sicheren Umgebung aufwachsen und keinen regelmäßigen Rhythmus haben, geraten sie leicht aus dem Gleichgewicht. Häufig müssen sich die Kinder nach den Terminkalendern ihrer alleinerziehenden, gestressten Eltern richten und haben selbst wenig Freizeit. Im Gegensatz zu den Generationen vor ihnen beschäftigen sie sich stundenlang mit Computerspielen, sitzen häufig vor dem Fernseher und verbringen immer weniger Zeit in der Natur. Dabei ist es besonders für Lichtkinder sehr wichtig, in Verbindung mit der Erde zu bleiben. Ihr Energiesystem ist nämlich darauf ausgerichtet, die sich erhöhenden Energien auf diesem Planeten zu kanalisieren. Wenn sie nicht gut geerdet sind, das heißt, wenn die überschüssigen Energien nicht durch ihr ganzes Chakrasystem in die Erde geleitet werden, fühlen sie sich, als stünden sie ständig unter Strom – was zur Folge hat, dass sie schnell ausgelaugt und geschwächt sind. Dann ist es natürlich sehr schwierig für sie, sich in der Schule zu konzentrieren und ihre Fähigkeiten und Talente zu entwickeln.

Ich habe öfter beobachtet, dass Lichtkinder, wenn sie sich in ihrem Körper nicht wohl fühlen, mit einem Teil ihres Bewusstseins aus dem Körper hinausgehen. Das sieht für Lehrer dann oft so aus, als träumten sie oder seien mit ihren Gedanken ganz weit weg. In der Tat ist dieser Zustand mit dem Traumzustand vergleichbar, in dem die Seele den Körper ja auch vorübergehend verlässt. Wenn sich Kinder in diesem ungeerdeten Zustand befinden, können sie dem Unterricht nicht folgen. Sie sind dann quasi nicht anwesend und können sich nicht auf das konzentrieren, was in ihrem Umfeld geschieht. Solche Kinder brauchen in erster Linie Verständnis und Übungen, die ihnen helfen, ihr hohes Energiefeld (Seele) in ihrem kleinen Körper zu erden.

Wenn eine Seele in einen physischen Körper eintritt, verschmilzt das feinstoffliche Körpersystem mit dem grobstofflichen Körper. Wie wir bereits erfahren haben, dauert es etwa drei Jahre, bei manchen Kindern sogar sechs bis sieben Jahre, bis sie richtig in ihrem Körper angekommen sind.

Wenn ein Kind nicht gut geerdet ist, ist es nicht im Gleichgewicht. Das hat sowohl Auswirkungen auf seine Gefühlswelt als auch auf seine mentale und physische Verfassung und kann zu Problemen mit der Sinneswahrnehmung führen. Auch die Funktionen des Nervensystems können beeinträchtigt sein. Das äußert sich bei Schülern häufig in Lese- und Rechtschreibschwäche sowie in mangelnder Konzentration. Manche Kinder reagieren besonders sensibel auf den hohen Lärmpegel im Klassenzimmer. Andere brauchen intensiven körperlichen Kontakt und/oder haben einen starken Bewegungsdrang. Mangelhafte Erdung kann bei Kindern sogar zu ernsten Erkrankungen wie Angstzuständen, Depressionen, Suizidgefährdung, Aggressionen sowie zu körperlichen Symptomen aller Art führen.

Wenn Lehrer das Gefühl haben, die Kinder seien »außer Rand und Band«, kann mangelnde Erdung eine mögliche Ursache sein.

Übungen zur Erdung

Verschiedene Übungen zur Erdung werden von Lehrern bereits mit großem Erfolg eingesetzt. Einige davon stelle ich hier vor. Erklären Sie den Kindern, dass diese Übungen wie »Fernsehen im Kopf« sind, weshalb man dabei die Augen schließt und sich entspannt. Bevor Sie mit der jeweiligen Übung beginnen, können Sie die Schutzengel der Kinder um Unterstützung bitten und sich durch ein kurzes Gebet Ihrer Wahl mit der geistigen Welt verbinden.

❊ ❊ ❊

Der große, starke Anker

Diese kurze Übung kann Kindern, etwa zu Beginn der Unterrichtsstunde oder vor einer Klassenarbeit, helfen, sich zu erden und dadurch besser zu konzentrieren. Sie hilft auch, angestaute emotionale Energien (etwa Angst oder Wut) auszuleiten, damit sie transformiert werden können.

Die Schüler sitzen während dieser Übung auf ihren Stühlen im Klassenzimmer.

Dann spricht der Lehrer den folgenden Text und behält dabei die Kinder während der gesamten Übung im Auge.

Schließe die Augen und entspanne dich. Atme ein paar Mal tief ein und wieder aus.

Stell dir nun vor, du bist in einem Boot, das auf dem Meer treibt. Das Meer ist ruhig, und die Sonne scheint. Atme die frische, angenehme Meeresluft tief durch die Nase ein und durch den Mund wieder aus. Dabei entspannst du dich immer mehr und atmest weiter tief ein und aus.

Dann schaust du dich in deinem Boot um und siehst einige Pakete voller Pulver in verschiedenen Farben dort liegen. Vielleicht erkennst du, welche Farben es sind – rot, orange, gelb, grün, türkis, dunkelblau, violett. Bei dem Pulver in den Paketen handelt es sich um alte Energien, die du entweder mitgebracht hast oder die bereits in dem Boot waren, als du eingestiegen bist. Du brauchst sie nicht mehr. Also beschließt du, sie ins Meer gleiten zu lassen, wo sie sich auflösen können.

Wenn du möchtest, kann dein Schutzengel dir helfen, die Pakete über Bord zu werfen. Er tut es gern. Je leichter und leerer das Boot wird, desto leichter fühlst du dich.

Jetzt siehst du einen Knopf in deinem Boot, der den elektrischen Anker auslöst. Drück auf diesen Knopf und nimm wahr, wie ein riesengroßer Anker an einer starken Ankerkette auf den Meeresboden hinabgesenkt wird. Immer tiefer sinkt der Anker, bis er sich ganz fest um einen Felsen auf dem Meeresgrund hakt. Dein Boot liegt nun ganz fest vor Anker. Du fühlst dich sicher, hast ganz viel Halt und ruhst dich noch ein wenig aus.

Wenn du möchtest, kannst du dich nun von deinen Engeln an Land bringen lassen und wieder ganz in diesem Raum ankommen.

❉ ❉ ❉

Diese Übung, die Schüler mit etwas Praxis in nur einer Minute durchführen können, hilft ihnen, sich »ihren Anker« als Bild im Kopf vorzustellen, und verschafft ihnen Zugang zu ihren Gefühlen. Anders, als wenn sie Medikamente nehmen, sind sie hier noch sie selbst. Über den Anker spüren sie den Halt und die Sicherheit, die sie sich auf diese Weise selber geben können.

❋ ❋ ❋

Der schöne Baum

Eine bewährte Übung zur schnellen Erdung besteht darin, sich selbst als Baum zu sehen, dessen Wurzeln bis tief in die Erde reichen. Diese Übung kann im Sitzen oder Liegen durchgeführt werden. Der Lehrer spricht den folgenden Text und behält die Kinder während der gesamten Übung im Auge.

Schließe die Augen und entspanne dich. Atme ein paar Mal tief ein und aus.

Stell dir vor, du bist ein schöner Baum, der auf einer großen Wiese steht. Der Wind weht durch deine Blätter, und du spürst die frische Luft. Atme nun dreimal tief ein und aus und nimm wahr, wie aus deinen Füßen ganz langsam Wurzeln wachsen. Sie werden immer dicker und stärker und gehen ganz tief in die Erde hinein. Sie breiten sich auch zur Seite aus und verbinden dich ganz fest mit der Erde. Nichts kann dich umwerfen. Du fühlst dich stark wie ein Baum. In deinen Blättern sammelt sich ganz viel Sonnenlicht, das in jede Zelle deines Körpers transportiert wird. Du bist ganz in deiner Kraft. Mit diesem Gefühl kommst du nun wieder in den Raum zurück.

❋ ❋ ❋

Sonnenlicht ist für Lichtkinder sehr wichtig. Ihr drittes Auge ist meistens weit geöffnet, denn sie brauchen mehr Lichteinstrahlung als andere Menschen, damit ihre Zirbeldrüse und ihre Hirnanhangsdrüse die benötigten Hormone in ausreichender Menge produzieren können. Gerade in den Wintermonaten neigen sie nämlich aufgrund von Lichtmangel oft zu Stimmungsschwankungen oder gar Depressionen. Sie können die oben beschriebene Visualisierung des einfließenden Sonnenlichts so kurz oder so lang durchführen, wie Sie möchten. Außerdem empfiehlt es sich, die Kinder im Winter länger Licht tanken zu lassen, denn auch dadurch werden sie zu besseren Leistungen in der Schule angeregt.

❄ ❄ ❄

Reise in deine gemütliche Erdhöhle

Diese Übung wird am besten auf dem Boden liegend gemacht – im Klassenzimmer oder in der Turnhalle. Sie kann auch im Freien, auf dem Rasen liegend, durchgeführt werden, wenn die Kinder dort ungestört sind. Damit es gemütlicher wird, können Decken, Matten und Kissen untergelegt werden. Jedes Kind sollte genügend Platz haben, um Arme und Beine ausstrecken zu können, ohne ein anderes Kind zu berühren.

Wenn sie ihren Platz gefunden haben, spricht der Lehrer den folgenden Text und behält die Kinder während der gesamten Übung im Auge.

Leg dich ganz entspannt und gemütlich hin – so, wie es für dich bequem ist. Du kannst dich auf den Rücken legen und deine Arme und Beine ausstrecken oder eine andere Position wählen. (Manche Kinder wählen die Embryonalstellung.) Atme ein paar Mal tief durch die Nase ein und durch den Mund wieder aus. Dabei kannst du ein Geräusch machen, zum Beispiel »Aaahhh«.

Du wirst immer ruhiger und immer entspannter. Fühle, wie du auf der Erde aufliegst und stell dir vor, dass der Boden ganz weich ist, so weich, dass du ein kleines Stück in ihn hinein versinken kannst, bis etwa fünf Zentimeter unter die Erdoberfläche. Spüre, wie die Erde dich trägt. Sie ist angenehm warm, du kannst dich in sie einkuscheln. Sie gibt dir das Gefühl, beschützt zu sein.

Du wirst immer ruhiger, und alle angestauten Energien fließen aus deinem Körper in die Erde hinein. Du kannst jetzt noch tiefer in die Erde hineinsinken. Stell dir vor, wie du immer tiefer in eine dich schützende Erdhöhle einsinkst. Diese Höhle ist angenehm warm, und von oben fällt das Sonnenlicht hinein. Du wirst noch ruhiger. Geräusche von außen sind nicht mehr wichtig.

Nimm wahr, dass es in deiner Höhle ganz viele kuschelige Decken und Kissen gibt. Schau dich nun in deiner Höhle um und sieh den schönen Heilstein, den deine Engel hier für dich bereitgelegt haben. Nimm diesen Heilstein in die Hand. Wie fühlt er sich an – glatt oder rau, rund oder eckig, kalt oder warm? Vielleicht kannst du seine Farben erkennen. Der Heilstein hat ganz besondere Energien, die jetzt durch deine Hände in deinen Körper fließen. Vielleicht fühlst du ein Kribbeln oder nimmst Wärme wahr. Sieh mit deinem inneren Auge, wie du diesen Heilstein nun in deine Tasche steckst. Er ist ab sofort dein ständiger Begleiter, der dich mit der Erde verbindet.

Fühle, wie stark du jetzt bist. Du kannst jederzeit wieder in deine Höhle reisen und dich dort ausruhen. Geh nun zu dem Lichtstrahl in der Mitte der Höhle und stell dich dort hinein. Wie ein Fahrstuhl transportiert dich dieser Lichtstrahl aus der Höhle hinaus an die Erdoberfläche.

Komm wieder ganz in deinem Körper an und fühle den Boden, auf dem du liegst, mit deinen Händen. Wackle mit den Zehen und Fingern – und öffne die Augen. Du fühlst dich richtig gut. Nun kannst du ganz langsam über die Seite wieder aufstehen und etwas Wasser trinken.

Liebe Eltern und Lehrer, zum Abschluss dieses Kapitels möchte ich Sie noch einmal ermutigen, mit den neuen Kindern neue Wege auszuprobieren. Sie können diese Kinder nicht in bestehende Systeme zwingen und gleichzeitig erwarten, dass sie auf diese Weise gesund bleiben und glücklich werden. Die Angst vor Veränderung der bisherigen Schulsysteme und Unterrichtsmethoden ist zwar verständlich, doch wenn die Lichtkinder ihre Aufgaben auf der Erde erfüllen sollen, sind Veränderungen unabdingbar. Das geschieht zum besten Wohle aller Menschen. Unsere Kinder brauchen Vertrauen, Toleranz, Verständnis, Offenheit und vor allem Liebe. Die neuen Kinder haben viele Talente und außergewöhnliche Fähigkeiten. Helfen Sie ihnen, diese Talente und Fähigkeiten zu nutzen, damit sie ihren Seelenauftrag erfüllen und das Versprechen halten können, das sie Gott gegeben haben.

KAPITEL 13

Quantum-Engel-Heilung für kleine und große Lichtkinder

Ich sehe weißes Licht um deinen Kopf herum.
Aus deinen Händen kommt grünes Licht.

Katharina, 9

Eltern haben durchaus die Möglichkeit, die Heilungsprozesse ihrer kranken Kinder mithilfe der Engel zu unterstützen. Ich kann Ihnen nur ans Herz legen, Quantum-Engel-Heilung zu erlernen und zum Wohle Ihrer Familie beziehungsweise zu Ihrer eigenen Selbstheilung einzusetzen. Es gibt nämlich nichts Schlimmeres für Mütter und Väter, als hilflos dazustehen, wenn ihr Kind Schmerzen, Enttäuschung, Ablehnung, Verlust oder gar Traumen und Grausamkeiten erfahren muss. Sie können etwas tun! Natürlich kann ich die Quantum-Engel-Heilung hier nicht umfassend vorstellen, das habe ich bereits in einem anderen Buch getan. Ich zeige Ihnen jedoch gern ein paar Übungen, die vor allem für Kinder hilfreich sein können. Selbstverständlich ist Quantum-Engel-Heilung kein Ersatz für eine ärztliche Behandlung, wohl aber eine sehr erfolgreiche Methode zur Selbstheilung, die eingesetzt werden kann, wenn man mit schulmedizinischen, rationalen, intellektuellen und kognitiven Ansätzen nicht weiterkommt, was gerade bei den neuen Kindern häufig der Fall ist.

Die Ursachen von Schmerzen und Problemen unserer Lichtkinder liegen hauptsächlich auf der spirituellen beziehungsweise energetischen Ebene.

Und genau auf dieser Ebene setzt die Quantum-Engel-Heilung an, denn sie basiert auf Energietherapie und der Kommunikation mit Engeln. Dadurch dass man die Energiefrequenz eines Menschen erhöht, können physische Schmerzen gelindert, emotionale Blockaden gelöst und begrenzende Glaubensmuster beseitigt werden. Gerade unsere Lichtkinder reagieren sehr sensibel auf die Energien in ihrem Umfeld. Daher möchte ich Sie noch einmal an die in diesem Buch vorgestellten Maßnahmen zur energetischen Reinigung und Harmonisierung erinnern. Es kommt durchaus vor, dass sich die Energiefrequenz eines Kindes allein durch solche Maßnahmen erhöht und ein mögliches Unwohlsein dann wie von selbst verschwindet.

Eine weitere, ganz einfache Maßnahme zur Erhöhung der Energiefrequenz ist intensives Atmen. Es ist gleichzeitig der sicherste und einfachste Weg, sich mit den Engeln zu verbinden und verstärkt Heilenergien durch die Hände fließen zu lassen. Bei jedem Menschen fließen von Natur aus Heilenergien durch die Hände, und zwar zu jeder Zeit. Das spüren auch schon ganz kleine Kinder und legen ihre Hände intuitiv genau dahin, wo es ihnen weh tut.

Wenn ich mich als Kind gestoßen hatte, fragte meine Oma immer: »Soll ich mal pusten?« Dann pustete sie mehrmals kräftig auf die entsprechende Stelle – und in kürzester Zeit waren die Schmerzen »wie weggeblasen«. Heute weiß ich, dass das, was meine Oma gemacht hat und Sie wahrscheinlich auch von zu Hause kennen, prinzipiell richtig war. Natürlich wusste meine Oma damals nicht, dass sie durch das liebevolle Pusten beziehungsweise die intensive Atmung ihre eigene energetische Schwingung erhöhte und sich mein Energiefeld dieser höheren Schwingung anpassen konnte. Mit anderen Worten: Mein Körper konnte seine Selbstheilungskräfte leichter aktivieren und die jeweilige Beule zum Verschwinden bringen. So funktioniert energetische Heilung. Aufgrund des universell gültigen Gesetzes der Resonanz gleichen sich Energiefelder einander an. Idealerweise hat ein Heiler gelernt, sein Energiefeld vor der Behandlung zu reinigen und während einer Behandlung eine möglichst hohe Energiefrequenz zu halten. Der eigentliche Heilungsprozess – die Angleichung von Energiefeldern – findet auf der subatomaren beziehungsweise quantenphysischen Ebene statt.

Wenn Sie die Selbstheilung Ihres Kindes unterstützen wollen, erhöhen Sie Ihre eigene energetische Schwingung und legen Ihre Hände dann dorthin, wo es dem Kind wehtut.

Kinder spüren ganz genau, ob die Erwachsenen um sie herum voller Liebe und Harmonie sind, also eine hohe energetische Schwingung haben, oder ob sie unter Anspannung und Stress leiden. Und auf Stress reagieren sie entsprechend, Babys zum Beispiel mit lautem Schreien. Fangen Sie also bei sich selbst an, wenn Sie etwas für Ihre Kinder tun wollen, zum Beispiel mit der Basismeditation zur Entspannung (siehe Seite 303) und mit der im Folgenden beschriebenen Atemtechnik.

Je höher die energetische Schwingung der Eltern ist, desto leichter fällt es den Kindern, sich wieder wohler zu fühlen und zu heilen.

Die Quantum-Engel-Version von »Omas Pustetechnik«

- Stellen Sie sicher, dass Sie ungestört und entspannt sind. Atmen Sie drei- bis viermal tief ein und aus.
- Visualisieren Sie beim nächsten tiefen Atemzug einen lichtvollen Energieball, den Sie kraft Ihrer Vorstellung durch Ihr Solarplexus-Chakra (am Bauchnabel) einatmen.
- Dann atmen Sie aus und lassen den Energieball durch die untere Hälfte Ihres Körpers wandern, bis zum Mittelpunkt der Erde.
- Nun atmen Sie erneut ein und saugen den Energieball mit dem Atem aus der Erde – wie ein Baum, der Nährstoffe aus der Erde zieht. Der so eingeatmete Energieball wandert sehr schnell durch Ihren ganzen Energiekörper nach oben.
- Wenn er am Kopf angelangt ist, atmen Sie aus und spüren dabei, wie der Energieball durch Ihr Kronen-

chakra über dem Scheitel bis in den Mittelpunkt des Universums fliegt, zurück zur göttlichen Quelle. Dort lädt er sich mit göttlicher Energie auf.

- Während Sie die Energie wieder einatmen, bitten Sie Gott, Ihnen in diesem Energieball genau die Engelenergien zu senden, die im Moment am hilfreichsten für Sie sind. Engel, die Ihnen bekannt sind, können Sie auch direkt mit ihrem Namen anrufen (zum Beispiel Raphael für Heilung).
- Nehmen Sie nun wahr, dass um Sie herum ganz viele Engel sind, die Ihnen helfen werden. Bitten Sie die Engel um Heilung für Ihr Kind (oder sich selbst) und legen Sie Ihre Hände dann dorthin, wo es weh tut. Bitten Sie die Engel, die Ursachen für die Schmerzen oder Probleme aufzulösen.

Sie werden deutlich spüren, wie sich Ihre eigene Energiefrequenz durch diese Art des Atmens erhöht. Es ist sehr wahrscheinlich, dass Ihre Hände warm werden. Vielleicht spüren Sie auch ein Kribbeln oder nehmen Licht und Farben wahr. Bevor Sie Ihr Kind behandeln, lassen Sie sich auf einer Skala von 1 bis 10 zeigen oder sagen, wie sehr es weh tut (10 ist der intensivste Schmerz). So bekommt Ihr Kind nicht nur ein besseres Gefühl dafür, wie die Schmerzen abklingen, sondern kann dies auch zum Ausdruck bringen: Aus einer Zehn wird eine Drei oder im Idealfall sogar eine Null.

Sie können nichts falsch machen. Fragen Sie Ihr Kind, was es fühlt. Bei den hellsichtigen Lichtkindern ist es wahrscheinlich, dass sie Engel sehen und auch ihre Botschaften empfangen. Je höher die Energie der Erwachsenen ist, umso leichter fällt es auch ihnen, Engelbotschaften, zum Beispiel in Form von Bildern und/oder Worten zu empfangen.

Falls Ihr Kind keine Lust hat, sich behandeln zu lassen, können Sie entweder eine Fernheilung durchführen oder sich von Ihrem Kind behandeln lassen. Für manche Lichtkinder, zum Beispiel für die, die in früheren Leben Heiler waren, ist dies ganz selbstverständlich. Der »Heiler« und der »Patient« profitieren immer gleichzeitig. Es kommt also weniger darauf an, wer wen behandelt, sondern mehr auf ein liebevolles Miteinander, auf Liebe und Geborgenheit. Die »Hauptarbeit« machen die Engel. Wichtig ist, dass während der Behandlung ein hohes Energiefeld entsteht. Sollten Sie schon nach wenigen Minuten spüren, dass Ihre Energie sehr hoch ist, atmen Sie ganz entspannt und ruhig weiter, wie sie es normalerweise tun. Sollte die Energiefrequenz nach einer Weile wieder sinken, atmen Sie einfach wieder intensiver.

Ich kenne viele noch ganz junge Lichtkinder, die ihre Eltern und/oder Geschwister energetisch behandeln wollen, indem sie ihnen die Hände auflegen oder Heilmassagen bei ihnen durchführen. Andere Kinder nehmen ganz von allein Kristalle zu Hilfe oder singen/summen bestimmte Heiltöne. Bestärken Sie Ihr Kind in seiner Begabung. Erklären Sie ihm, dass die natürlichen Heilenergien durch das Atmen und die Hilfe der Engel »super-turbo-stark« werden. Achten Sie darauf, dass Ihnen das Praktizieren Spaß macht – und, ganz wichtig: Senden Sie Ihrem Kind ganz viel Liebe!

Fernheilung

Wenn Ihr Kind krank ist und zum Beispiel im Krankenhaus liegt, wo Sie nicht die ganze Zeit bei ihm sein können, ist es sehr beruhigend zu wissen, dass Ihre Liebe und Energie genauso wirksam beim Kind ankommt, als wären Sie im selben Raum.

Verbinden Sie sich über die oben beschriebene Atmung mit den Engeln, und erhöhen Sie Ihre eigene Energie. Bitten Sie die Engel immer um Hilfe und darum, die Ursache einer möglichen Krankheit oder eines Problems aufzulösen. Während des Atmens können Sie die Heilenergien Ihrer Hände gedanklich an Ihr Kind weiterleiten, indem Sie

- ein Bild Ihres Kindes in den Händen halten.
- sich vorstellen, dass Sie eine Lichtkugel in den Händen halten, auf welcher der Vorname Ihres Kindes steht.
- sich vorstellen, dass Sie eine Lichtkugel in unterschiedlichen Farben (z. B. grün für Heilung, rosa für Liebe) in den Händen halten, in der sich das Kind selbst befindet.
- das Lieblingsstofftier Ihres Kindes in den Händen halten und sich vorstellen, dass sich Ihr Kind an das Stofftier kuschelt und sich dabei wohl und geborgen fühlt.

Führen Sie diese Behandlung etwa zwanzig Minuten lang durch und wiederholen Sie sie so oft, bis eine deutliche Besserung eingetreten ist.

Sehr wirksam ist es zu visualisieren, dass Ihr Kind bereits geheilt ist. Visualisieren Sie, was es macht, wenn es gesund ist. Spüren Sie deutlich, wie es sich wohlfühlt und glücklich ist. Spüren Sie auch Ihre eigene Freude darüber, dass es Ihrem Kind wieder gut geht. Vielleicht fällt Ihnen das zunächst schwer, und Sie verstehen nicht, warum ich es Ihnen empfehle. Dafür gibt es einen guten Grund, nämlich ein universelles Gesetz, das besagt: Energie folgt den Gedanken. Indem Sie visualisieren und dabei deutlich spüren, dass es Ihrem Kind gut geht, kreieren Sie das entsprechende Energiefeld und verstärken es. Sie schaffen sozusagen einen »energetischen Platzhalter«, der dafür sorgt, dass Ihr Kind diesen Platz wenig später einnehmen kann. Außerdem wirkt das Gesetz der Anziehung. Wenn Sie Liebe senden und sich das Energiefeld Ihres Kindes mit Liebe auflädt, wird Ihr Kind entsprechende Energien anziehen.

Eltern, die sich ständig sorgen und grämen und mit dem Schlimmsten rechnen, kreieren auch einen energetischen Platzhalter, doch aus Unwissenheit leider nicht zum Wohle ihres Kindes. Deshalb ist es wichtig, alle sich sorgenden Familienmitglieder darüber aufzuklären, welche Wirkung ihre Gedanken auf das Kind haben können. Erklären Sie ihnen, wie wichtig es ist, nur Liebe zu senden und zum Beispiel gemeinsame Fernheilungen durchzuführen. Je mehr Menschen Liebe und andere positive Emotionen und Gedanken senden und um Unterstützung durch die himmlischen Helfer bitten, umso intensiver wirkt das hohe Energiefeld zum Wohle des Kindes.

Selbstheilung – Heilung des inneren Kindes

Das innere Kind ist unabhängig vom physischen Alter eines Menschen und hat selbst kein bestimmtes Alter, denn es ist so etwas wie eine Energieform aus sämtlichen Erinnerungen eines Menschen, inklusive denen aus früheren Leben, die in den Zellen gespeichert ist. Die emotionalen Wunden, die ein heute erwachsenes »Lichtkind« vor vielen Jahren davongetragen hat, wirken sich noch immer aus und beeinflussen das Verhalten und Empfinden des erwachsenen Menschen. Die ersten Generationen der neuen Kinder, zu denen Sie vielleicht auch gehören, hatten es schwer. Oft wurden ihre intuitiven Fähigkeiten unterdrückt oder ins Lächerliche gezogen. Das Gefühl unverstanden, alleingelassen, getrennt, verloren oder ungeliebt zu sein, sitzt noch tief in den Zellen, und zwar so lange, bis diese Energien transformiert und die alten Wunden geheilt sind.

In all den Jahren, in denen ich unendlich viele Heilbehandlungen gegeben habe, ist mir noch niemand begegnet, der eine ausschließlich glückliche Kindheit hatte und nie schmerzvolle Erfahrungen gemacht hat. Das scheint auf diesem Planeten nicht vorzukommen. Die Heilung des inneren Kindes ist somit ein wichtiges Thema für uns alle, besonders wenn man bedenkt, dass sich aus den nicht erlösten Emotionen Verhaltensmuster und Programme entwickeln können, die unser ganzes Leben unbewusst steuern (zum Beispiel das Opferprogramm). Haben Sie schon einmal Ihr Kind ausgeschimpft und dabei die gleichen Worte benutzt, die Sie als Kind von

Ihrer Mutter oder Ihrem Vater gehört haben? Eltern tendieren unbewusst dazu, ihre Kinder so zu behandeln, wie sie selbst behandelt wurden. Da wir nun gehört haben, dass die Lichtkinder anders erzogen werden möchten, stellen sich die folgenden Fragen: Wollen Sie etwas verändern? Wollen Sie alte Wunden heilen? – Die Engel helfen Ihnen gern dabei.

Bei der Heilung Ihres inneren Kindes können Sie genauso vorgehen, wie ich es eben für die Fernheilung eines Kindes beschrieben habe (siehe Seite 285). Am besten visualisieren Sie eine Lichtkugel, in der Sie sich selbst befinden oder auf der Ihr Name steht. Bitten Sie die Engel, die Heilenergien genau dorthin zu senden, wo sie am meisten gebraucht werden. Es ist gut möglich, dass Sie während der Selbstheilung fühlen oder intuitiv wissen, wie alt Sie in diesem Moment sind. Vielleicht steigen Erinnerungen in Form von Bildern, Gerüchen oder Gefühlen in Ihnen auf.

Sie können die Energien auch ganz gezielt senden, zum Beispiel in die Zeit vor Ihrer Geburt oder zu einem Erlebnis, unter dem Sie möglicherweise noch heute leiden. Generell empfehle ich jedoch, die Heilung ganz entspannt geschehen zu lassen und auf die Engel zu vertrauen. Wiederholen Sie diese Übung regelmäßig. Es gibt mehr zu heilen und zu transformieren, als uns bewusst ist.

In meinen Workshops machen wir diese Übung sehr häufig. Dabei fließen auch lange zurückgehaltene Tränen, doch anschließend ist die Erleichterung deutlich zu spüren.

Sollte Ihnen in diesem Prozess der Selbstheilung eine Person einfallen, die Sie als Verursacher Ihres Problems empfinden, empfehle ich Ihnen, dieser Person zu verzeihen. Die Unfähigkeit oder gar Weigerung, anderen zu verzeihen, liegt ebenso wie mögliche Schuldgefühle anderen gegenüber als energetisches Schwergewicht in Ihrem Energiefeld, senkt Ihre Energiefrequenz und verhindert Transformation und Heilung. Sollte Ihnen also eine solche Person einfallen, sagen Sie zu ihr: »Ich verzeihe dir, ______________ (Name) und bitte die Engel, diese schmerzvollen Energien zu lösen und sie in liebevolle Energien zu verwandeln.« Verzeihen Sie auch sich selbst, und vergessen Sie nicht: Es ist nur eine Rolle, die hier jeweils gespielt wurde. Erinnern Sie sich, wer Sie wirklich sind!

Ohne zu verreisen mit »Delfinen schwimmen«

Die soeben beschriebene Selbstheilungsübung können auch Kinder unter Anleitung der Eltern durchführen. Meiner Erfahrung nach sollten sie dafür allerdings mindestens acht Jahre alt sein. Für jedes Alter kann ich Ihnen die heilsame Traumreise »Schwimmen mit Delfinen« empfehlen (von der CD *Quantum-Engel-Kinder*). Diese Traumreise macht es möglich, sich telepathisch mit Delfinen zu verbinden, sie »singen« und das Meer rauschen zu hören und mit ihnen zu kommunizieren. Dadurch öffnet sich das Herz, blockierende Energien lösen sich, die Selbstheilungskräfte werden aktiviert und Heilung auf allen Ebenen kann stattfinden. Die Heilerfolge durch das Schwimmen mit Delfinen konnten mittlerweile sogar wissenschaftlich bestätigt werden. Die Wissenschaftler vermuten, dass durch die Tonfrequenzen, welche die Delfine aussenden, das zentrale Nervensystem und die Gehirnströme des Menschen stimuliert werden. Man hat herausgefunden, dass bei Tonfrequenzen um 2000 Hz die Produktion von Endorphinen angeregt wird. Es ist wahrscheinlich, dass die Delfintöne eine ähnliche Wirkung haben wie bestimmte Gesänge.

Nach Ansicht ayurvedischer Ärzte sollen bestimmte Töne in der Lage sein, die Ausbreitung von Krebs zu verhindern. Das könnte erklären, warum sich bei zahlreichen Patienten, die mit Delfinen geschwommen sind, Krebszellen so weit zurückgebildet haben, dass die Tumore sichtbar schrumpften. Meiner Erfahrung nach eignen sich Delfintöne zur energetischen Heilung sowohl von emotionalen Wunden als auch von physischen Erkrankungen. Nachgewiesen wurde auch, dass Delfine durch ihr Sonar im menschlichen Gehirn einen Alpha-Zustand auslösen, wie er sonst nur in der Meditation und auf Traumreisen erreicht wird.

Nicht jedes Kind kann aus gesundheitlichen oder finanziellen Gründen vor Ort mit Delfinen schwimmen. Aus diesem Grund haben mich die Engel dazu inspiriert, die CD *Quantum-Engel-Kinder* zu produzieren. Es genügt leider nicht, eine Delfin-Meditation hier aufzuschreiben, da die heilsamen Tonfrequenzen der Delfine fehlen würden.

Beispiele für Quantum-Engel-Heilungen bei Kindern

Auf dem Weg zur Heilung haben die Engel für unzählige Kinder Wunder vollbracht. Davon handeln die folgenden Geschichten. Sie stammen entweder aus meiner eigenen Praxis oder aus der Praxis von Quantum-Engel-Heilern, die Sie auf meiner Website finden (www.quantumengel.com). Einige der dort gelisteten QE-Heiler sind auf Schwangerschafts- und Geburtsbegleitung sowie die Behandlung von Kindern spezialisiert. Für die hier aufgeführten Fallbeispiele danke ich Ute H., Pascale W., Gabriella B., Anja L. und Ulla G.

Simone, 13

Gestern hatte meine Tochter Simone große Angst zur Schule zu gehen. Es standen drei Dinge auf dem Plan, die ihr große Sorgen machten. Sie drückte mich und hatte Tränen in den Augen, als sie das Haus verließ. Das zeigte mir, wie verzweifelt sie war. Wenn es ihr nicht so gut geht, ist sie sonst nämlich eher bockig und lässt niemanden an sich heran.

Ganz intuitiv habe ich mich (noch im Nachthemd morgens um 7.15 Uhr) in den Flur gestellt und ihr Herzchakra gereinigt. Ich spürte einen sehr intensiven Energieball und bekam weitere Eingebungen, sodass ich Erzengel Michael bat, unsere ätherischen Schnüre zu durchtrennen. Ich weiß, dass Simone über diese Energiebahnen meine Stress-Energien abbekommt und dann viel für mich mittragen muss. Dann kam noch eine Sache aus ihrer Babyzeit in mir hoch. Ich muss heute annehmen, dass damals eine Seele oder ein Geistwesen in ihre Aura eingedrungen ist, weil sie eines Nachts ganz schlimm geschrien hat und sich von da an stark veränderte. Sie wurde sehr ängstlich. Ich habe also, mithilfe der Engel, dicke »Teer«-Schichten von meinem Baby abgerollt. Es war unglaublich. An ihrem Halschakra war eine besonders starke Blockade. Sie traut sich bis heute kaum, mit Leuten zu sprechen. Danach habe ich Erzengel Metatron gebeten, sie mit ganz viel weiß-goldenem Licht aufzufüllen und habe mit meinem geistigen Auge dabei zugesehen. Das Ganze hat etwa 45 Minuten gedauert.

Mittags kam meine Tochter nach Hause und fragte, ob ich eine Fernbehandlung für sie gemacht habe. Ich sagte nur kurz: »Ja, und die Engel haben mir dabei geholfen.«

»Das habe ich gemerkt!«, meinte sie.

»Woran denn?«

»Weil es hier auf einmal nicht mehr weh tat«, sagte sie und legte die Hand auf ihr Herz. Mir stockte der Atem, und ich hätte vor Glück fast angefangen zu weinen. Der ganze Schultag war halb so schlimm gewesen, und meine Tochter war richtig gut drauf.

Benjamin, 14 Monate

Bei dem kleinen Benjamin machte ich einen Hausbesuch, weil sich seine Mutter an mich gewandt hatte. Die ganze Familie war völlig übermüdet, denn Benjamin schrie mehr oder weniger rund um die Uhr. Er hatte noch keine einzige Nacht durchgeschlafen. Das Einschlafen gestaltete sich als Kraftakt für sämtliche Familienmitglieder, und die Nächte waren zerrissen von seinem Geschrei. Benjamin wirkte unglücklich und unzufrieden, teilweise wütend-aggressiv (Aussage der Mutter). Die Mutter machte einen sehr liebevollen und grundsätzlich geduldigen Eindruck, war aber aufgrund des Schlafmangels körperlich und psychisch am Ende. Sie signalisierte: »Ich kann nicht mehr. Niemals hätte ich mir ein zweites Kind so anstrengend vorgestellt. Dabei wollte ich doch immer viele Kinder haben.«

Zunächst befreite Erzengel Michael Benjamins Kinderzimmer von Fremdenergien und dunklen Wesenheiten. Dann reinigte er die ganze Wohnung sowie Benjamin selbst, seine Mutter und die anwesende größere Schwester.

Mithilfe der Engel fand ich heraus, dass Benjamin im Alter von sechs Wochen ein traumatisches Erlebnis mit seinem Vater gehabt hatte. Das war die Hauptursache für seine unstillbare Wut und seine Verzweiflungsausbrüche. Die Mutter erinnerte sich zunächst nicht, was das gewesen sein konnte. Also bekam ich weitere Hinweise von den Engeln. Benjamin war »gefallen«, und seine Wirbelsäule war gestaucht worden. Die Traumen und damit verbundenen emotionalen Ausbrüche wie Wut, Vertrauensverlust etc. wurden von den Engeln in Licht und Liebe transformiert.

Plötzlich fiel der Mutter ein Ereignis ein, das offenbar für großen Schrecken gesorgt hatte. Benjamin wurde vom Vater in einen Tragebeutel gesteckt, den dieser vor der Brust hatte. Leider verfehlte der Vater den Innensack, und Benjamin rutschte zwischen Papa und Sack durch und fiel mit gestreckten Beinen aufs Sofa. Das Sofa hatte einen Sturz aus großer Höhe auf den harten Boden verhindert. Schutzengel sei Dank!

Seit diesem Abend vor etwa einem Jahr geht Benjamin gern ins Bett und schläft durch. Sein Verhalten seinem Papa gegenüber hat sich deutlich entspannt. Es gibt praktisch keine unerklärlichen Wutausbrüche mehr. Benjamin fühlt sich sehr wohl in seiner Welt und ist ein ausgeglichenes sonniges Kleinkind. Die Mutter ist mittlerweile mit dem dritten Kind schwanger.

Tobias, 10

Tobias hat sich das Handgelenk gebrochen – Schulunfall. Seine Mutter, eine Kollegin aus dem Büro, fährt direkt in die Klinik, in der Tobias bereits versorgt wird. Ich biete ihr an, am Abend mit den Engeln an Tobias' Heilung zu arbeiten.

Die Engel lösen die Traumen vom Sturz und die damit verbundenen Emotionen wie Angst etc. Ich halte die Heilenergie lange und bitte die Engel, die Informationen aus dem gesunden Handgelenk in das »gebrochene« Handgelenk zu transferieren. Der Lymphfluss wird angeregt, der Bluterguss aufgelöst usw. (Fernheilung). Die Mutter berichtet zwei Tage später, sie hätte zuschauen können, wie die Finger abschwollen. Und vor allem hörte plötzlich der Schmerz im Handgelenk auf.

Sechs Wochen später wurde auch der Chefarzt zum Anschauen des Röntgenbildes gebeten. Er teilte der Mutter mit, dies könne kein frischer Bruch gewesen sein. Er sei ja schon so verheilt, als habe sich Tobias das Handgelenk zu einem viel früheren Termin gebrochen. Die Röntgenbilder hingen nebeneinander, aber der Arzt ließ sich dennoch nicht davon abbringen, dass es »ein alter Bruch« sein müsse.

Tim, 8

Tim hatte im Dezember 2005 einen schweren Unfall mit Schädel-Hirn-Trauma. Ich habe viele Stunden mit den Engeln an ihm gearbeitet, und es ist im Grunde nicht zu beschreiben, was sich alles verbessert hat: Muskelaufbau, Koordination der Gliedmaßen etc. Von einer Situation mit Tim möchte ich etwas ausführlicher berichten:

Tim, ein sehr willensstarkes Kind, sollte in der Reha Reittherapie zur Behandlung seiner Koordinationsstörungen machen. Weil er davor große Angst, ja sogar Panik hatte, hatte er bereits beim Pflegepersonal dagegen rebelliert. Wenn auch nur die Rede von dem Ausflug zu den Pferden war, schrie er wohl das komplette Haus zusammen. Darüber informierte mich seine Mutter am Abend vor dem Ausflug. Mithilfe der Engel konnten Tims Traumen in einer einzigen Fernbehandlung gelöst werden. Sie kamen aus vergangenen Leben und in Informationen wie »zu Tode kommen auf dem Pferd«. Die Aufregungen, Ängste und Emotionen konnten während der Behandlung vollständig ausgeglichen werden.

Am nächsten Morgen begleitete Tim (sehr zur Überraschung des Teams) die Gruppe zur Reitanlage. Er nahm Kontakt zu den Pferden auf und ritt ein paar Runden – alles ohne Drama und ohne dass weitere Überzeugungsarbeit geleistet werden musste. Seine Reitphobie hatte sich praktisch über Nacht in Luft aufgelöst.

Jonas, 12

Jonas hatte große Angst, ein Referat vor der Klasse zu halten. Schon der Gedanke daran machte ihn unglücklich und unsicher.

Mithilfe der Engel wurde die Angst transformiert, und die Ursachen, die aus vergangenen Leben stammten, sowie die damit verbundenen Emotionen und Gedankenmuster wurden aufgelöst. Nachdem er sein Referat gehalten hatte, rief Jonas bei mir an und rief: »Es ist klasse gelaufen. Es war richtig gut.«

Anna-Marlena, 8

Anna-Marlena hatte Probleme mit dem Schreiben, weil sie den Stift nicht richtig halten konnte. Mehrere Ergotherapien waren ohne Erfolg geblieben.

Die Engel haben ihr die Traumen von Armen und Händen genommen (vergangene Leben). Emotionen und Glaubensmuster wurden verwandelt. Seitdem kann sie den Stift normal halten und schreiben.

Louis, 10

Louis wurde als ADHS-Kind eingestuft. Er nässte immer noch jede Nacht ein. (Dieses Phänomen kommt bei vielen Kindern vor, auch wenn verständlicherweise ungern darüber gesprochen wird.) Louis war jeden Morgen frustriert, und jeder Tag begann für ihn mit Stress. Er traute sich natürlich auch nicht, bei Freunden zu übernachten.

Die Engel haben seine Traumen gelöst, die Emotionen geglättet, die Blase gestärkt – und das Bett blieb viele Nächte trocken. Doch die Eltern trauten diesem Behandlungserfolg nicht, denn ihre Überzeugung war, dies könne ja »eigentlich nicht sein«. Heilung auf energetischem Wege mithilfe der Engel war etwas, das sie sich nicht erklären konnten. Also schauten sie weiterhin jeden Morgen nach, ob Louis nicht doch wieder ins Bett gemacht hatte. Seine persönliche Entwicklung, welche die Eltern mit »er ist viel besser gelaunt und ausgeglichen«

beschrieben, wurde auf die Gleichung »trockenes Bett = zufriedenes Kind« reduziert. Über die Kraft der Gedanken und die Wirkung der damit ausgesandten Energien wussten die Eltern nichts. Sie blieben kritisch und skeptisch. Hier wäre eigentlich eine Behandlung der Eltern angezeigt gewesen, doch die wurde abgelehnt. Dennoch ging alles eine weitere Woche lang gut – bis zum nächsten Konflikt in der Familie. Wieder einmal stritten die Eltern heftig miteinander. Dadurch wurde bei dem sensiblen Louis ein neues Trauma ausgelöst, und er begann wieder einzunässen. Nun wurde als Erklärung für die vorübergehende Besserung »Kommissar Zufall« ins Gespräch gebracht. Die Eltern verstanden leider nicht, dass ihr eigenes Verhalten Auslöser für das Bettnässen des Kindes war. Die Behandlung wurde leider nicht fortgesetzt.

Später schrieb mir meine Kollegin als Kommentar zu diesem Fall: »Die Zeit ist für viele Menschen eben noch nicht reif, aber dein Buch ist ein Riesenschritt nach vorn.«

Genau das ist mein Herzenswunsch, liebe Leser, im Interesse der Kinder, die uns helfen werden, diese Welt zu verändern!

Mein Traum

Es gibt keine größere Kraft als die Liebe.
Sie überwindet den Hass wie das Licht die Finsternis.

Martin Luther King

»Ich habe einen Traum …« So beginnt die weltbekannte Rede von Martin Luther King. Auch ich hatte letzte Nacht einen Traum. Ich bereitete mich auf einen Termin mit einem Klienten vor, der schon in unserem Haus war und auf mich wartete. Doch als ich mit meinen Vorbereitungen fertig war und zu ihm gehen wollte, war er nicht allein. In dem Zimmer, in dem er gewartet hatte, und in allen anderen Räumen des Hauses warteten noch ganz viele andere Menschen auf mich. Was sollte ich machen? In meinem Traum versuchte ich nun, Hunderten von Menschen zu erklären, dass ich nur mit dieser einen Person einen Termin gemacht hatte und nicht zur Verfügung stünde. Doch all diese Menschen redeten intensiv auf mich ein und überzeugten mich schließlich, meinen Klienten in die ungeduldig wartende Menschengruppe zu integrieren und statt nur für einen, für viele Menschen gleichzeitig da zu sein. Da hörte ich eine laute

Stimme. Sie sagte: Lichtkinder-Konferenz Kassel. Davon wurde ich wach.

Im noch halbwachen Zustand sah ich viele Bilder von einer Konferenz, die von und für Lichtkinder aller Altersgruppen (inklusive Erwachsene) veranstaltet wird und zum ersten Mal in Kassel stattfindet – ein Forum für Lichtkinder. Hier werden sie gehört, gesehen und verstanden. Hier können sie lachen und werden ernst genommen. Hier können sie ihre Talente, Visionen und Ideen präsentieren. Es ist ein lichtvolles Fest, das von ganz vielen himmlischen und irdischen Engeln betreut wird.

Nun wurde mein Verstand wach, und sofort fielen mir Autorenkollegen und Künstler ein, die ich zu dieser Konferenz einladen könnte. Ich sah Kinder, Eltern, Großeltern, Lehrer, Kindergärtner, Therapeuten, Ärzte, Journalisten und Politiker im Publikum sitzen und in die Workshops gehen. Und immer wieder sah ich die Buchstaben LKK vor meinem geistigen Auge.

Nach und nach begriff ich, was das alles zu bedeuten hatte. Dies war kein gewöhnlicher Traum, sondern ein Auftrag, den ich erfüllen werde. Es war die Geburt der Lichtkinder-Konferenz.

Und ich sah noch mehr: Der Erlös der Lichtkinder-Konferenz kam zu hundert Prozent den Lichtkindern zugute. Ich sah, wie Spendenchecks überreicht wurden. Ich sah viele Projekte, die auf diesem Wege verwirklicht werden konnten. Ich sah eine helle Lichtkugel, aus der immer mehr kleinere Kugeln wie Ableger hervorgingen. Wieder tauchten die Buchstaben LKK auf. »Das sind

Lichtkinder-Kreise«, hörte ich, »die es in vielen Städten auf der ganzen Welt geben wird. Gruppen, in denen Lichtkinder zusammenkommen können. Lichtkinder, die ihren Weg suchen und denen geholfen wird, auf den Weg zurückzufinden, falls sie sich in der Dunkelheit verlaufen haben. Ich träumte von Menschen, die ausgebildet werden, um diese Gruppen zu gründen und zu betreuen. Ich sah, wie glücklich alle Beteiligten waren. Einige Lichtkindergruppen führten Projekte in der Natur durch und engagierten sich für Mutter Erde. Andere heilten Tiere. Wieder andere engagierten sich in der Entwicklungshilfe. Ich sah Lichtkinder, die die Welt verändern werden.

Die Bilder vor meinem geistigen Auge wurden immer größer und bunter. Ich träumte von einer Lichtkinder-Karibik-Kreuzfahrt, zu der Familien eingeladen wurden, die mehr Licht und Heilung in ihrem Leben gut gebrauchen konnten. Ich träumte von Kindern und Jugendlichen, die ihre Projekt-Arbeiten auf der nächsten Licht-Kinder-Konferenz präsentierten. Ich sah, wie glücklich und stolz ihre Eltern im Publikum saßen und wie die Herzen aller Teilnehmer aufgingen und Licht und Liebe ausstrahlten.

Mir wurde klar, dass ich diesen Traum mit allen Lesern dieses Buches teilen sollte. Hast du denn keine Angst, dass jemand deine Idee klauen könnte? Nein, denn diese Idee kommt nicht vom Verstand, sondern von der Herzebene. Es ist keine Geschäftsidee! Vielmehr wird alles ehrenamtlich organisiert, und es geht nur darum, den Kindern zu helfen. Es ist sogar dringend erwünscht, dass diese Idee kopiert wird. Je mehr Lichtkinder-Konferenzen und Lichtkinder-Kreise es auf dieser Welt geben wird, desto näher kommen wir der Erfüllung des Versprechens, an das wir uns doch alle gegenseitig erinnern wollten.

Ich bin dankbar für diesen Traum. Und wenn Sie, liebe Leser, in Ihrem Herzen fühlen, dass es auch Ihr Traum ist, möchte ich Sie bitten, zu seiner Verwirklichung beizutragen. Ich bin sehr gespannt und freue mich auf alles, was geschehen wird.

Als ich fragte, wer die Bilder und Botschaften dieses Traums so laut und klar übermittelt hatte, bekam ich prompt eine Antwort und musste schmunzeln: »Das Lichtkinder-Komitee.« – Na klar, dachte ich, LKK, wer sonst?

Basismeditation

Beginnen Sie jede Meditation mit dieser vorbereitenden Basismeditation. Wählen Sie dafür einen Ort, an dem Sie nicht gestört oder unterbrochen werden können. Bringen Sie ein Schild an Ihrer Tür an – Bitte Ruhe, Meditation – und stellen Sie das Telefon ab. Der Ort, an dem Sie meditieren, sollte für Sie angenehm sein. Ideal ist ein heller, aufgeräumter Raum mit wenig Möbeln und vielleicht ein paar Engelbildern. Wenn Sie mögen, können Sie frische Blumen aufstellen, leise Meditationsmusik spielen und Räucherstäbchen oder Duftkerzen anzünden. Finden Sie Ihr eigenes Wohlfühlritual und die für Sie beste Tageszeit, zum Beispiel direkt nach dem Aufwachen oder unmittelbar vor dem Schlafengehen. Wenn Ihnen kein ganzer Raum zur Verfügung steht, reicht auch eine Ecke Ihres Schlafzimmers aus, oder Sie suchen sich einen schönen Ort in der Natur, der dann allerdings nur bei passendem Wetter nutzbar wäre. Wichtig ist, dass der von Ihnen gewählte Ort hauptsächlich zum Meditieren genutzt wird. Mit der Zeit bildet sich dort ein Energiefeld mit immer höheren und feineren Schwingungen, die Ihre Meditation positiv unterstützen.

Machen Sie es sich an Ihrem besonderen Ort bequem. Sie können entweder aufrecht sitzen, wenn Sie beispielsweise dazu neigen, während der Meditation einzuschlafen, oder sich einfach hinlegen. Lassen Sie Ihre Arme entspannt zu beiden Seiten Ihres Körpers ruhen und stellen Sie sicher, dass kein Kleidungsstück Sie stört oder einengt. Schließen Sie die Augen und atmen Sie zunächst mehrmals tief ein und aus. Beim Einatmen durch die Nase spüren Sie, wie frische Luft in Ihre Lungen eindringt. Dabei können Sie sich auch vorstellen, dass die eingeatmete Luft wie weißes Licht aussieht und Ihren Körper nach und nach völlig ausfüllt und reinigt. Halten Sie den Atem etwa drei Sekunden oder länger an.

Beim Ausatmen durch den Mund blasen Sie alle Anspannungen aus Ihrem Körper. Entspannen Sie Ihre Arme und Beine, jeden einzelnen Finger sowie alle Muskeln, und lassen Sie sämtliche Alltagssorgen los. Stellen Sie sich vor, dass Ihr ganzer Kopf geleert wird, indem Sie einfach den Stöpsel ziehen, wie aus einer Badewanne. Und schon fließt das alte Badewasser (Ihre ganzen sorgenvollen Gedanken) aus Ihrem Kopf hinaus. Spüren Sie, wie Sie beim tiefen Ausatmen immer mehr entspannen und wie angestaute Emotionen (Sorgen und Ängste) Ihren Körper verlassen.

Beginnen Sie nun mit der Hauptmeditation.

Literatur

Altwater, P. M. H: *Children of the new Millennium*, Three River Press, USA 1999
Altwater, P. M. H: *Beyond the Indigo Children*, Bear & Company, Rochester VT, USA 2005

Blackburn Losey, Meg: *The Children of Now*, Career Press, Franklin Lakes, NJ, USA 2007
Block, Mary Ann: *No more Ritalin: Treating ADHD Without Drugs*, Kensington Books, USA 1996
Buchner, Christine: *Stillsein ist lernbar.* Konzentration, Meditation, Disziplin in der Schule, VAK, Kirchzarten 1998

Carroll, Lee / Tober, Jan: *Die Indigo Kinder*, Koha, Burgrain 2000

Day, Peggy / Gale, Susan: *Edgar Cayce on the Indigo Children*, A.R.E. Press, Virginia Beach VA, USA 2004
Delarue, Fernand und Simone: *Impfungen, der unglaubliche Irrtum*, Müller & Steinicke, München 2004
Dosick, Wayne, PhD / Kaufman-Dosick, Ellen: *Spiritually Healing The Indigo Children*, Jodere, USA 2004

Dykstra, Ingrid: *Wenn Kinder Schicksal tragen. Kindliches Verhalten aus systemischer Sicht verstehen*, Kösel, München, 3. Auflage 2005

Freed, Jeffrey / Parsons, Laurie: *Zappelphilip und Störenfrieda lernen anders. Wie Eltern ihren hyperaktiven Kindern helfen können, die Schule zu meistern*, Beltz, Weinheim 2001

Frei, Heiner: *Die homöopathische Behandlung von Kindern mit ADS/ADHS – Ein systematisches Therapiekonzept*, Haug, Stuttgart 2007

Hardo, Trutz: *Reinkarnation Aktuell. Kinder beweisen ihre Wiedergeburt*, Silberschnur, Güllesheim 2000

Hartmann, Thom: *Eine andere Art, die Welt zu sehen. Das Aufmerksamkeits-Defizit-Syndrom*, Schmidt-Römhild, Schwerin 2004

Hirte, Martin: *Impfen Pro und Contra*, Droemer-Knaur, München 2005

Hehenkamp, Carolina: *Der Indigo-Ratgeber*, Schirner, Darmstadt, 2. Auflage 2005

Hehenkamp, Carolina: *Das Indigo-Phänomen*, Schirner, Darmstadt, 4. Auflage 2007

Kühne, Petra: *Säuglingsernährung*, Michaels, Peiting, 9. Auflage 2004

Lancaster, Dianne: *Anger and the Indigo Children*, Wellness Press, 2002

Mora, Eva-Maria: *Quantum-Engel-Heilung*, Ansata, München 2006
Mora, Eva-Maria / Mora, Michael: *Quantum-Engel-Liebe*, Ansata, München 2007

Rebitzki, Monika: *Hausaufgaben – kein Job für Mama. Ohne Stress zu Hause lernen*, Cornelsen Scriptor, Berlin 2002

Schäfer, Thomas: *Wenn Liebe allein den Kindern nicht hilft. Heilende Wege in Bert Hellingers Psychotherapie*, Droemer-Knaur, München 2004
Stevenson, Ian: *Reincarnation and Biology: A Contribution to the Etiology of Birthmarks and Birth Defects, Volume 1: Birthmarks*, Praeger Publishers 1997

»US-Studie: Methylphenidat-Erfolge bei ADHS häufig nicht von Dauer«, *Ärzteblatt*, 23. Juli 2007

Interessante Internetseiten

Aus der Vielzahl der Internetseiten zum Thema habe ich die folgenden mit größtmöglicher Sorgfalt ausgewählt und zusammengestellt. Auf die Gestaltung und die Inhalte der externen Seiten habe ich natürlich keinen Einfluss. Ich übernehme daher grundsätzlich keine Garantie oder Haftung für die dort angebotenen Inhalte, Produkte oder Dienstleistungen.

www.adhs-anderswelt.de (Forum)
www.ak-ernaehrung.de
www.angelkidzonline.com
www.autismus.de
www.braingym.com
www.childspirit.org
www.drrobnmd.com
www.geopathologie.de
www.gentlehearthealing.com
www.horchtherapie.de
www.indigokids.com
www.indigokinder.de
www.k12academics.com
www.labdanum.de

www.lena.ch
www.lichtkinderkonferenz.de
www.notmilk.com
www.pranalight.de
www.psykids.org
www.thomhartmann.com
www.sterntaler-ev.de
www.spiritlite.com
www.quantumengel.com

Über die Autorin

Eva-Maria Mora ist gebürtige Deutsche und lebt mit ihrem amerikanischen Ehemann und den Kindern in den USA und Europa. Schon sehr früh begann sie, sich für Spiritualität und Esoterik zu interessieren. Nach dem Studium der Wirtschaftswissenschaften und Anglistik, das sie jeweils mit dem Diplom abschloss, arbeitete sie zunächst zehn Jahre lang als Top-Management-Beraterin in ganz Europa. Eine lebensbedrohliche Krankheit und die Begegnung mit einem Engel veranlassten sie, ihr Leben zu ändern. Seit den 1990er-Jahren beschäftigte sie sich intensiv mit alternativen Heilweisen und machte eine Ausbildung zur Heilpraktikerin.

Eva-Maria Mora ist Begründerin der Quantum-Engel-Heilung® und bildet weltweit Quantum-Engel-Heiler aus. Diese neue Heilmethode basiert auf den Grundlagen der Quantenphysik und der Energieheilung mit

Engeln. Eva-Maria Mora gibt Einzelsitzungen, hält Vorträge und leitet Workshops in den USA und Europa. In sogenannten Quantum-Engel-Readings und entsprechenden Coachings wirken die Engel durch sie, um den Menschen mit Rat, Hilfe und Heilung zu Diensten zu sein.

Mithilfe der Engel und gemeinsam mit ihrem Ehemann Michael entwickelte Eva-Maria Mora das Konzept der Quantum-Engel-Liebe. Es beschreibt eine neue Dimension der Liebe und bietet Heilung und Inspiration für liebevolle, spirituelle Partnerschaften.

Ihr größter Herzenswunsch ist es, Lichtkinder bei der Erfüllung ihres Seelenauftrags zu unterstützen, der darin besteht, mehr Licht und Liebe in diese Welt zu bringen.

Kontakt: www.quantumengel.com

Die drei Traumreisen und Meditationen auf dieser CD sind gleichermaßen für Eltern und ihre Kinder gedacht. Sie stimmen uns darauf ein, liebevoll und mit Hingabe zu leben, um das Glück und die Freude zu finden, die unser aller Geburtsrecht sind.

1. Schwimmen mit Delfinen – Erfahre Heilung

Deine Engel begleiten dich ans Meer, wo du dem lichtvollen Delfin Merista und seiner Familie begegnest. Du kannst mit den Delfinen schwimmen, ihrem Gesang und dem Meeresrauschen zuhören ...

2. Spielen in einer zauberhaften, lichtvollen Welt – Erlebe Wunder

Reise mit deinen Engeln über die Regenbogenbrücke in eine wunderschöne Welt voll funkelnder Kristalle. Engel, Einhörner und andere Lichtwesen warten auf dich...

3. Malen mit Erzengel Rafael – Entdecke dein volles Potential

Die Engel zeigen dir Bilder aus deiner inneren Schatzkammer. Erzengel Rafael begleitet dich liebevoll beim Malen. Du kannst deine eigenen Bilder nach der Traumreise auf Zeichenpapier malen ...

Ansata